惠州学院出版基金资助

(Supported by Huizhou University Publishing Fund)

谢文俊 著

国际高层次法治人才协同培养研究

——以粤港澳大湾区为例

GUOJI GAOCENGCI FAZHI RENCAI
XIETONG PEIYANG YANJIU
YI YUEGANGAODAWANQU WEILI

中国政法大学出版社

2020·北京

图书在版编目（CIP）数据

国际高层次法治人才协同培养研究/谢文俊著. —北京:中国政法大学出版社,2020.8
ISBN 978-7-5620-9607-8

Ⅰ.①国… Ⅱ.①谢… Ⅲ.①法学教育－人才培养－研究－中国 Ⅳ.①C964.2

中国版本图书馆CIP数据核字(2020)第154576号

出　版　者	中国政法大学出版社
地　　　址	北京市海淀区西土城路 25 号
邮寄地址	北京 100088 信箱 8034 分箱　邮编 100088
网　　　址	http://www.cuplpress.com (网络实名：中国政法大学出版社)
电　　　话	010－58908586(编辑部) 58908334(邮购部)
编辑邮箱	zhengfadch@126.com
承　　　印	北京九州迅驰传媒文化有限公司
开　　　本	720mm×960mm　1/16
印　　　张	15
字　　　数	250 千字
版　　　次	2020 年 8 月第 1 版
印　　　次	2020 年 8 月第 1 次印刷
定　　　价	59.00 元

前　言

　　习近平总书记近年来在多个重要国际场合提及"人类命运共同体"。构建人类命运共同体的倡议是着眼人类发展和世界前途面临的重大问题给出的中国理念和中国方案，体现了中国立场和中国智慧。习近平总书记指出："中国走向世界，以负责任大国参与国际事务，必须善于运用法治。""全球治理体系正处于调整变革的关键时期，我们要积极参与国际规则制定，做全球治理变革进程的参与者、推动者、引领者。"构建人类命运共同体，有赖于国际法治的推进和保障。[1]习近平总书记在中央政治局学习中强调，要加强全球治理人才队伍建设，突破人才瓶颈，做好人才储备，为我国参与全球治理提供有力人才支撑。2019年5月15日，国家主席习近平在亚洲文明对话大会开幕式上发表重要讲话强调，未来之中国，必将以更加开放的姿态拥抱世界、以更有活力的文明成就贡献世界。[2]在中国特色社会主义新时代，中国提出的"一带一路"倡议、构建人类命运共同体理念，在国际上受到普遍欢迎，但中国在参与全球化治理、中国企业"走出去"、中国与其他国家开展文明对话的过程中，却时常遭遇跨文化人才短缺的掣肘。习近平总书记的重要讲话，进一步揭示了当前中国对跨文化人才的渴求与重视。党的十八届四中全会通过的《中共中央关于全面推进依法治国若干重大问题的决定》明确提出，要建设通晓国际法律规则、善于处理涉外法律事务的涉外法治人才队伍；积极参与国际规则制定。《粤港澳大湾区发展规划纲要》提出打造教育高地和人才高地，支持大湾区建设国际教育示范区。由此可见，粤港澳大湾区和"一带一路"建设亟须有全球视野的涉外高层次法治人才。

---

　　[1]　赵骏："构建人类命运共同体与国际法治变革"，载《光明日报》2019年5月10日。

　　[2]　"国家主席习近平在亚洲文明对话大会开幕式上的讲话金句"，载http://politics.people.com.cn/n1/2019/0515/c1001-31086640.html？form＝rect，最后访问日期：2019年11月15日。

　　华为作为全球领先的ICT（信息通信技术）基础设施和智能终端提供商，走向全球化就是法治化，法律遵从与全球合规是其在全世界生存、服务、贡献的基础。地处大湾区腹地的华为招聘高级合规律师的岗位要求之一是民商或国际商事相关法律专业硕士，能以英文作为工作语言，有海外留学背景优先，能接受海外常驻；招聘高级律师（网联车）的岗位要求之一为要求应聘人员英文流利，能够作为工作语言。而招聘涉外高级律师要求以英文作为工作语言，其中能用某一主要小语种（法语、德语、西班牙语、俄语、阿拉伯语）进行法律工作和日常交流的优先。[1]可见，其岗位职责和岗位要求更高。华为这种跨国公司对国际高层次人才的高标准应该引起身处粤港澳大湾区的广东高校法学院的重视，事实已经为我们敲响了警钟，这反过来倒逼关注和从事广东法学教育的有识之士应清醒地意识到，作为供给侧的法学院校该如何应对法律职业市场的需求侧的悄然变化？培养契合未来既能够纵横捭阖国际治理的领袖型政治家，又能造就出胜任法律服务舞台的高端复合型法治人才，或许是供给侧现在和未来法学教育的目标。历史为新时代身处大湾区的广东法学教育赋予了新的使命，那就是提升法律职业的国际胜任力。因为，粤港澳大湾区不仅是地理区位，更应从全球的视角来分析和探讨粤港澳大湾区的法治建设，粤港澳大湾区的法治建设亟须涉外高层次法治人才，为构建人类命运共同体做出中国的历史性贡献。

　　国际高层次法治人才至少应具备三重能力：一是至少精通两门语言。"法律乃思维之母而非婢女。"卡尔·克劳斯的这一格言可以作为我们考虑语言和思维关系的一个良好开端。[2]语言的构成和认知力量对法律特别重要，因为只有在语言中实在法的概念才能根本地获得存在。在语言的织布机上，所有的法律被编织了出来。[3]国际高层次法治人才必须娴熟地驾驭至少两种语言，即精通外语和中文，在从事国际法律服务时尤其应具有国际视野，能够熟练运用外语，尤其是法律英语，能在国际事务中发出自己的声音，与外方进行

---

〔1〕"华为法务招聘：律师到华为来！你的对手将不仅仅是……"，载 http://www.sohu.com/a/317134313_114984，最后访问日期：2019年11月15日。

〔2〕［德］伯恩哈德·格罗斯菲尔德：《比较法的力量与弱点》，孙世彦、姚建宗译，清华大学出版社2002年版，第136页。

〔3〕［德］伯恩哈德·格罗斯菲尔德：《比较法的力量与弱点》，孙世彦、姚建宗译，清华大学出版社2002年版，第145~146页。

有效的交流与谈判。二是通晓国际规则，精通国际谈判，能够参与国际法律事务，维护国家利益。三是创新素质和创造能力。想象并创造新世界的能力是我们最重要的人力资产之一，也是人类的一切成就之源。发现并解决问题是学术创新的核心。在经济全球化时代，"一带一路"倡议和大湾区建设已经面临着纷繁复杂的跨文化经贸交流的问题，国际高层次法治人才应着眼于如何化解矛盾、弥合分歧以及解决疑难等问题。各种法律问题既是中外双方当事人的分歧之源，又可能是创新之源；在法律问题中发现潜在的机遇，既可以提升自身的国际法律服务技能，又可以拓展创新创业能力的最佳契机。这是国际高层次法治人才必备的创新素质。

香港和澳门的中西文化交汇之独特区位、多法域背景、专才优势和国际化程度，使其高校在培养国际高层次法治人才方面占有非常独特的优势，港澳的国际法律服务业在服务"一带一路"倡议实施中拥有重要地位。广东律师熟悉国情国策，了解中国企业文化及需求。未来既掌握中国法律又了解普通法、大陆法的国际法治人才将会占尽先机和优势。

本书论述的粤港澳大湾区国际高层次法治人才基于高等法学教育之视角。高等法学教育是高等教育的重要组成部分，它是以传授法律知识、训练法律思维、培养高素质的法律专业人才为内容的教育活动。以回顾我国高等法学教育的发展历程以及创新型人才培养的历程为起点，以国际高层次法治人才需求分析为切入点，通过对已有研究成果的分析深化，对相关概念进行梳理和澄清，从国内外（主要是世界三大湾区高校和粤港澳大湾区之比较）高校法科生全球法律职业胜任力和创新能力培养理念、培养途径和培养模式的研究入手，着重分析我国广东高校学生全球法律职业胜任力养成的影响因素，进而，形成科学的法科生全球法律职业胜任力培养理念以及系统的涉外卓越法治人才培养机制和保障机制，以期进一步深化高校法学教育教学改革，促进法科学生全球法律职业胜任力的培养。

本书以新时代中国特色社会主义思想为根本指导，较全面系统地梳理、总结和研究我国自 2011 年实施涉外卓越法治人才培养计划工程以来，广东省（尤其是大湾区）各个高校国际法治人才培养基地在涉外卓越法治人才培养方面经过艰辛探索取得的优秀经验和做法，反思各高校在国际法治人才培养中逐渐暴露出来的问题、不足和教训，探究式地分析造成这些问题的深层次原因和渊源，结合学者们对涉外卓越法治人才培养的理论和实践的探索成果，在此基础上，依据教育部和中央政法委联合下发的法治人才培养计划的意见为蓝本，较充分地梳理、扬弃式地吸收和借鉴美国纽约湾区知名高校法学院（哈佛大学法学院、耶鲁大学法学院等）、旧金山湾区一流法学院（斯坦福大学法学院、加州大学伯克利分校法学院等）和日本东京湾区（以东京大学法学院、一桥大学法学院为典型代表）在造就高素质、国际复合型法治人才的理论和实践经验，为保证较全面地反映和比较世界三大湾区的顶级法学院在顺应湾区全球化经济的国际法律职业的市场需求，培养国际高端法治人才的理论和实践经验。本书既选择性探讨了普通法系的美国两大湾区非常成功的国际法治人才培养经验，也针对性梳理了大陆法系的日本东京湾区法学教育的国际化转型和培养国际高端法治人才的经验。最后提出了完善新时代"一带一路"倡议和粤港澳大湾区法治建设需要的国际高端法治人才协同培养的若干建议。

本书以广东省高等教育教学改革项目——融合创新创业教育提升法科生实务能力教学改革研究与实践（粤教高函180号）为缘起，但在研究中并未局限于此，而是从粤港澳大湾区法治建设亟须的国际高层次法治人才协同培养作为研究的重点。

最后需要说明的是，本书所指的国际高层次法治人才与国际化法律人才、国际型法律人才、高端国际法律人才、国际商务法律人才、卓越涉外法律人才和涉外卓越法治人才等不做严格区分。由于作者水平有限，本书难免有不当之处，敬请方家指正和提出宝贵建议。

谢文俊

2020 年 4 月

目　录

第一章

概　论

第一节　选题背景与意义

在全球经济一体化与法律全球化时代，"逆全球化"潮流不断涌现，单边贸易主义、保护主义破坏多边贸易体制，导致中美经贸摩擦升级，中美贸易战势必摧毁全球产业链，为全球经济发展蒙上阴霾。中美贸易战对中国而言，既是痛苦的挑战，更是难得的机遇。因此，基于对国际趋势的准确判断和宏观把握，"一带一路"倡议和粤港澳大湾区建设是习近平总书记亲自谋划、亲自部署和亲自推动的重大国家战略，粤港澳大湾区是"一带一路"建设的重要桥头堡。这既是中国应对世界多极化、经济全球化和跨领域多维度的贸易战重大变化而提出的新理念，也是中国新时代领导集体与时俱进而做出的顶层设计。

一、研究背景

（一）"一带一路"倡议和"粤港澳大湾区"建设

2013 年中国国家主席习近平公布的"一带一路"倡议（B&R，也称"一带一路"）是国家的重要战略。该倡议旨在通过陆基"丝绸之路经济带"和海上"21 世纪海上丝绸之路"促进中国与亚洲、欧洲和非洲其他地区的互联互通，加强政策、基础设施、贸易、金融和人民文化纽带等方面的合作，在新的世界秩序中为全球经济发展提供一个有远见的蓝图。航线覆盖亚洲至欧洲经东南亚、南亚、中亚、西亚、中东等 60 多个国家和地区，目前约占全球 GDP 的 30%，占全球商品贸易的 35% 以上。到 2050 年，B&R 地区的目标是为全球 GDP 增长贡献 80%，并使 30 亿人进入中产阶级。2019 年 2 月 18 日，党中央、国务院正式公布《粤港澳大湾区发展规划纲要》，标志着粤港澳大湾区建设转向全面铺开、纵深推进的阶段。当前,"一带一路"和"粤港澳大湾区"建设需要一大批高素质的涉外法律服务人才。如何通过制度设计,建构系统、完备、科学和有效的粤港澳大湾区国际高层次法治人才协同培养体系,以应对经济全球化的挑战,是当前广东法学教育国际化转型和卓越法治人才培养中面临的首要难题。根据《国家中长期教育改革和发展规划纲要(2010-2020年)》以及教育部与中央政法委下发的《关于坚持德法兼修实施卓越法治人才教育培养计划2.0》(以下简称《卓越法律人才2.0实施计划》)亟待要求培养"具有国际视野、通晓国际规则、能够参与国际法律事务……的高层次涉外法治人才"。[1]因此,广东高校应努力提升涉外法律服务的供给,积极为国际高层次法治人才创造学习、提高涉外法律服务能力和水平的机会。由此带来了粤港澳大湾区国际高层次法治人才协同培养体系的正当性、必要性和系统性。作为供给侧端的广东省法学教育的培养目标定位不清晰、课程设置无法适应国际高端法治人才的素质要求以及法科师资外语水平等诸多瓶颈问题和粤港澳大湾区高校协同培养国际高层次复合型法治人才制度的有效性、合理性和衔接性等问题更加突显。上述这些法学教育内部的深层次问题亟待法学理论界与法律实务界同仁展开系统研究和深入探讨。习近平总书记于2019年2月25日在中央全面依法治国委员会第二次会议的重要讲话指出,要加快推进我国法域外适用的法律体系建设,[2]加强涉外法治专业人才培养。《粤港澳大湾区发展规划纲要》提出要推动教育合作发展。支持粤港澳高校合作办学,鼓励联合共建优势学科、实验室和研究中心。充分发挥粤港澳高校联盟的作用,鼓励三地高校探索开展相互承认特定课程学分、实施更灵活的交换生安排、科研成果分享转化等方面的合作交流。支持大湾区建设国际教育示范区,引进世界知名大学和特色学院,推进世界一流大学和一流学科建设。[3]国家提出《粤港澳大湾区发展规划纲要》作为对建设粤港澳大湾区的中央批复对三地高校加强交流与合作是重大利好。广东高校应在粤港澳大湾

---

〔1〕 教育部、中央政法委于2018年9月17日联合颁布《关于坚持德法兼修实施卓越法治人才教育培养计划2.0的意见》,资料来源:http://www.moe.gov.cn/,最后访问日期:2019年6月13日。

〔2〕 十九届四中全会《关于坚持和完善中国特色社会主义制度 推进国家治理体系和治理能力现代化若干重大问题的决定》:加快中国法域外适用的法律体系建设,载http://www.chinanews.com/gn/2019/11-05/8999258.shtml,最后访问日期:2019年12月2日。

〔3〕《粤港澳大湾区发展规划纲要》,人民出版社2019年版,第35页。

区各地布局，大湾区概念的提出及规划的落地，为资源整合提供了难得的绝佳机遇。在一国两制的伟大构想下，未来内地和香港的联系必然会越来越紧密。《粤港澳大湾区发展规划纲要》等战略方针的提出，正是反映了这样一个客观的事实。

（二）律师与经济学家谈判：中美贸易战的启示

中美贸易战争端的一个关键导火索是美方坚持将一些商定的条款纳入中国法律，而中方只愿意通过监管和行政行动遵守这些条款。这种立场上的差异是否会使两国都退出达成协议，从而导致戏剧性的逆转？先来看看这两个大国之间的谈判双方的核心成员。美国核心团队主要由经验丰富的律师组成。罗伯特·莱特希泽（Robert Lighthizer），乔治敦大学法学博士，曾在 Skadden、Arps、Slate、Meagher & Flom LLP 担任执业律师/合伙人，之后加入特朗普政府担任美国贸易代表（USTR）。他的副手，负责亚洲、欧洲、中东和工业竞争力的杰弗里·格里什（Jeffrey Gerrish）也是同一家律师事务所20多年的合伙人。美国对华事务代理助理贸易代表特伦斯·麦卡廷（Terrence McCartin）也是乔治敦大学（Georgetown）的法学博士，从事法律工作超过10年。至少还有另外三名联合民主党人参加了美方的谈判。这些律师训练有素，经验丰富，特别擅长想象所有可能的情况，并在制定复杂的协议时具体说明相应的补救措施和行动。相比之下，所有已知的中国团队成员在大学或研究生阶段都主修经济学和相关领域，而且他们都没有受过正规的法律培训。因此，毫不奇怪的是，他们在专业上更愿意笼统地谈论细节以及微妙的情景和突发事件。法律是一个文化中更广泛的沟通网络、参照网络、经验网络和期待网络中的一部分，这一文化的参与者在任何一个既定的时刻都可以本能地感知自己的地位。[1]美方律师的谈话对他们来说就像一门外语。这两个小组在专业背景上的差异导致在理解立法行动执行条款的重要性方面存在很大差距。对美国律师来说，监管和行政行为并不意味着其是一个漫长的立法过程的结果，而是由司法部门执行的。[2]中国自1978年以来在法律发展方面取得了巨大进

---

〔1〕［法］皮埃尔·勒格朗、［英］罗德里克·芒迪主编：《比较法研究：传统与转型》，李晓辉译，北京大学出版社2011年版，第141页。

〔2〕陈志武："美国和中国能避免贸易战升级吗？"，载 Asia Global Online，https://www.asiaglobalonline. hku. hk/could-the-us-and-china-have-avoided-escalating-their-trade-war，最后访问日期：2019年11月18日。

步,已经迈进了法治国家。中国在贸易和其他问题上的国际谈判团队最终将加入更多具有法律经验的代表,因为决策者意识到,这是在以规则为基础的世界秩序中保护中国利益的最佳方式。[1]中国在不断创新变革,国际形势在深刻变化,世界处于百年未有之大变局。随着中国改革开放不断深化,中国融入全球化的脚步只会越来越大,中国与世界融合的程度将会越深越广,中国必然要参与国际经贸往来、政治合作以及外交谈判等方面多领域的全球治理;为了打破霸权主义、单边主义和应对各种贸易战等多元国际经贸纠纷和全面对接国际规则,不仅要求中国切实准确了解和遵循国际规则,而且更重要的是我们应有机会、有能力制定全球性的经济、政治、外交等领域的国际条约等国际规则。这就必然需要大量既懂中国情怀,又能通晓国际化和跨国化的跨文化高端法治人才。随着"一带一路"建设的有序推进,中国和世界上很多国家必将在各领域的交流合作更加广泛深入,跨文化法律人才要一手托两边——中国和世界,才能真正把握国际发展之规律,对接二者之需求,寻找最大公约数。推进交流合作共赢,使世界各国相向而行,而不是背道而驰。跨文化法律人才,还必须具有世界性眼光和历史性眼光,具有历史使命感和责任担当。唯如此,才能从全球层面审视形势和看待问题,才能具有在国际社会自主设置议题、主动发声的胆识和魄力,才能够担当起构建人类命运共同体的时代重任。[2]

(三)全球化背景下建设粤港澳大湾区,国际法治人才培养面临更高要求

在进一步对外开放的新格局下,中国正在从经济全球化的参与者转变为推动者,增强在全球经贸合作中的作用,增加在国际组织中的话语权,需要培养能胜任国际组织工作的高层次法治人才。在国家"一带一路"倡议的实施和建设粤港澳大湾区的新形势下,国际高层次法治人才成为关系中国参与全球治理的重要问题。目前全球经济治理体系正处于加速变革的关键时期,为中国参与全球经贸往来,也为广东涉外法律业务发展迎来了历史性的新机遇。如果要在全球化过程中保护自己的权利,则必须有一批能够与美英跨国律师对话(即能够用相同的法言法语、共同的思维方式处置国际法律纠纷)

---

〔1〕 陈志武:"以规则为基础的国际秩序如何扎根",载 Asia Global Online,https://www.asiaglobalonline. hku. hk/how-the-rules-based-international-order-took-root/,最后访问日期:2019 年 12 月 1 日。

〔2〕 罗旭等:"文明对话需要更多跨文化人才",载《光明日报》2019 年 6 月 2 日。

的中国国际高端律师。[1]律师是法律服务的主要提供者。从专业技能来看，应对全球化的挑战，与港澳律师相比，广东律师的整体素质，包括对国际法和外国法的了解、国际业务的经验、法律服务的技能、外语水平等方面差距还比较明显。广东的律师事务所以中小型为主，律师的客户多数是中小型民营企业和公民个人，缺乏在大型复杂的跨国交易和高新技术方面的专业知识和服务经验，更缺乏国际谈判的经验和从事国际律师业务的能力，在国际法律服务方面竞争力较弱。一部分顶尖法律人才在外资所高薪、业务来源、培养机制以及晋升机制等的许诺下，正面临着流失的危险。[2]当前我国（尤其是广东）国际高层次法治人才比较匮乏，现有的法律人才培养体系有许多深层次的症结和问题亟待尽快改进与完善，法治人才培养模式需要进一步优化。因此，立足于粤港澳大湾区建设的背景，研究国际高层次法治人才协同培养问题是我国新时代建设粤港澳大湾区经济社会发展的必然要求，也是我国高等法学教育国际化的迫切需要。

二、研究的意义

通过高等法律教育培养国际法治人才的卓越品质和创新创业能力，进而推动法治社会和法治国家的发展，这是当代社会和法治发展的基本路径。高等法律教育还可以传承多元法治文化，并能展望未来法治社会的美好图景：政府和社会诸多领域的领导岗位将由法律人才来担任。众所周知，法律教育是法律制度不可或缺的核心构成要素，造就国际高层次法治人才与法律教育水平的高低和国际化转型程度有相当大的关联性，从而决定法学院研究国际法治人才协同培养无疑颇具重要的意义。

本书通过对我国，尤其是粤港澳大湾区（广东）国际法治人才培养的历史轨迹进行回溯以及美国纽约大湾区、旧金山大湾区和日本东京大湾区等三大湾区的顶尖法学院如何培养国际高素质法治人才的历史演进历程进行复原，在跨越时空定位的客观事实性叙述的基础上，透过回眸沿革过程而获取智慧，寻求现实与历史的交汇点，探究世界三大湾区高校杰出法学院在培养国际高

---

[1] 何美欢：《论当代中国的普通法教育》，中国政法大学出版社 2005 年版，第 26~30 页。

[2] 广东省律师协会、广东省"一带一路"法律服务研究中心：《"一带一路"国际法律业务探究》，法律出版社 2018 年版，第 229~230 页。

素质法治人才发展演变的机制和社会效果，反思与检视国际法治人才与三大湾区经济社会变迁之间的内在勾连，把握高等法学教育与法治建设、湾区经济高速发展之先导性价值，以期实现理论研究和实践应用两方面的价值：

（一）理论意义

通过对美国纽约大湾区、旧金山大湾区和日本东京大湾区等三大湾区顶尖法学教育的个案研究，以及粤港澳大湾区高校法学教育在国际法治人才培养历史的个案分析，深化对世界三大湾区独特的社会地理环境与法治建设、法律教育之互动关系的深入探索和研究，深刻认识到高等法律教育对于粤港澳大湾区法治建设和经济繁荣发展的基础性地位和高等法律教育发展的基本规律。在经济全球化背景下，粤港澳大湾区建设和"一带一路"发展亟须大批国际高层次法治人才，而通过回顾广东法学教育的演进历程，揭示高等法学教育和国际高层次法治人才培养存在的内在缺陷与不足，探寻粤港澳高校如何协同培养国际高层次法治人才之路径，为进一步回应广东法学教育国际化转型之需要和创新法治人才培养模式提供有价值的理论支持。

（二）实践意义

通过对美国纽约大湾区、旧金山大湾区和日本东京大湾区等三大湾区知名高等法律教育演进过程的考察和如何随着大湾区经济高速发展的国际法律职业之需求，知名法学院培养国际高素质法治人才的成功经验，以及粤港澳高校优秀法学教育在国际法治人才培养历史的个案分析，对我国高等法律教育在培养法治人才过程中存在的问题，为进一步推动我国高等法律教育内涵式发展和培养胜任国际法律职业的卓越复合型法治人才的目标提供有益借鉴。本书的研究为我国进一步完善高等法学教育机制进行制度创新提供有益指导；为广东法学院校以及相关政府部门推进国际高层次法治人才协同培养体系创新机制提供实践支撑，具有现实的实践意义。

三、研究的价值

（一）应用价值

（1）本书的深入研究有助于在全面依法治国方面贯彻落实习总书记有关"奉法者强则国强，奉法者弱则国弱""德法兼修、明法笃行"以及"法律是治国之重器，法治工作队伍建设是治国之保障"等要求，为完善高等法学教育和国际高层次法治人才体制机制的顶层设计，提升广东高校法学教育国际化建言献策。

（2）本书的深入研究有助于为高等法学教育体制机制的改革提供系统的理论指导，进而提升我国法治人才在全球的核心竞争力。经贸往来的全球化，必须有精通国际法律规则、娴熟掌握法律外语以及拥有高超的国际商务谈判技能的国际法律服务提供者。这对于推进中国特色的国际法治建设具有重大的应用价值。

（3）本书的深入研究将融入信息技术，互联网+人工智能通过教育和教学媒介影响国际高端法治人才的培养，并且从法学学科和法治人才培养模式上形成了横向复合与交叉融合，深刻影响了卓越法治人才培养质量。因此，培养国际高层次法治人才，必须全面开展智能法学教育。

（二）学术价值

（1）本书的研究有助于弥补学界在粤港澳大湾区国际高层次法治人才协同培养方面研究经验的研究不足，进而为完善粤港澳大湾区国际高层次法治人才协同培养研究的理论体系作出积极的学术贡献。

（2）本书的研究有助于拓展粤港澳大湾区国际高层次法治人才协同培养研究的学术空间，进而丰富、发展及完善我国新时代的卓越法治人才培养理论体系。

（3）本书的研究有助于改进以往法学界有关高等法学教育发展问题的研究范式，即从兼具描述性与评介性的学科范式转向融论证性与建构性为一体的问题导向性范式。

第二节　国内外相关文献综述

一、研究的现状

（一）国内相关研究现状评述

就已发表的学术论文而言，在中国知网上通过高级检索方式，以论文主题和篇名作为检索条件，以本书所涉及的粤港澳大湾区国际高层次法治人才和法域融合培养这两个关键词作为主题，不设时间段进行精确检索，共检索出文章0篇。检索表明，国内学者围绕"国际高层次法治人才粤港澳大湾区协同培养"的研究缺失。在中国知网上通过一框式检索方式，以涉外法治人才主题作为检索条件，从现有相关研究来看，一共检索出 8 篇学术研究相关文献，主要集中在以下三个方面：①培养涉外法治人才已成为国家治理法治化的一项内在需求。在考察广东外语外贸大学的涉外法治人才培养办学实践的基础上，从制度建设层面探讨涉外法治人才培养的实施机制，认为这一机制应包括目标体系、课程体系、组织体系和质量评估体系。（石佑启、韩永红 2015 年）；②国际上高等法学教育从"国际化"到"跨国化"乃至"全球化"的演进过程，以及法学教育"国际化"的分类培养方式，为我国探索"政学企研"多元化"协同创新"与"整合式"人才培养提供了新思路。（杜承铭、柯静嘉 2017 年）；③从语言视角来论述培养创新涉外法治人才队伍，高等学校及科研机构的法学院系是关键。有效推进涉外法治工作离不开法律外语人才的参与。法律外语人才既是语言专业领域的精英，又是法律职业共同体的重要组成（屈文生 2017 年）；④不同类型的高校应通过优化课程体系，尤其是打造以高校为核心、法律实务部门及法律服务机构共同参与"法治人才培养共同体"来发挥协同育人的优势，以培育出能够满足"一带一路"建设全方位、多元化需求的涉外法治人才。（韩永红、覃伟英 2019 年）。在专著方面，在国内法学教育影响较大的主要有霍宪丹对中国法学教育的实证考察；王健对中国法学教育的近代史考察；曾宪义、朱景文以及徐显明对中国法学教育的全景式考察；刘坤轮、蒋志如等主要从法学教育与法律职业衔接考察；何美欢对法学教育方法的考察；等等。

通过梳理已有研究文献发现，关于国际高层次法治人才协同培养研究只涵盖了很少一部分，还存在一些不足：①已有研究多聚焦于改革开放以后对中国法学教育的研究，针对粤港澳大湾区国际高层次法治人才协同培养的论文和专著等鲜有学者去关注和研究。②已有的中国高等法学教育研究多以法学科研究为主，缺乏跨法域和跨学科视域下的比较研究，尤其是比较法角度更是付之阙如，特别是针对高等法学教育与涉外卓越法治人才的培养之间耦合关系模式的研究非常少见。因此，本书试图弥补上述研究的不足之处。

（二）国外相关研究现状评述

将"粤港澳大湾区国际高层次法治人才协同培养研究"，翻译成英文，再去中国知网上检索和查询，不管是以主题、篇名以及关键词查询或这三者之间随意选择其中两个进行高级检索，均未检索到相关文献。因此，研究成果缺失意味着少有人关注本课题的深入研究，即国内外法学教育界很少有人去研究本课题。

综上，可见法学界对新中国建立以来的高等法学教育的演进历程和经验总结并不缺少研究，但是，却鲜有学者对粤港澳大湾区视域下的国际高层次法治人才协同培养进行研究。此外，结合新时代背景，同时采用比较法（跨法域）和跨学科研究方法去研究的学者更是寥寥无几，而这为本书提供了难得的研究方向和研究空间。本书在前人研究成果的基础上，运用比较法与跨学科（法学、历史学、教育学、社会学、经济学等）理论知识，在对美国纽约大湾区、旧金山大湾区和日本东京大湾区等三大湾区顶尖法学教育，以及粤港澳高校优秀法学教育在国际法治人才培养发展历程进行勾勒和素描的基础上，深入考察三大湾区和粤港澳大湾区国际法治人才培养的演进历程、发展机制和社会效果，从而形成对世界级大湾区顶尖法学院成功培养国际高端法治人才的整体认知，为广东法学教育内涵式发展和国际化转型提供有价值的启示和借鉴。

二、本书的总体框架和基本内容，拟达到的目标(阶段性目标及总体目标)

（一）研究的总体框架

1. 国际高层次法治人才协同培养的域外经验及启示

国际高层次法治人才协同培养问题是全球法律教育和法律人才新型培养模式的研究热点和焦点，但我国由于种种历史缘由对这方面的研究起步相对较晚，目前尚未形成系统性的专门研究。本书将在经济全球化衍生的法律全球化的背景下，全面考察世界三大湾区国际高层次法治人才协同培养的域外经验及启示，具体包括：①英美法系美国纽约大湾区国际高层次法治人才培养模式的经验；②英美法系美国旧金山大湾区国际高层次法治人才培养模式的经验；③大陆法系日本东京大湾区国际高层次法治人才培养模式的经验；④对世界三大湾区国际高层次法治人才培养模式的成功经验进行共性与差异比较；⑤在借鉴世界三大湾区国际高层次法治人才培养模式的成功经验的基础上，广东有实力的法学院应与港澳法学院携手共创国际高层次法治人才培养模式。

2. 国际高层次法治人才协同培养的中国实践及问题

在"一带一路"倡议和粤港澳大湾区建设的大背景下，亟须大批高素质的国际法治人才，这是个不容置疑的客观事实。如何培养国际高层次法治人才，必须从中国法学教育，尤其是广东法学教育的实践维度展开。唯有如此，才能使本书凸显"问题意识"，相关研究成果也才能更"接地气"，并在本科法学教育、硕士法学教育及博士法学教育乃至整个法学教育实践中发挥更大的效能。具体而言，本部分的研究重点从以下四个维度展开分析：①考察中国尤其是广东法学教育和国际高层次法治人才培养的现状；②分析中国尤其是广东国际高层次法治人才培养模式存在的问题；③透析中国尤其是广东国际高层次法治人才培养模式面临的机遇与挑战；④构建粤港澳大湾区高校协同培养国际高层次法治人才创新模式。

3. 国际高层次法治人才协同培养的理论模型及系统化建构

从各法治发达国家的实践来看，培养国际高层次法治人才已成为法学教育研究的必然趋势。当下亟待思考的已不再是否需要高等法学教育国际化，而应当是如何系统建构国际高层次法治人才培养体系的问题。对此，本书将以培养国际高层次法治人才的中国问题为导向、以域外经验为借鉴，从三个方面对国际高层次法治人才协同培养体系的建构问题展开研究。具体包括：①国际高层次法治人才协同培养体系的理论模型；②国际高层次法治人才协同培养体系的价值基础；③国际高层次法治人才协同培养体系的外部衔接（如粤港澳国家立法、政策以及相关合作框架等）。

4. 国际高层次法治人才协同培养体系的科学性评估及修正机制

提高国际高层次法治人才协同培养体系的科学性，既是坚持法学教育国际化转型的需要和服务大湾区法治建设的迫切需求，也是实现国际法治治理体系的基本保障。本书将从推动构建人类命运共同体国家治理战略的需求出发，对国际高层次法治人才协同培养体系的科学性进行评估，并以此完善修正机制。在具体的评估指标设置方面，拟设五个一级评估指标，即国际高层次法治人才协同培养体系的国际化师资队伍、国际高层次法治人才培养、国际平台建设、国际科学研究以及国际环境。在每一个一级评估指标之下，将设置至少五个二级观测指标细化评估指标体系。

（二）基本内容

本书结合丰富的世界四大湾区著名高等学校法学教育历史资料和国际法治人才的培养经验，运用比较法、跨学科研究法、历史文献法以及高等教育分析法等多种方法，在国内外研究的基础现状和成果的基础上，对世界上四大湾区国际高端法治人才培养历史的演进过程做了详细而深入的分析和比较，提出以下主要观点：

（1）我国（广东）国际高层次法治人才培养的历史、现状以及存在的问题和未来的选择路径。回顾我国（广东）国际高层次法治人才培养的演进轨迹，全球化经济和网络社会的发展要求广东法学教育的快速转型和迭代更新，培养国际高层次法治人才是新时代法学院的使命。正视目前面临的共性问题，"一带一路"建设和大湾区建设需要一个绝佳的法治营商环境来保驾护航，国际法律服务市场历来由美国律师大所主宰。要改变这种现状，我国（广东）法学院应该提升办学层次，以培养出类拔萃的国际法治人才为突破点来构建卓越法治人才培养机制。

（2）世界三大湾区国际高层次法治人才培养模式的国际经验。纽约大湾区、东京大湾区、旧金山大湾区分别以金融、产业以及科创闻名，它们身上镌刻着极深的时代烙印，浓缩了世界经济最近一百多年的时代更替。它们的共性也十分明显，在推动人类整体经济进步和法治建设方面做出了开拓性的贡献，不仅是地理意义上的，更是认知意义上的。世界三大湾区杰出法学院均重视法学教育国际化和培养杰出的跨文化的国际法治人才，高层次法治人才培养模式都注重学生海外学习经历和跨法域国际视野的拓展。

（3）香港高校和澳门高校国际高层次法治人才培养模式比较研究。香港和澳门一直是多元文化交融之地，是中外交流的纽带和桥梁。香港高等法学教育的办学模式经过验证是较为成功和具有前瞻性的，香港是中国唯一的英美法系法域区；澳门是葡语法律文化交流的枢纽。如三地高校法学院联合办学，不同的风格在这里碰撞，迸发出绚烂的火花，将全面培养出适应粤港澳大湾区乃至全国经济社会全面发展的国际高层次法治人才。

（4）粤港澳大湾区国际高层次法治人才协同培养模式创新研究。通过对粤港澳大湾区法学教育和国际法治人才培养历史和现状的考察，借鉴世界三大湾区高校顶级法学院的法学教育是如何造就出有国际竞争力与国际法律职业胜任力的卓越法律人才，尤其同为粤港澳大湾区的香港三大法学院，尽管成立时间不长，但是，这些法学院均取得了笑傲江湖的资本和傲视同侪的惊人成效。因此，本书明确提出广东各法学院应和香港、澳门的法学院一同携手并进，整合各方优质资源、优势互补，这是实现国际高层次法治人才协同培养模式的一条重要路径。

（三）拟达到的目标

1. 阶段性目标

为国际高层次法治人才协同培养体系的科学性建构一套简便、可行、可靠的评估指标体系，对国际高层次法治人才协同培养体系进行评估，为跟进修正提供科学依据。

2. 总体目标

全面总结域内外有关培养国际高层次法治人才的基本经验，并结合"一带一路"和粤港澳大湾区建设的国际法律服务现实需求，提出一套合理、可行的国际高层次法治人才协同培养体系建议稿，为广东高校提供学理参考。

三、拟突破的重点、拟解决的关键问题

（一）拟突破的重点

（1）准确把握培养国际高层次法治人才问题的中国（广东）面向，系统建构广东特色的国际高层次法治人才协同培养体系的总体框架。

（2）合理设置国际高层次法治人才协同培养体系的科学性评估指标体系，并以此跟进完善国际高层次法治人才协同培养体系的修正机制。

（二）拟解决的关键问题

（1）把握国际高层次法治人才的现状及问题的全面性，搜集国内外国际高层次法治人才协同培养体系的资料和数据，确保现状和问题分析的全面性。

（2）国际高层次法治人才协同培养体系的建构问题，即如何建构一套科学、合理和可行的评估指标体系，对国际高层次法治人才协同培养体系进行科学评估，并持续跟进与进一步完善。

第三节　研究思路与研究方法

一、研究的基本思路

本书以国际高层次法治人才培养问题为导向，探讨在经济全球化时代，构建人类命运共同体，推动"一带一路"倡议和粤港澳大湾区建设的宏观背景下我国（广东）粤港澳大湾区如何推进国际高层次法治人才协同培养的问题。

首先通过对大量相关文献的阅读和国家亟须大力培养创新能力的国际高端法治人才建设的历史考察与现实关照，明确本书的研究问题和研究方向；然后为了更好地构建国际高层次法治人才培养机制，本书在理清目前有关基于跨学科交叉融合视域下广东高校国际高层次法治人才培养机制研究的理论成果和实践经验的基础上，通过文献研究法、访谈法等方法，试图弄清广东高校法学院培养国际高层次法治人才的现状、问题及原因，在充分占有数据的基础上，提出促进跨学科交叉融合视域下的广东高校国际高层次法治人才培养机制的基本战略，从理论和实践两个层面为推进广东国际高层次法治人才培养发展提供支持。

二、研究方法

本书的主要具体研究方法大致有以下四种：

（一）文献研究法

通过期刊网、图书馆等搜集国内外关于世界三大湾区和粤港澳大湾区国际高层次法治人才协同培养研究的相关期刊论文、研究报告、会议论文和学术著作等，充分把握学者们对国内，尤其是广东高校法学教育的辛勤探索的成果，以及在全面依法治建设背景下高等法学教育与国际高层次法治人才培养契合研究的研究进展和成果，通过文献研究归纳已有研究的不足，并梳理完善相关的研究理论。

（二）跨学科研究法

交叉学科知识容易产生创新思维与培养学生的创新素质，进而形成多元思维模型，而这种多元思维模型往往有助于个人的成才与成功。本书主要涉及法学、教育学、历史学、经济学等交叉学科，在分析问题、解决思路和对策上离不开哲学思维，在研究粤港澳大湾区国际高层次法治人才协同培养研究历史回顾时需要运用历史学、政治学、社会学等方面的知识，在研究其演变规律时涉及经济学、国际金融等相关理论和实务。

（三）个案分析法

世界级大湾区国际高层次法治人才协同培养研究呈现出多元性与复杂性，研究将根据国际高层次法治人才协同培养研究的人才养成全流程，选取相应的有代表性的世界上知名法学院国际高层次法治人才培养成功的经验作为个案，对这些个案中的培养目标、课程设置、国际化师资、国际视野的拓展和培养方法及评价等进行研究，总结其中成功的经验，分析其中存在的资源配置、问题以及策略措施。本书主要选取了世界上四大湾区中的美国的哈佛大学法学院、耶鲁大学法学院、斯坦福大学法学院、日本的东京大学法学院、一桥大学法学院以及香港的香港大学法学院、澳门大学法学院等为主要个案，在一些章节中也涉及一些其他大学法学院。

（四）历史分析与比较的研究法

通过从美国纽约大湾区、旧金山大湾区、日本东京大湾区和粤港澳大湾区的世界著名大学法学院官网上去收集国际法治人才培养资料，对广东拟参与的和所在的粤港澳大湾区国际高层次法治人才协同培养模式，国内不同法学院校尤其是粤港澳的高等法学教育模式和同时期国外的知名法学院的法学教育模式等进行纵向和横向的比较法研究，以期获得一些有益的经验与教训。

在此基础上，结合我国（广东）不同院校的特色和自身特点，分别对国际高层次法治人才进行多样化探索，通过世界三大湾区横向对比从不同角度探讨既有所侧重又兼顾综合性的国际高素质法治人才培养模式，进一步从纵向对比中国（广东）与世界三大湾区著名大学国际高素质法治人才培养模式，有助于我国（广东）高等法学教育的跨越式改进和发展，使广东有能力培养出未来的国际高素质法治人才以适应全球化时代和服务大湾区发展需要，更好地服务于国家对外开放的战略布局。

第四节　研究的特色和主要创新之处

本书在吸收国内外相关研究成果的基础上，对世界四大湾区国际法治人才培养的历史和现况进行了比较和研究。在研究视角、研究内容结构和研究方法等方面具有以下特色和创新之处。

一、研究视角创新

今天的华尔街不但代表着美国资本市场和金融服务业，也成了全球金融系统的代名词。纽约全球国际金融中心地位的形成和巩固，既是天时地利条件使然，也是立法、政府、监管及金融行业人为助推所致，可以说是各方面因素之集大成的产物。回顾美国高等法学教育史就知道，独立战争后的美国社会是一个法学教育大变革的社会。日本自从明治维新之后法学教育急速学习西方，迅速与西方接轨。本书从美国、日本高等法学教育嬗变历程与法治人才培养体系双向融入的视角研究高等法学教育与法律人才培养体系建设；站在国际视野的高度，构建一个以全球法律职业胜任力为导向的国际高层次法治人才培养机制，既是法律全球化和法律教育国际化自身发展的需要，也是中国应对全球竞争提升国际规则话语权的需要。

二、研究内容创新

对创新而言，革命性理念非常重要，涵盖了能将奇思妙想转化为现实的一系列行动和决策。因此，创新创业思维应整合到大学校园里，尤其是在法学院系的对话中。法学院应跟随法律创新家的步伐，如哈佛大学法学院的法律职业项目令人钦佩地融合了学者与实务工作者，他们共同参与法律教学、研究与协作。跨学科法律人才、法律知识工程师、法律风险管理师等将会诞生，这将为那些思想开放、有创新创业精神的法科生带来激动人心的工作。

国际高层次法治人才培养依据全球法律职业胜任力标准，以国际法律职业市场的需求为导向，即以"4C+4L"能力为导向（"4C"国际高层次法治人才素质模型，即"Communication"沟通交流能力、"Collaboration"合作协作能力、"Critical thinking"批判性思维能力、"Creativity"创造创新能力；"4L"即"Legal professional ethics"法律职业伦理、"Legal professional skills"法律职业技能、"Legal thinking"法律思维和"Legal beliefs"法律信仰）符合知识、能力与素质三位一体的基本要求。

培养什么样的人是教育理念最基本的核心内容。法学本科教育应培养企业家思维，即视重大问题为巨大机遇的思维，法律职业的目标本来就是为了解决各种各样的社会问题，如能在法学本科生的大脑中嵌入企业家思维，必将缔造非凡成就。

在培养创新创业型国际高层次法治人才育人机制方面，跨学科交叉综合研究理念就显得十分重要。法治建设必定需要高素质复合型法治人才，国际高层次法治人才也必须具备创新创业思维和能力。高校法学院应秉持法学本科教育与创新创业教育融合的创新思路。一是论证二者相互融合的基础，二是论证二者相互融合的功能价值，提出二者相互融合的途径和方式方法，可以极大地丰富和发展高等法学教育国际化转型研究的理论与实践。

在信息化时代，发展"互联网+法学本科教育"，将法庭庭审等实务信息化资源通过直播等方式实时接入法学院系。关注法律服务的未来，学习 21 世纪的关键法律技术。

二、研究方法创新

在研究方法上运用了跨学科交叉融合研究方法。跨学科交叉融合视域研究旨在运用跨学科方法，培养法科学子形成跨学科知识结构、跨学科思维能力和跨学科素养。司法实务问题源于纷繁复杂的社会现实，以解决各种社会问题为导向的法学教育必然亟须未来的法律人掌握跨学科、跨专业交叉融合的以法学为主的复合型知识。本书综合运用法学、高等教育学、政治学以及历史学等跨学科交叉融合的知识和方法，立足于全球化的新时代背景。粤港澳大湾区高校应携手合作，采取各种各样的涉港澳交流和协同培养国际高层次法治人才，在求同存异的基础上，结合新时代卓越法治人才培养的特点，对高等法学教育和卓越法治人才培养契合进行创新性研究。这种方法上的创新，将提升本研究的可行性。此外，将新时代如火如荼的创新创业教育融入法学本科教育进行研究，构建理论框架客观和科学地分析验证当前我国（广东）法科生创新创业的效果，发现其积极因素和消极效应，这有利于深化粤港澳大湾区高校法学院融入创新创业教育，培养更多国际高层次法治人才，不仅推动创业型经济的发展，而且对国家法治建设具有重要的双重现实意义。跨学科、交叉性的课程和专业，对于拓宽学生知识面，培养创新意识以及协调应变能力、解决问题综合能力都有重要帮助。

为了造就涉外复合型高层次法治人才，法学教育有必要既高度重视跨学科、跨专业交叉融合知识的训练，又注重对国际法、外国法以及比较法方面的法律训练。不同法律制度之间关系的研究是比较法研究的最高层次，外国法的研究为比较法研究奠定了根基，提供了可比较的基本素材。

第二章

粤港澳大湾区建设和法治环境

第一节　粤港澳大湾区建设提出的背景

一、粤港澳大湾区建设的历史渊源

　　根据"一国两制"，香港自从 1997 年 7 月 1 日正式回归祖国怀抱之后，实行资本主义制度、"港人治港"的政策，享有独立立法、司法、行政权及免向中央缴纳关贸税等政策，并以廉洁的政府、自由的经济体系及完善的法治闻名于世。香港是中西方文化交融之地，是全球最安全、富裕和繁荣的地区之一，也是国际和亚太地区重要的航运枢纽和最具竞争力的城市之一，经济自由度指数位居世界首位。中国在 1999 年 12 月 20 日恢复对澳门行使主权。回顾澳门历史，葡萄牙人在 1553 年取得澳门居住权，并在此进行殖民统治。经过 400 多年欧洲文明的洗礼，东西方文化的融合共存使澳门成为一个风貌独特的城市，留下了大量的历史文化遗迹。澳门回归中国之后，经济迅速增长，比往日更繁荣，是一国两制的成功典范。澳门是一个国际自由港，是世界人口密度最高的地区之一。其著名的轻工业、旅游业、酒店业和娱乐业使澳门长盛不衰，成为全球最发达、富裕的地区之一。1978 年以来，广东在全国率先实行改革开放政策，促进了经济快速协调发展，已成为中国第一经济大省，成为经济最发达、最具市场活力和投资吸引力的地区之一。从地理区位和与内地的紧密联系功能来看，广州是粤港澳大湾区最核心的城市，是大湾区联系内地、辐射内地的最佳桥梁和纽带。深圳是一座因创新而生的城市。发行新中国第一支股票、敲响中国土地拍卖"第一槌"，深圳从特区创立之初率先冲破旧观念，传播新思想，以一个又一个"第一"为中国改革发展创新探路。当前面临转型发展期，深圳出台经济特区国家自主创新示范区条例、推进创新"十大行动计划"，再一次凭借创新实现华丽转身，成为中国经济新常态下创新发展的急先锋，成为人们心目中的"创新之城"。

从地域范围讲，粤港澳大湾区包括广东珠三角地区的 9 个城市和香港、澳门两个特别行政区，总面积为 5.6 万平方公里，目前常住总人口约 7000 万，GDP 总量超过 10 万亿人民币，是我国开放程度最高、经济活力最强的区域之一。建设粤港澳大湾区是新时代推动形成我国全面开放新格局的重大举措，也是推进"一国两制"事业的实践创新。换一个角度说，粤港澳大湾区建设，是粤港澳三地优势互补、协同发展、互利共赢、共同繁荣的区域发展战略。

二、粤港澳大湾区建设的起步

改革开放以来，"一国两制"是中国特色社会主义的重要组成部分，是解决历史遗留问题、实现国家统一的最佳方式，体现出海纳百川、有容乃大的中国智慧。实践证明，"一国两制"具有强大生命力，为国际社会解决类似问题提供了新思路与新方案。特别是香港、澳门回归祖国后，粤港澳合作不断深化，粤港澳大湾区经济实力、区域竞争力显著增强，已具备建成国际一流湾区和世界级城市群的基础条件。2009 年完成的《大珠三角城镇群协调发展规划研究》把"湾区发展计划"列为空间总体布局协调计划的一环，并提出四项跟进工作，即跨界交通合作、跨界地区合作、生态环境保护合作和协调机制建设。2010 年，粤港澳三地政府联合制定《环珠三角宜居湾区建设重点行动计划》，以落实上述跨界地区合作。2012 年，习近平总书记在视察广东时，立足全面和长远，提出希望广东联手港澳打造更具综合竞争力的世界级城市群，从全局高度为粤港澳大湾区发展擘画出宏伟蓝图。国务院于 2012 年12 月 1 日发布《服务业发展"十二五"规划》，深化内地与港澳地区服务业合作，继续实施内地与香港、澳门《关于建立更紧密经贸关系的安排》（CE-PA），进一步扩大对港澳服务业开放，大幅提升服务贸易开放程度。采取更加积极的措施，扩大对港澳传统服务业和新兴服务业的开放，充实贸易投资便利化的内容。到"十二五"末期，通过 CEPA 基本实现内地与香港、澳门服务贸易的自由化。加强内地与港澳高等教育合作，积极探索多种形式的合作办学模式。深化粤港澳合作，落实粤港、粤澳合作框架协议，促进区域经济共同发展，打造更具综合竞争力的世界级城市群。鼓励广东在对港澳服务业开放中先行先试，逐步将先行先试有效措施拓展到内地其他地区。[1]"粤港澳大湾区"概念于 2015 年在多个中央部委发布的"一带一路"愿景与行动文件中首次明确提出，次年被纳入国家"十三五"规划，2016 年广东省政府工作报告中，也包括"开展珠三角城市升级行动，联手港澳打造粤港澳大湾区"等内容。2017 年 3 月 5 日，李克强总理在政府工作报告中明确提出"要推动内地与港澳深化合作，研究制定粤港澳大湾区城市群发展规划，发挥港澳独特优势，提升在国家经济发展和对外开放中的地位与功能"。同年香港庆祝回归二十周年之际，国家发改委和三地政府代表在国家主席习近平的见证下签署大湾区建设框架协议。国家发展和改革委员会、广东省人民政府、香港特别行政区政府、澳门特别行政区政府于 2017 年 7 月 1 日在香港签署《深化粤港澳合作推进大湾区建设框架协议》。2018 年 5 月 10 日和 5 月 31 日，习近平总书记先后主持召开中央政治局常委会会议和中央政治局会议，对《粤港澳大湾区发展规划纲要》进行审议。2018 年 11 月，中共中央、国务院明确要求以香港、澳门、广州、深圳为中心引领粤港澳大湾区建设，带动珠江-西江经济带创新绿色发展。2019 年 2 月 18 日，中共中央、国务院印发了《粤港澳大湾区发展规划纲要》（以下简称《规划纲要》），《规划纲要》对粤港澳大湾区的战略定位、发展目标、空间布局等方面作了全面规划，《规划纲要》是指导粤港澳大湾区当前和今后一个时期合作发展的纲领性文件。至此，粤港澳大湾区的发展与建设已经上升为国家战略，粤港澳大湾区建设是带动我国经济乃至世界经济发展新增长的重要举措。

三、粤港澳大湾区建设的重要战略机遇

习近平总书记指出，对于香港、澳门来说，"一国两制"是最大的优势，国家改革开放是最大的舞台，共建"一带一路"、粤港澳大湾区建设等国家战略实施是新的重大机遇，要充分认识和把握香港、澳门在新时代国家改革开放中的定位，支持香港、澳门抓住机遇，培育新优势，发挥新作用，实现新发展，做出新贡献。

根据《规划纲要》的指引，粤港澳大湾区建设，将充分利用"一国两

---

〔1〕《国务院关于印发服务业发展"十二五"规划的通知》，载 http://www.gov.cn/zwgk/2012-12/12/content_ 2288778.htm，最后访问日期：2019 年 11 月 16 日。

制"制度优势、港澳独特优势和广东开放先行先试优势，通过不断深化粤港澳交流合作，进一步建立互利共赢的区域合作关系，推动区域经济协同发展，为港澳发展注入动能，为全国推进供给侧结构性改革、实施创新驱动发展战略、构建开放性经济新体制提供支撑，建设富有活力和国际竞争力的一流湾区和世界级城市群，打造高质量发展典范。以一体化理念取代各自竞争发展之孤立思维，为港澳融入国家发展大局，共享祖国伟大荣光提供便利，大湾区建设让粤港澳找到新的发展方向。

"一带一路"倡议于 2013 年 9 月由国家主席习近平提出，2017 年 3 月 "一带一路"写入联合国决议，联合国安理会希望通过"一带一路"建设加强区域经济合作，敦促各方为"一带一路"建设提供安全保障环境，加强发展政策战略对接，推进互联互通务实合作。大湾区处于"一带一路"的枢纽地位，必将进一步造福沿线国家人民，深化中国与沿线国家利益共同体和命运共同体的关系。因此，大湾区建设还可为"一带一路"沿线国家提供经验，大湾区的战略定位，被明确定义为"一带一路"建设的重要支撑。

当前，世界多极化、经济全球化、社会信息化、文化多样化深入发展，全球治理体系和国际秩序变革加速推进，各国相互联系和依存日益加深，和平发展大势不可逆转，新一轮科技革命和产业变革蓄势待发，"一带一路"建设深入推进，为提升粤港澳大湾区国际竞争力、更高水平参与国际合作和竞争拓展了新空间。在新发展理念引领下，我国深入推进供给侧结构性改革，推动经济发展质量变革、效率变革、动力变革，为大湾区转型发展、创新发展注入了新活力。全面深化改革取得重大突破，国家治理体系和治理能力现代化水平明显提高，为创新大湾区合作发展体制机制、破解合作发展中的突出问题提供了新契机。[1]大湾区建设中"自由港+自贸区+产业园区"的创新制度体系，可供"一带一路"沿线国家参考，以完善顶层设计，布局现代产业体系，推动经济发展，这是大湾区输出制度软实力的重要内容。

四、粤港澳大湾区建设的重大意义

建设粤港澳大湾区不仅是新时代推动国家战略和形成全面开放新格局的新举措，也是推动"一国两制"事业发展的新实践。《规划纲要》指出：打造

---

〔1〕《粤港澳大湾区发展规划纲要》，人民出版社 2019 年版，第 4 页。

粤港澳大湾区，建设世界级城市群，有利于丰富"一国两制"实践内涵，进一步密切内地与港澳交流合作，为港澳经济社会发展以及港澳同胞到内地发展提供更多机会，保持港澳长期繁荣稳定；有利于贯彻落实新发展理念，深入推进供给侧结构性改革，加快培育发展新动能、实现创新驱动发展，为我国经济创新力和竞争力不断增强提供支撑；有利于进一步深化改革、扩大开放，建立与国际接轨的开放型经济新体制，建设高水平参与国际经济合作新平台；有利于推进"一带一路"建设，通过区域双向开放，构筑丝绸之路经济带和 21 世纪海上丝绸之路对接融会的重要支撑区。因此，建设粤港澳大湾区，不仅具有现实的经济和政治意义，而且具有深远的历史意义。〔1〕

首先，建设粤港澳大湾区，可以为我国经济创新力和竞争力的不断增强提供支撑，推进我国经济高质量发展的进程，从而推动我国实现由经济大国到经济强国的跨越。目前，我国经济总量高居世界第二位，已成为世界第二经济大国。但是，经济发展质量和效益还不高，创新能力不够强，发展不平衡不充分的一些突出问题尚未解决。对此，党中央做出我国经济进入新常态的重大判断，认为我国经济已由高速增长阶段转向高质量发展阶段，正处在转变发展方式、优化经济结构、转换增长动力的攻关期，必须坚持质量第一、效益优先，以供给侧结构性改革为主线，推动经济发展质量变革、效率变革、动力变革，提高全要素生产率，不断增强我国经济创新力和竞争力。为此，必须坚定不移贯彻创新、协调、绿色、开放、共享五大发展理念。从我国实际情况看，各地、各区域间发展水平不一、发展基础差异较大，转向高质量发展，不可能齐步推进，需要有些地方、有些区域作为探索者、领军者。粤港澳大湾区经济实力雄厚、经济发展水平全国领先，产业体系完备，集群优势明显，经济互补性强，创新要素集聚，以全国不到 1% 的国土面积、5% 的人口总量，创造出全国 12% 的经济总量，完全有条件在贯彻新发展理念、实现高质量发展上作示范。按照《规划纲要》的指引，粤港澳大湾区要建成活力充沛、创新能力突出、产业结构优化、要素流动顺畅、生态环境优美的国际一流湾区和世界级城市群，这与新发展理念高度契合，有利于贯彻落实新发展理念，深入推进供给侧结构性改革，加快培育发展新动能、实现创新驱动发展，为不断增强我国经济创新力和竞争力提供支撑。

---

〔1〕《粤港澳大湾区发展规划纲要》，人民出版社 2019 年版，第 5 页。

其次，建设粤港澳大湾区，可以进一步密切内地与港澳交流合作，使港澳融入国家发展大局，有利于丰富"一国两制"实践内涵，推动祖国实现完全统一，推进实现中华民族伟大复兴。香港、澳门回归祖国以来，"一国两制"实践取得举世公认的成功。事实证明，"一国两制"是解决历史遗留的香港、澳门问题的最佳方案，也是香港、澳门回归后保持长期繁荣稳定的最佳制度。保持香港、澳门长期繁荣稳定，必须坚持"一国两制"，同时，"一国两制"又必须随着新时代中国特色社会主义实践的发展增添新的实践内涵。建设粤港澳大湾区，深化粤港澳合作，辐射带动泛珠三角区域合作，制定完善便利香港、澳门居民在内地发展的政策措施，可以发挥港澳独特优势，为港澳注入新动能，顺应港澳探索发展新路向、开拓发展新空间、增添发展新动力的客观要求，保持港澳的繁荣、稳定和发展；可以进一步密切港澳同内地在人员、资金、技术、物资、信息等方面的往来交流，全面推进港澳同内地的互利合作，使香港、澳门更好地融入国家发展大局；可以不断增强港澳同胞的国家认同感，增强香港、澳门同胞的国家意识和爱国精神，让香港、澳门同胞同祖国人民共担民族复兴的历史责任、共享祖国繁荣富强的伟大荣光。随着"一国两制"在香港、澳门的实践不断推进，不断取得丰硕成果，必将对台湾问题的解决产生示范引领作用，推动祖国早日完全统一。

最后，建设粤港澳大湾区，可以打造高水平参与国际经济合作新平台，构筑丝绸之路经济带和21世纪海上丝绸之路对接融会的重要支撑区，有利于提升国家参与全球合作、全球治理的能力，从而推进"一带一路"建设，推动构建人类命运共同体。改革开放是决定当代中国命运的关键一招。我国改革开放走过了40年的光辉历程，取得了举世瞩目的伟大成就。进入新时代，我国改革开放处在"再出发"的历史节点。再出发，意味着更高的起点、更高的标准、更高的要求。在高起点上推动深化改革、扩大开放，必须要有"新招"，而建设粤港澳大湾区就是"新招"。一方面，粤港澳三地区位优势明显，交通条件便利，合作基础良好，国际化水平领先。香港作为国际金融、航运、贸易中心和国际航空枢纽，拥有高度国际化、法治化的营商环境以及遍布全球的商业网络，是全球最自由经济体之一。澳门作为世界旅游休闲中心和中国与葡语国家商贸合作服务平台的作用不断强化，多元文化交流的功能日益彰显。珠三角九市是内地外向度最高的经济区域和对外开放的重要窗口，在全国加快构建开放型经济新体制中具有重要地位和作用；另一方面，当前，粤港澳三地在自身发展和融合发展上都面临着一些挑战和问题。由于社会制度不同，粤港澳三地在市场互联互通、生产要素高效便捷流动等方面还存在亟待破解的难题。建设粤港澳大湾区，必然要做出一些新的制度安排，采取一些新的政策措施，使三地的体制机制能够顺畅对接，促进三地市场互联互通、生产要素高效便捷流动，从而最大限度地发挥香港、澳门作为自由开放经济体和广东作为改革开放排头兵的优势，克服其各自的短板和不足，建立与国际接轨的开放型经济新体制，打造高水平参与国际经济合作新平台，为我国改革开放再出发提供新鲜经验。[1]

"一带一路"建设是我国的国家战略。粤港澳大湾区地处我国南部沿海开放前沿，以泛珠三角区域为广阔发展腹地，在"一带一路"建设中具有重要地位。从地理位置看，广东在历史上就是古代海上丝绸之路的起点之一，在今天，粤港澳大湾区是 21 世纪海上丝绸之路的一个重要起点，通过便捷的陆上交通，又直接连接丝绸之路经济带；从国家经济发展和新一轮全面开放新格局看，粤港澳大湾区是我国开放程度最高、经济活力最强的区域之一，广东是全球的制造业中心，是中国对外贸易的窗口和基地，香港、澳门均为自由开放经济体，粤港澳在我国"陆海内外联动，东西双向开放"新一轮全面开放新格局中，是丝绸之路经济带和 21 世纪海上丝绸之路对接的一个重要节点，具有参与"一带一路"建设的显著优势。因此，建设粤港澳大湾区，打造具有全球竞争力的营商环境，共创国际经济贸易合作新优势，全面参与国际经济合作，通过内外并举双向开放，可以在粤港澳三地构筑起丝绸之路经济带和 21 世纪海上丝绸之路对接融会的重要支撑区，这必将极大地推进"一带一路"建设向前发展，为推动构建人类命运共同体做出贡献。

第二节　粤港澳大湾区建设的再认识

一、粤港澳大湾区建设的总体规划目标

《深化粤港澳合作推进大湾区建设框架协议》的合作目标是强化广东作为全国改革开放先行区、经济发展重要引擎的作用，构建科技、产业创新中心

---

〔1〕　宋阳春："深刻认识建设粤港澳大湾区的重大意义"，载 http://www.gddx.gov.cn/gdswdx/132124/132439/326962/index.html，最后访问日期：2019 年 11 月 16 日。

和先进制造业、现代服务业基地；巩固和提升香港国际金融、航运、贸易三大中心地位，强化全球离岸人民币业务枢纽地位和国际资产管理中心功能，推动专业服务和创新及科技事业发展，建设亚太区国际法律及解决争议服务中心；推进澳门建设世界旅游休闲中心，打造中国与葡语国家商贸合作服务平台，建设以中华文化为主流、多元文化共存的交流合作基地，促进澳门经济适度多元可持续发展。努力将粤港澳大湾区建设成为更具活力的经济区、宜居宜业宜游的优质生活圈和内地与港澳深度合作的示范区，携手打造国际一流湾区和世界级城市群。[1]

中共中央、国务院于 2019 年 2 月 18 日印发了《粤港澳大湾区发展规划纲要》，其发展目标是到 2022 年，粤港澳大湾区综合实力显著增强，粤港澳合作更加深入广泛，区域内生发展动力进一步提升，发展活力充沛、创新能力突出、产业结构优化、要素流动顺畅、生态环境优美的国际一流湾区和世界级城市群框架基本形成。到 2035 年，大湾区形成以创新为主要支撑的经济体系和发展模式，经济实力、科技实力大幅跃升，国际竞争力、影响力进一步增强；大湾区内市场高水平互联互通基本实现，各类资源要素高效便捷流动；区域发展协调性显著增强，对周边地区的引领带动能力进一步提升；人民生活更加富裕；社会文明程度达到新高度，文化软实力显著增强，中华文化影响更加广泛深入，多元文化进一步交流融合；资源节约集约利用水平显著提高，生态环境得到有效保护，宜居宜业宜游的国际一流湾区全面建成。[2]紧接着，中共广东省委、广东省人民政府于 2019 年 7 月份颁布了《关于贯彻落实〈粤港澳大湾区发展规划纲要〉的实施意见》（以下简称《实施意见》）以及《广东省推进粤港澳大湾区建设三年行动计划（2018-2020 年）》（以下简称《三年行动计划》）。《实施意见》包括重大意义和总体要求、重点工作任务、保障措施等三个部分，主要着眼长远发展，对标大湾区到 2035 年的建设目标，对未来十多年广东省要重点推进落实的大事要事进行谋划，突出战略性和协调性。

大湾区建设将按照"三步走"进行安排：第一步到 2020 年，大湾区建设

---

〔1〕"《深化粤港澳合作 推进大湾区建设框架协议》全文"，载 http://politics.gmw.cn/2019-02/26/content_ 32569449. htm，最后访问日期：2019 年 8 月 19 日。

〔2〕《粤港澳大湾区发展规划纲要》，人民出版社 2019 年版，第 9~11 页。

打下坚实基础，构建起协调联动、运作高效的大湾区建设工作机制，在规则相互衔接和资源要素便捷有序流动等方面取得重大突破；第二步到 2022 年，大湾区基本形成活力充沛、创新能力突出、产业结构优化、要素流动顺畅、生态环境优美的国际一流湾区和世界级城市群框架；第三步到 2035 年，大湾区全面建成宜居宜业宜游的国际一流湾区。

重点工作任务包括九个方面：一是优化提升空间发展格局，发挥极点带动作用，强化轴带支撑功能，优化城市功能布局，加快形成分工有序、功能互补、高效协同的城市体系。二是强化大湾区辐射带动作用，推动构建"一核一带一区"区域发展新格局，带动珠江-西江经济带创新绿色发展。三是建设国际科技创新中心，携手港澳加强创新基础能力建设，强化关键核心技术攻关，打造高水平科技创新载体和平台。四是构建现代化基础设施体系，以交通、信息、能源、水利等为重点，打造内联外通、高效衔接的基础设施网络。五是协同构建具有国际竞争力的现代产业体系，实现粤港澳产业优势互补、紧密协作、联动发展。六是推进生态文明建设，携手港澳加强污染联防联治，推动形成绿色发展方式和生活方式。七是建设宜居宜业宜游的优质生活圈，完善便利港澳同胞在大湾区内地发展的配套政策，构建与国际接轨的公共服务体系。八是加快形成全面开放新格局，提升大湾区市场一体化水平，打造"一带一路"建设的重要支撑区。九是共建粤港澳合作发展平台，充分发挥合作平台的试验示范作用，引领带动粤港澳全面合作。

《三年行动计划》包括 9 个方面 100 条重点举措，主要是着眼中期安排，把近中期看得比较准的、可以加快实施的重点工作进行分工部署，进一步量化阶段性目标。一是优化提升空间发展格局方面 3 条，主要包括以香港、澳门、广州、深圳四大中心城市作为区域发展的核心引擎引领大湾区建设，发挥香港-深圳、广州-佛山、澳门-珠海强强联合的带动作用等内容。二是建设国际科技创新中心方面 14 条，主要包括加快创建综合性国家科学中心；争取国家在大湾区布局国家实验室；推进广深港澳科技创新走廊建设；向港澳有序开放科研设施和仪器的相关措施等内容。三是构建现代化基础设施体系方面 14 条，主要包括配合国家编制实施粤港澳大湾区基础设施互联互通专项规划、城际（铁路）建设规划，研究谋划广中珠澳高铁项目等内容。四是协同构建具有国际竞争力的现代产业体系方面 10 条，主要包括配合国家编制实施粤港澳大湾区构建现代产业体系专项规划；携手港澳建设国际金融枢纽等内容。五是推进生态文明建设方面 8 条，主要包括配合国家编制实施粤港澳大湾区生态环境保护专项规划；到 2020 年基本消除大湾区内地地级以上城市建成区黑臭水体等内容。六是建设宜居宜业宜游的优质生活圈方面 22 条，主要包括推进香港科技大学等港澳高校到大湾区内地合作办学；配合国家制定境外（含港澳台）人才个人所得税税负差额补贴政策措施；编制并实施加强港澳青年创新创业基地建设实施方案等内容。七是加快形成全面开放新格局方面 12 条，主要包括推进营商环境法治化建设；推动扩大专业资格资质互认范围等内容。八是共建粤港澳合作发展平台方面 12 条，主要包括支持深圳前海、广州南沙、珠海横琴等重大合作平台建设；支持深港科技创新合作区建设等内容。九是保障措施方面 5 条，主要包括建立用地、用林、用海规模和指标统筹机制，对纳入大湾区战略部署的重大平台、重点项目用地需求予以优先保障等内容。[1]

二、粤港澳大湾区建设的主要经验和难题

（一）粤港澳大湾区建设的主要经验

粤港澳合作由来已久。自改革开放以来，香港一直是内地对外开放的重要窗口，是内地引进海外资本、人才和管理等重要生产要素的渠道和桥梁。1997 年香港回归以后，香港与内地的经贸合作逐步增强，特别是自 2003 年香港、澳门特区政府分别与中央政府签署《内地与香港关于建立更紧密经贸关系的安排》《内地与澳门关于建立更紧密经贸关系的安排》（简称 "CEPA"）的协议以后，香港、澳门与内地的经贸合作加速，香港、澳门与内地之间的物流、人流、资金流和信息流的跨境流动障碍降低。CEPA 的签订对香港、澳门与内地加强经贸合作起到重要作用。[2]作为动态性协定，CEPA 以补充协议的方式逐年更新，这意味着内地服务市场壁垒的层层破除，是中央政府对香港、澳门利益的最大化回应与单边性制度安排。目前，粤港澳三地已取得不少法治成就，形成了较为成熟的实践经验，如司法合作、边境检验检疫、

---

〔1〕 "省委、省政府印发关于贯彻落实《粤港澳大湾区发展规划纲要》的实施意见"，载广东省人民政府网站 http://www.gd.gov.cn/gdywdt/gdyw/content/post_2530491.html，最后访问日期：2019 年 11 月 16 日。

〔2〕 杨春："香港与内地经贸合作：从 CEPA 到大湾区规划及广东自贸区"，载《中国评论》2019 年第 8 期。

跨境商事仲裁、律师多地执业、建立最高巡回法庭、设立粤港澳版权登记大厅、粤港澳法律人才交流、粤港澳警务跨法域合作等。但不可否认的是，粤港澳大湾区法治建设仍存在许多待完善之处。

(二)　粤港澳大湾区建设制度法律环境面临的挑战和问题

众所周知，目前世界三大湾区即大陆法系的东京湾区、英美法系的纽约湾区和旧金山湾区，都是在一个国家、一种政治制度、一个法系内的大湾区建设，粤港澳大湾区建设的特殊性、复杂性和创新性决定了没有现成的法治模式和法治经验可资借鉴。与它们相比，粤港澳大湾区是一个国家、两种制度、三个法域和关税区，流通三种货币，制度方面的差异相当大。具体地说，粤港澳三地在经济制度、法律体系、行政体制和社会管理模式等方面，在经济自由度、市场开放度、营商便利度及社会福利水平等方面也都存在不小的差异。这些差异决定了粤港澳大湾区建设面临其他湾区所没有的制度和体制机制难题。具体而言，粤港澳大湾区建设制度法律环境面临的挑战和问题主要有以下几个方面：①法律冲突明显。除了国家宪法制度保持统一外，粤港澳三地的法系、法律不同，三地在立法、司法、行政、市场经济、政府管治、法律制度等方面存在诸多冲突。②法律冲突交易成本高、难度大。如粤港在服务业整合方面存在较多制度约束，最突出的问题是与 CEPA 相配套的政策措施仍不够完善。再比如法律服务业，广东律师能否在香港、澳门从事非讼法律业务？内地律师事务所能否在香港、澳门设办事处并聘请香港律师开拓香港业务？③缺乏解决法律冲突的更高层次的协调机制。在司法层面，特区享有独立的司法权和终审权，三地缺乏共同上级司法结构。在法律实施层面，除了被列入附件三的全国性法律之外，其他全国性法律不能在特区实施和生效。从大湾区本身的协调沟通机制来看，一些高层会议的执行落实机制和纠纷解决机制目前都缺位，且即使有，也仅限于行政系统。[1]

对粤港澳大湾区建设面临的独有的制度性区隔，我们要辩证地看待。一方面，既要看到这种制度性区隔会影响到大湾区内人流、物流、资金流等生产要素的便捷流动，影响到三地社会福利和公共服务有效衔接，影响到跨境协同创新效率和市场深度融合。有些问题用传统思维难以破解。另一方面，

---

〔1〕　马化腾等：《粤港澳大湾区——数字化革命开启中国湾区时代》，中信出版社 2018 年版，第 187~188 页。

这种制度性区隔正是粤港澳大湾区的特色和优势所在。在"一国两制"下，可以把港澳市场经济成熟、国际联系广泛、专业服务发达、法治公认度高、科研力量比较强等优势，与广东腹地广、市场大、科研实力雄厚和政府决策力、执行力强等优势结合起来。特别是把集中力量办大事的优势、一张蓝图绘到底的优势等制度优势充分发挥出来，把大湾区规划和建设好，实现更全面、更高质量和可持续的发展。推进粤港澳大湾区建设，关键是要通过制度和体制机制创新，促进大湾区内人流、物流、资金流、信息流等高效便捷流通，优化资源配置，特别是以科技创新驱动带动大湾区高质量发展，提升经济活力和竞争力。在这方面，我们会注重学习和借鉴世界其他湾区建设的成功经验，并从粤港澳大湾区的实际情况出发，敢闯敢试，探索符合我国实际的湾区经济发展模式。

三、粤港澳大湾区建设发展展望

（一）粤港澳大湾区建设法治难题之破解路径

粤港澳大湾区建设和深度融合，一方面要考虑到三地的资源禀赋、历史文化、制度体系等条件，允许区域之间存在法治结构差异和发展水平差距，在正视粤港澳三地法治差异的基础上聚焦各自所长，构建良性竞争机制。另一方面，也要通过法治融合推动区域协同发展，运用法治手段将区域差距纳入可控范围，并将港澳广深等法治先导城市的法治成果普及共享。[1]目前，粤港澳大湾区解决法治难题，可从以下三方面发力。

首先，粤港澳三地应加强司法合作，创新纠纷解决机制。目前来看，尚存在区际司法协助困境或不够深入广泛、行政监督与协作制度不够完善、信息查询与共用机制缺位等问题。因此，除民商事法律合作外，还须加快刑事司法合作，保障大湾区民商事合作的良性发展。为提高行政治理效率，对于一般商事纠纷则可大胆采用互联网审判和仲裁方式进行，这或许是一个三方比较容易接受的路径。

其次，整合三地法律服务力量，设立金融监管机构，为大湾区打造优质的法律服务环境。金融机构一般由金融监管机构依法对其进行监管，对在大

---

〔1〕 郑方辉、邱佛梅："以法治推进粤港澳大湾区发展"，载《中国社会科学报》2017年8月30日。

湾区不同司法辖区均有分支机构的金融机构，则可能面临双重/多重监管的问题。应立足现行法律服务力量的深挖与整合，加强跨法域基本法律知识的学习与培训，建立区际律师事务所平行合作机制，成立联营律师事务所。

最后，调动社会、市场及个人等多元主体的力量，维护金融消费者权益，协调共治以促进金融法治发展。积极探索政府间合作、公私合作及私人合作的新型治理模式，逐步将粤港澳大湾区建设成法治水平相当、法治能力一流、法治创新卓越的经贸合作区，实现国家利益、社会利益和个人利益的多赢共生局面。短期内，由于存在三套制度差异，不一定会有适用于大湾区的专门金融消费者保护法律；中长期内，鉴于国际社会对金融消费者保护正在形成共识，大湾区可能率先应用这些国际共识。[1]

（二）粤港澳大湾区建设发展展望

粤港澳大湾区建设将为香港和澳门提供再创辉煌的黄金机会，既为香港、澳门经济寻找新增长点，促进产业多元发展，又可扩展香港、澳门居民的生活空间，使大湾区成为香港、澳门广阔的腹地。打造粤港澳大湾区，建设世界级城市群，有利于丰富"一国两制"的实践内涵，进一步密切内地与香港、澳门交流合作，为香港、澳门参与国家发展战略、融入国家发展大局，实现国家对香港、澳门的新定位、经济适度多元、保持长期繁荣稳定提供了重大的历史机遇。

粤港澳大湾区建设是推动广东改革开放在新起点上再出发的重大机遇，有利于广东深化与港澳互利合作，贯彻落实新发展理念，推动改革开放在新时代、新起点上再出发，深度参与"一带一路"建设。粤港澳大湾区搭建起一个全方位开放的新平台，一方面支持港澳融入国家发展大局，突破土地、人工等瓶颈限制，为港澳发展注入新动能，另一方面港澳亦可凭借"一国两制"的独特优势，为内地企业"走出去"搭建平台。中央对粤港澳大湾区的战略定位有五个：一是充满活力的世界级城市群；二是具有全球影响力的国际科技创新中心；三是"一带一路"建设的重要支撑；四是内地与港澳深度合作示范区；五是宜居宜业宜游的优质生活圈。[2]粤港澳大湾区作为国家发

---

[1] 王锐："粤港澳大湾区发展提速　法治壁垒如何破局？"，载 http://www.shfinancialnews.com/xww/2009jrb/node5019/node5025/u1ai212264.html，最后访问日期：2019 年 11 月 18 日。

[2] 《粤港澳大湾区发展规划纲要》，人民出版社 2019 年版，第 8~9 页。

展蓝图，把香港、澳门与珠三角的合作带入新阶段，在国家战略的指导与支持下，大湾区的深度融合会带来扩大开放、极力创新等效应，并进一步打通三地经济要素的流通，加上各地优势互补、已有发展成果，大湾区不仅会建成世界最大湾区，亦会实现国际科技创新中心、世界级金融重镇、世界级商务平台等高质量发展。

第三节　粤港澳大湾区建设中的法治环境

一、法治环境对于粤港澳大湾区建设的意义

一流的大湾区建设需要一流的法治营商环境予以保障，营造优质的法治营商环境对大湾区创新发展的重要性不言而喻。《规划纲要》提出：把坚持"一国"原则和尊重"两制"差异有机结合起来，坚守"一国"之本，善用"两制"之利。把维护中央的全面管治权和保障特别行政区的高度自治权有机结合起来，尊崇法治，严格依照宪法和基本法办事。可见，大湾区创新发展应当始终以"一国两制"为立足点，在法治框架下推进。

（一）法治是粤港澳大湾区创新发展的前提

法律通过创设有利于发展人的智力和精神力量的有序条件而促进人格的发展与成熟。法律所构建的制度性框架，为人们执行有关政治、经济、文化等方面的多重任务提供了手段和适当的环境。法律的主要作用之一是调整及调和种种相互冲突的利益，无论是个人的利益还是社会的利益。这在某种程度上必须通过颁布一些评价各种利益的重要性和提供调整这种种利益冲突标准的一般规则方能实现。[1]在大湾区建设方面，推动粤港澳大湾区创新发展的核心在于协调各种利益关系，形成统一的市场、统一的标准、统一的规则、统一的运行机制，让政府、市场和社会实现合作共赢。而有效协调利益关系、促进多元主体积极参与合作，必须发挥法治的功用。要坚持法治先行，通过建立健全相应的规则，厘清多元主体的权利义务关系，明确多元主体参与创新的路径，激发多元主体在粤港澳大湾区法治创新实践中的活力，提升多元主体的协同创新能力。

---

〔1〕［美］E.博登海默：《法理学：法律哲学与法律方法》，邓正来译，中国政法大学出版社1999年版，第394~398页。

（二）法治是粤港澳大湾区创新发展的保障

法律对社会的有益影响，在相当大的程度上基于这样一个事实，即它在某些基本的生活条件方面为个体创制并维续了一个安全领域。要实现粤港澳大湾区的创新发展，法治建设是不可缺少的部分。围绕大湾区法治建设，一是要突破制约大湾区发展的思维定式，做到理念先行、观念先行，着力培育粤港澳大湾区的整体意识与协同意识，改变各自为政与单打独斗的状态，促进互利互惠；二是要努力构建大湾区合作的法律框架，通盘解决人员、资金、货物和基础设施等的交流共享，更要加快推进三个法域民商事案件判决的相互承认与执行等长期悬而未决的事宜；三是要培养具有粤港澳大湾区意识的国际高层次法治人才，为海内外投资者提供"一站式法治服务"。推动人才、资本、信息和技术等创新要素在粤港澳区域市场的便捷有效流动，有赖于统一市场规则的构造与运行；优化区域创新环境，建设国际科技创新中心，需要完善知识产权制度，加强知识产权行政执法和司法保护，建立健全知识产权案件跨境协作机制；协调地方利益关系，规避创新引发的法律风险和民商事法律纠纷，必须推进利益协调机制、激励约束机制及纠纷化解机制的构建与完善，打造稳定、公平、透明和可预期的法治化营商环境。

（三）法治是粤港澳大湾区创新发展的动力

粤港澳大湾区创新发展需要通过加强制度设计和规则衔接为之提供牵引力，依托制度创新破除行政壁垒、降低交易成本，以制度保证简政放权落到实处。《规划纲要》《框架协议》及专项规划等规范性文件的出台，对大湾区创新发展提出具体要求，为先行先试预留了空间，有利于激发多元主体的积极性、主动性和创造性。[1]"一国两制"是港澳特别行政区的独特优势，而粤港澳大湾区将因三种不同制度的交汇碰撞有望成为全球最佳制度的创新之地。推广法治服务保障粤港澳大湾区的先进经验，打造公平、公正、公开和可预期的良好法治环境。发挥湾区三地所长，以打造融国际化与便利化于一体的法治化营商环境为重点，深入推进相关机制的探索。落实粤港澳大湾区发展《规划纲要》的情况，广东将通过开展三方司法交流合作，建设国际商事纠纷多元化解机制，健全完善粤港澳法律服务体系，促进区域法律规则高

---

[1] 石佑启："以法治建设为保障　推进粤港澳大湾区创新发展"，载《旗帜》2019年第4期，第40~41页。

效衔接，打造具有国际竞争力的法治化营商环境。

利用互联网+人工智能打造粤港澳首个在线纠纷多元化解平台。法院为全力建设粤港澳大湾区良好法治环境，多措并举，推动广州切实发挥中心城市核心引擎作用的一个缩影。以广州互联网法院的诞生为标志，一直以来，广州法院坚持以问题和需求为导向，依托广州法院云计算平台，开发启用"智审"裁判系统、"三通一平"诉讼服务体系、司法大数据可视化分析平台、广州微法院小程序、5G 庭审等，以科技为司法服务带来最大便利，智慧法院建设走在全省全国前列。此外，通过广州微法院小程序，粤港澳当事人可随时随地完成费用缴纳、材料提交、查阅卷宗、在线调解等事项。打破一湾区三法域之间壁垒是广州法院进行制度创新的目标。2014 年 11 月，广州市南沙区人民法院首创港澳籍人民陪审员制度，率先聘任 5 名港澳籍人士担任陪审员。他们的参与，有力地提升了港澳人士对内地司法的参与度和认同感，促进了涉港澳民商事纠纷高效妥善解决。这种工作机制的成功经验随后也运用到了调解工作中。2016 年 9 月，广州法院在全国率先聘任 7 名港澳籍特邀调解员参与案件调解，并先后与香港南沙联谊会、澳门南沙商会签署会商纪要，建立涉港澳案件商会协调机制，搭建港澳商会组织参与纠纷诉前预防、诉中调解、诉后执行和解的立体平台。广州法院在坚持我国民事诉讼基本制度的基础上，先行先试，借鉴英美法系中被国际社会普遍认可的当事人主义送达方式、交叉询问、属实申述、律师调查令等诉讼规则，探索涉外审判新路径。[1]

二、构建良好的粤港澳大湾区法治建设环境

（一）粤港澳大湾区建设发展对法治产生新要求

法治推动和保障粤港澳大湾区创新发展，粤港澳大湾区创新发展又对法治产生新的要求。

（1）大湾区创新发展要求法治建设相伴而行。大湾区经济的创新发展是一个渐进的过程，法治建设也是渐进的过程。一方面，大湾区法治建设应当与区域内创新发展的阶段目标相对应，形成不同时期的规划，设定不同阶段

---

〔1〕 杨晓梅、席林林："为湾区建设注入法治新动能——广州法院多措并举提升粤港澳大湾区法治营商环境"，载《人民法院报》2019 年 8 月 4 日。

的任务；另一方面，要根据新时代粤港澳大湾区建设的新目标新任务的要求，推进体制机制创新，构建粤港澳大湾区战略合作的法治新平台。

（2）大湾区创新实践要求拓展规范体系。促进和规范粤港澳大湾区创新实践不能忽视区域合作协议、社会自治章程、行业协会商会制定的技术标准等软法规范的作用，这些软法规范与由国家强制力保障实施的硬法规范共同组成大湾区治理的规范体系。软法可以弥补硬法规制的不足，有效缓解粤港澳三地由于法域差异导致的制度冲突和限制。当前，要推动粤港澳大湾区创新发展，关键是要确立软法在规范体系中的地位，提升软法的质量，发挥软法的作用，促进软法与硬法的分工合作与衔接适用。

（3）大湾区协同创新要求构建常态化法律机制。区域协同创新是实现大湾区创新发展的基础，首先，要通过建构区域协调机制搭建粤港澳三地对话平台，统筹各地的创新实践，在产业创新、创新要素流动层面减少地方之间的重复建设、清除市场壁垒；其次，要补齐区域利益补偿机制的短板，通过利益补偿机制调整利益分配、协调平衡利益关系；再次，要弥补信息共享机制的不足，防止大湾区建设受信息不对称、不畅通等因素的困扰，难以形成整体联动效应；最后，由区域协同创新所导致的区域府际争议、公私合作纠纷等，要通过完善现有法律救济机制予以解决；要在尊重各自管辖权的基础上，加强粤港澳司法协助等。为了突破港澳和内地目前适用不同法律体系的障碍，南沙区设立了广州海事法院自贸区巡回法庭，组建了国际航运、金融、知识产权等专业仲裁机构，在南沙国际仲裁中心同步运行粤港澳三大庭审模式，尝试聘请港澳籍的专家陪审员参加审判。[1]

（二）粤港澳大湾区法治环境问题与现状

"一国两制"下的粤港澳三地合作面临着不可逾越的行政制度壁垒，特别是香港内部面临着"泛政治化"和"立法乱象"等问题，导致很多旨在先行先试、推动制度创新的合作领域被阻挠甚至搁置。由于粤港澳"一国两制三法域三法系"的现状和政治制度、经济条件、社会环境的迥异，使得三地在法律理念、法律体系、法律解释、法律渊源以及立法和司法都存在着较大差异。[2]

---

〔1〕　崔兴毅、吴春燕、王忠耀："以文聚力，粤港澳大湾区破浪前行"，载 http://cpc. people. com. cn/n1/2019/0519/c415067-31092083. html，最后访问日期：2019 年 10 月 21 日。

〔2〕　国世平主编：《粤港澳大湾区规划和全球定位》，广东人民出版社 2018 年版，第 120~122 页。

因此，在一国三法域特别是不同法系间开展司法协助，非常富有挑战性。内地与港澳特区正携手推进粤港澳大湾区建设。与世界其他湾区不同，粤港澳大湾区具有"一国两制三法域"的独特性，这决定了大湾区建设过程中互涉法律纠纷不可避免、区际法律冲突客观存在和区际司法协助亟须深化。

1998 年 12 月 30 日签署《关于内地与香港特别行政区法院相互委托送达民商事司法文书的安排》，1999 年 6 月 18 日签署的《关于内地与香港特别行政区相互执行仲裁裁决的安排》解决了两地仲裁裁决相互认可和执行问题，且运行情况良好，为促进仲裁裁决异地流通、支持香港建设亚太区国际法律及争议解决服务中心发挥了重要作用。但其系针对两地终局性仲裁裁决相互执行的制度性安排，不包括仲裁过程中的保全协助。2001 年 8 月 7 日签署《关于内地与澳门特别行政区法院就民商事案件相互委托送达司法文书和调取证据的安排》，2006 年 2 月 28 日签署《内地与澳门特别行政区关于相互认可和执行民商事判决的安排》，2006 年 6 月 12 日签署《关于内地与香港特别行政区法院相互认可和执行当事人协议管辖的民商事案件判决的安排》，2007 年 9 月 17 日签署《关于内地与澳门特别行政区相互认可和执行仲裁裁决的安排》，发挥仲裁在化解纠纷中的重要作用、加强两地在仲裁领域的协助合作、健全司法对仲裁的支持和监督机制，是大势所趋、人心所向。2009 年 12 月 30 日签署通过《关于香港仲裁裁决在内地执行的有关问题的通知》，2019 年 1 月 18 日，最高人民法院与香港特别行政区政府律政司分别代表两地签署《关于内地与香港特别行政区法院相互认可和执行民商事案件判决的安排》。这是自香港回归祖国以来，在一国两制的框架下内地与香港签订的第六项司法协助安排，也是两地签订的关于相互认可和执行民商事判决的第三份安排。该判决互认安排充分体现了一国两制原则，生效后将对粤港澳大湾区的建设奠定坚实的司法合作基础。在法律环境接轨方面，前海开发区发布《适用香港法裁判的制度探索与实践》，成立前海香港商会商事调解中心，并率先试点开展内地律师事务所与港澳律师事务所合伙联营试点工作。2019 年 3 月 25 日签署《关于内地与香港特别行政区法院就仲裁程序相互协助保全的安排》。这是自香港回归祖国以来，内地与香港商签的第七项司法协助安排，也是内地与其他法域签署的第一份有关仲裁保全协助的文件，标志着两地在"一国两制"方针下实现了更加紧密的司法协助。

（三）粤港澳大湾区建设发展的法治路径

粤港澳大湾区是在"一国两制三法域、三个关税区、三种货币"的条件下进行建设的，这是粤港澳大湾区有别于其他湾区的最大特点，也是粤港澳大湾区融合发展的最大挑战。如何回应现实需求、促进规则衔接、实现融合发展，是一个崭新课题，没有先例可循、没有模式可套，必须积极探寻助力大湾区创新发展的法治路径。

（1）推进大湾区法治建设与创新发展同步展开。围绕《规划纲要》提出的大湾区发展两个阶段及其对优化创新环境、提升创新能力的目标设定，形成相应的法治建设规划。逐步落实关于创新发展的实施纲要、专项规划、合作协议的出台和监督实施，减少科研机构、人才等创新要素跨境交流的规则限制，拓展广东自贸区各大发展平台进行先行先试、制度创新的空间，并通过明确适用范围、授权程序等方式将先行先试同步纳入法制轨道；加快建立粤港澳大湾区争端解决合作机制，解决一些共性的法律问题。

（2）建设软硬结合的大湾区规范体系。梳理大湾区规划纲要、框架协议等软法规范与地方性法规、地方政府规章等硬法规范的效力层级，促进软法与硬法的优势互补与衔接适用，具体表现为：规划纲要、框架协议等软法规范立足于大湾区创新发展的顶层设计和谋篇布局，粤港澳三地立法为其具体实施提供基本效力保障；权力清单、社会自治规范、行业技术标准等软法规范则细化、优化硬法规范，增强硬法规范的针对性和可操作性。

（3）构建常态化的大湾区法律治理机制。一是构建区域协调机制。在中央层面成立由粤港澳大湾区建设领导小组牵头，中央各部委共同参与协调的具体机制，强化对大湾区创新发展的规划指导；在粤港澳区域层面整合粤港、粤澳高层联席会议机制，建立统一的粤港澳合作协调机制，统筹协调三地的创新资源。二是构建区域利益补偿机制。通过规定利益补偿的标准和具体流程来实现粤港澳地方之间的利益平衡，规避各地在产业创新中的同质化恶性竞争。三是构建信息共享机制。打破"信息孤岛"，加强信息共享平台和信息交换机制建设，促进信息交流共享。四是构建多元化争议解决机制。在中央层面建立争议裁决机制，如在国务院建立纠纷解决渠道。粤港澳各地方政府在合作中产生争议时，先由争议双方进行协商和解，在协商无果的情况下，可请求国务院裁决；推动调解、仲裁、诉讼等多元救济途径在解决公私合作争议等新型纠纷中的选择性适用；加强粤港澳司法交流与协作，推动建立共商、共建、共享的跨境纠纷解决机制，为大湾区建设提供优质、高效、便捷的司法服务和保障；完善国际商事纠纷解决机制，建设国际仲裁中心，支持粤港澳仲裁及调解机构交流合作，为粤港澳经济贸易和知识产权保护提供仲裁及调解服务等。[1]

三、粤港澳大湾区司法环境建设

在一个国家、两种制度、三个法域和关税区、流通三种货币的条件下，实现跨境协同创新，推进区域深度合作，是一项具有开创性和探索性的伟大事业，在国际上没有先例。推进粤港澳大湾区建设就是要破障前行，突围而出，将"制度之异"变成"制度之利"。在服务保障粤港澳大湾区和"一带一路"建设方面展开积极探索。[2]在积极融入粤港澳大湾区的建设上，司法环境保障可谓重中之重。

（一）对标世界银行评价体系，营造稳定公平透明可预期的法治化营商环境

广州互联网法院在线纠纷多元化解平台的先进技术与理念，将在未来发挥重要作用，内地—香港联合调解中心同广州互联网法院建立合作，将为共同解决大湾区法律纠纷案件及为跨国、跨境纠纷解决探索更多创新方案。广州互联网法院坚持强化科技驱动，全面提升诉讼服务智能化信息化水平。民商事案件的调解与庭审活动全程有 5G 保障，以超高清晰的音视频传输为纠纷快速解决保驾护航。内地—香港联合调解中心有超 1000 名调解员，其中负责国际案件的调解员约 800 名，负责内地个案的调解员约 300 名，具有专业知识面广、国际化人才多等优势。发布服务保障自贸区建设意见，参与南沙新区条例、自贸区条例和粤港合作区规则制定。加强商事审判，规范破产案件办理标准和程序，推行破产管理人竞争性选拔、破产重组和破产管理评价新机制；制定《产权保护实施意见》，撰写《自贸区集群注册企业法律问题报告》，定期发布专项白皮书，促进区域营商环境指数提升。在全国率先制定《互联网电子证据举证认证规程》，成立涉数据纠纷合议庭。建立虚假诉讼失信人制度，探索出台商事诉讼主体信用维护和修复制度。制定《依法保障律

---

[1] 《粤港澳大湾区发展规划纲要》，人民出版社 2019 年版，第 45 页。

[2] 吴翔："司法服务保障粤港澳大湾区法治化营商环境建设的探索"，载《人民法院报》2019年 8 月 15 日。

师执业权利规定》，为律师和诉讼参与人提供系列便利化服务，搭建法律职业共同体沟通平台。设立多元调解中心，上线全国首个商事调解 APP，使用 APP 成功化解纠纷 301 件，调解成功率达 98.2%。[1]

（二）突出涉外涉港澳审判特色，营造开放、包容、融合和国际化的营商环境

"一带一路"建设是国家高度重视的一项工作，是重中之重，必须有法治同行。在审理涉外、涉港澳民商事纠纷时，最高人民法院副院长杨万明强调，福建、广东两地法院要充分发挥"先行先试"和法院职能优势，在确保方向正确的前提下，敢于突破创新，同时强化内部统筹，在布局谋篇上多下功夫，努力做好涉港澳台案件司法协助以及广东等省与港澳台的司法交流工作。要发挥人缘和地缘优势，努力完善共商共建共享的国际商事纠纷多元化解机制，妥善化解跨域商事纠纷，并注意归纳典型案件和规律性问题，不断创设完善规则。[2]广州市南沙区法院发布《服务保障"一带一路"建设意见》，创新涉"一带一路"案件标准化工作模式。做好广州市涉外、涉港澳台民商事案件集中管辖，拓宽域外法查明渠道，提升涉外涉港澳案件审判水平。在坚持我国民事诉讼基本制度的基础上，合理借鉴当事人主义送达、律师调查令、属实申述等被国际社会普遍认可的诉讼规则，制定《当事人主义送达实施细则》《涉港商事案件属实申述规则操作规程》，发出律师调查令 486 份。深化全国首创的港澳籍人民陪审员制度，制定《港澳籍人民陪审员管理办法》，开发港澳籍人民陪审员和特邀调解员电子管理系统。推进实施港澳籍商事特邀调解制度，创新无争议事实确认、中立第三方评估机制等，促进涉港澳商事纠纷多元化解。率先在海关建立驻口岸知识产权纠纷调处中心，强化进出口贸易知识产权司法保障，加强粤港澳司法协助与交流。

（三）推进广东自贸区法院治理能力和治理体系现代化，提升司法竞争力、影响力和公信力

广州市南沙区法院发布《激励创新实施办法》，以制度持续激励创新。集

---

[1] 段莉琼、林兆征："五'度'煲出跨域调解'头啖汤'——广州互联网法院创新粤港澳在线解纷工作纪实"，载《人民法院报》2019 年 7 月 13 日。

[2] 孙航："杨万明在福建、广东法院调研时强调　立足区位优势　创新工作机制　为两岸融合发展和粤港澳大湾区建设提供优质司法服务"，载 http://www.court.gov.cn/zixun-xiangqing-174552.html，最后访问日期：2019 年 10 月 16 日。

成以司法责任制为核心改革成果，梳理了包括审批权限下放、绩效管理、审判辅助事务改革等在内的 70 余项制度。推行示范诉讼、类案强制检索和精品文书、精品庭审、精品案例制度。加强智慧法院建设。推进普惠均等、便捷高效、智能精准的诉讼服务，推行多语种无障碍诉讼服务，提供中英双语和繁简双体诉讼指引，试行繁、简体中文法律文书一并送达，优化诉讼服务体验，美化诉讼环境。创新审判团队"八个一"管理模式，培养具有国际视野的复合型人才队伍。人民法院将积极加强粤港澳司法交流与协作，着力打造法治化营商环境，努力保障把粤港澳大湾区建成宜居宜业宜游的优质生活圈，为粤港澳大湾区建设提供优质、高效、便捷的司法服务和保障。打造粤港澳大湾区，要及时总结推广法治服务保障大湾区的先进经验，打造稳定、公平透明和可预期的良好法治环境。把粤港澳大湾区建设成富有活力的具有国际竞争力的一流湾区及世界级城市群，不仅仅要有好的硬件设施，更需要优良的法治环境、衔接有序的法律规制体制。广州法院将坚决贯彻大湾区发展纲要要求，进一步加强粤港澳司法交流与协作，努力打造国际化、便利化、法治化营商环境的先行区示范区。[1]

（四）粤港澳大湾区仲裁联盟成立，助力粤港澳大湾区法治建设

2012 年，广州仲裁委联合港、澳仲裁界成立中国南沙国际仲裁中心，该中心不是独立的仲裁机构，而是国际商事仲裁平台，采取开放的仲裁规则和仲裁员名册，并同步运行大陆法系、英美法系和内地法律体系的庭审模式，最大程度便利解决不同法域当事人的纠纷。2014 年起，广州仲裁委全面向"互联网+仲裁"转型，从最初的网上立案，逐步实现了仲裁程序的全程在线处理，到如今迈入智能仲裁阶段。自 2014 年 10 月召开的十八届四中全会提出了"完善仲裁制度，提高仲裁公信力"的决策部署以来，仲裁作为现代公共法律服务体系的重要组成部分，让人民群众切实感受到纠纷解决服务更加便捷是党和国家赋予的使命。2018 年 6 月到 8 月间，广州仲裁委带队调研了香港、澳门和珠三角九市的仲裁机构。发现珠三角仲裁机构存在机制不灵活、发展同质化、仲裁市场开拓不足等共性问题，而珠三角与港、澳的仲裁机构则合作交流不够，未形成错位发展、优势互补的格局。2019 年 2 月 18 日，中

---

〔1〕 吴翔："司法服务保障粤港澳大湾区法治化营商环境建设的探索"，载《人民法院报》2019年 8 月 15 日。

共中央、国务院印发的《规划纲要》提出：要求加强粤港澳司法交流与协作，推动建立共商、共建、共享的多元化纠纷解决机制，为粤港澳大湾区建设提供优质、高效、便捷的司法服务和保障，着力打造法治化营商环境。完善国际商事纠纷解决机制，建设国际仲裁中心，支持粤港澳仲裁及调解机构交流合作，为粤港澳经济贸易提供仲裁及调解服务。[1]2019年年初，由广州仲裁委员会等广东省9家仲裁机构与香港、澳门特别行政区2家仲裁机构共同倡议发起成立的粤港澳大湾区仲裁联盟正式设立运行。粤港澳大湾区仲裁联盟的秘书处设立在中国南沙国际仲裁中心。粤港澳大湾区既是"一带一路"建设的重要支撑，也是内地与港澳深度合作示范区。粤港澳大湾区具有"一国两制三法域"的特点，既面临法律制度冲突的挑战，也面临法律服务深入融合的机遇。粤港澳大湾区仲裁联盟的成立，既充分发挥了仲裁的便捷高效等独特优势，又助力大湾区营商环境建设，提高了大湾区对外开放中的地位。粤港澳大湾区仲裁联盟工作也得到了广东省和广州市党委、政府的高度重视和支持。大湾区建设必然面临妥善化解商贸和投资争端的问题，由于粤港澳分属三个法域，如何跨越法律制度的差异、平等保护双方当事人并使得相关裁决顺畅执行，是纠纷化解机制必须解答的难题。粤港澳大湾区仲裁联盟的成立，集合了仲裁员背景的多元化、程序的量体裁衣、《纽约公约》以及内地与港澳之间相互认可和执行仲裁裁决等优势，能让大湾区内的争议解决实现无缝链接。[2]粤港澳大湾区仲裁联盟旨在通过加强仲裁机构的联动，打造粤港澳法律合作的典范。一是推动仲裁行业自律，引领和规范仲裁机构在大湾区内良好有序运作，提高仲裁公信力；二是加强仲裁规则、仲裁员名册的协同和互补，推动粤港澳大湾区仲裁示范规则的制定和仲裁员名册的开放；三是就仲裁司法支持与监督，与粤港澳三地法院建立长效沟通机制，共同推动打造对仲裁友好的司法环境；四是联合粤港澳三地的学术机构，推动仲裁前沿问题的研究，打造仲裁发展智库；五是以联盟名义共同对外宣传仲裁制度，形成品牌效应，打造有世界影响力的争议解决平台；六是利用南沙开发区打造粤港澳大湾区暨"一带一路"法律服务集聚区的机会，与法律专业协会、

---

〔1〕《粤港澳大湾区发展规划纲要》，人民出版社2019年版，第45页。

〔2〕"粤港澳大湾区仲裁联盟成立"，载 http://zwgk.gd.gov.cn/006940167/201902/t20190201_798077.html，最后访问日期：2019年11月25日。

行业协会、律师、公证、法律翻译等机构加强合作，构建法律职业共同体。三大庭审模式同步运行。粤港澳大湾区仲裁联盟以国际商事仲裁平台的方式运作。平台以开放为特征，当事人可选择内地或者香港、澳门地区，或世界任何仲裁机构的仲裁规则，凡是在仲裁地拥有仲裁员资质的人员经认证均可被选择为仲裁员，双方当事人根据其熟知的法律环境可选择内地或香港、澳门地区的庭审模式，具备了解决多元法律背景下的纠纷的优势。[1]

四、建设粤港澳大湾区亟待法学教育国际化转型

（一）全球化时代的国际法律教育实践的挑战

高等教育国际化水平是衡量一国高等教育质量的重要标志。实施高等教育国际化发展战略是提高一国高等教育质量、国家创新能力和文化国际影响力的重要途径。西方国家高等教育国际化新战略和新举措，对于提升我国高等教育的国际化水平、建设一流大学和一流学科有重要的借鉴意义。国际化、跨文化与全球化是三位一体的概念群，共同反映出国际化的范围。国际化是对民族国家、不同文化之间关系的表述。同时，国际化同样也涉及国家、团体、院校和课堂内部存在的文化多样性。全球化是指世界性的范围。因此，国际化、跨文化与全球化这三个词相辅相成，共同说明了国际化过程在广度和深度上的丰富内涵。法学教育国际化是把国际的、跨文化的、全球的维度整合进高等院校的教学、科研和社会服务职能之中的过程。在法学教育的语境下，切斯特曼将国际法律教育分为三个阶段：国际化、跨国化和全球化。在国际化阶段，只有少数律师参与调解法域之间的争议或确定哪个司法管辖权范围。因此，教育机构将重点培训学生在一个法域内进行实践。在跨国化阶段，律师的旅行频率高于国际化阶段，需要无缝完成跨法域任务，但法律服务的重要部分仍然是以管辖为依据的。所以法学院之间应该开展跨法域交流合作，包括交换生计划。在最后阶段，律师经历全球化。在一个真正全球化的法律服务市场中，制定了双学位课程，以便律师成为新法域的"居民"，而不是"游客"。[2] 很明显，一般法科生面对国际法律服务或许无所适从。

---

〔1〕 "助力粤港澳大湾区法治建设　开创仲裁工作新格局——粤港澳大湾区仲裁联盟成立"，载司法部网站 http://www.moj.gov.cn/organization/content/2019-01/30/573_227693.html，最后访问日期：2019年9月22日。

〔2〕 蒙启红、龙迎湘：《中国国际商务法律人才培养研究》，中国商业出版社2018年版，第8页。

但是，北京大学国际法学院提供的 JM/JD 双学位课程和香港大学法学院的本科和硕士双学位课程或许可以从容应对这种挑战。

（二）"一带一路"倡议和大湾区建设必然要求法学教育的国际化

如何把握法学教育的国际化的实质，如何贯彻国际化的理念在法学教育过程中，如何培养能够行走在不同法系、不同法文化之间的法律人才，无论是于中国高校法学一流学科建设还是从中国国家利益的角度，都显得非常重要而迫切。而 2015 年中国政府提出的"一带一路"倡议为回答上述问题提供了新的思路，即法学教育的国际化，应当更加关注法律文化教育的国际化，即了解、理解、尊重、认同和适应各国法律文化的差异，培养一大批懂相关国家的法律、精熟相关国家的法律语言、熟悉相关国家文化的国际高端法律人才。仅就"一带一路"沿线国家而言，就有泰国、老挝、印度、马来西亚、伊朗、以色列、俄罗斯、斯洛文尼亚、南非等 66 个国家的不同法律，涉及三大法系、七大法源，即大陆法系、英美法系、伊斯兰法系以及印度教法传统、佛教法传统、苏联法传统、东盟法圈、阿盟法圈、欧盟法圈和 WTO 法圈，[1]而决定这些不同法系、不同法源之差异的，就是背后不同的法律文化。因此，围绕"一带一路"沿线国家不同的法律文化背景，在办学理念、培养目标、师资队伍、学生来源、教材文献、课程体系、教学语言乃至毕业实践等方面进行周密的制度设计，应该成为当前法学教育国际化的一个重要方向。[2]

（三）粤港澳大湾区建设亟须具有全球思维的高端复合型国际法律人才

随着"一带一路"倡议的推进，粤港澳大湾区凭借区位优势，将成为"一带一路"发展的核心枢纽。粤港澳大湾区在全球竞争态势下，打造具有全球竞争力的营商环境，帮助企业跨越区域法律制度的壁垒，进行合规管理和风险控制，均需要高质量的涉外法律服务。

加强国际交流与合作。坚持以开放促改革、促发展。开展多层次、宽领域的教育交流与合作，提高我国教育国际化水平。借鉴国际上先进的教育理念和教育经验，促进我国高等法学教育的深层次改革发展，提升我国高等法学教育的国际地位、影响力和竞争力。适应国家经济社会对外开放的要求，

---

〔1〕　See Sir John Macdonell and Edward Manson, *Great Jurists of the World*, Little, Brown and Company, 191 pp. 586~588.

〔2〕　何勤华、齐凯悦："英国大学法学教育国际化的起源及其流变"，载《法制与社会发展》2017 年第 6 期，第 137~157 页。

培养大批具有国际视野、通晓国际规则、能够参与国际事务和国际竞争的国际化人才。[1]目前,国家正大力推进"一带一路"倡议以及高校"双一流"建设,广东各高校也都将法学教育国际化作为重要发展战略之一,积极探索如何"瞄准世界一流,吸收世界上先进的办学治学经验,遵循教育教学规律,积极参与国际合作交流,有效扩大国际影响,实现跨越发展、超越引领"。[2]事实上,在经济全球化背景下,粤港澳大湾区建设亟须具有国际视野,通晓国际规则,善于处理涉外法律事务,能够参与国际合作与国际竞争的高端复合型法律人才。粤港澳大湾区法域融合培养法科生,学生能有一个不断互为参照,进行反思和批评的视角。通过对于两大法系的系统学习,我们可以形成对于全球法律格局的整体观念,这种观念是高端法律人才的标志。举例来说,在中国积极参与全球治理、不断走近国际舞台中央的时代背景下,国家需要更多地向国际组织输送高端人才。比如,国际商事仲裁庭等纠纷解决和规则制定机构,都要求工作者对两大法律体系非常熟悉。这种人才通常都需要较长的培养周期,可以说现在时机已经成熟,时不我待。中国积极参与全球经济治理,提出与实施"一带一路"倡议,粤港澳大湾区建设,推动人类命运共同体建设,这是中国应对新时代全球化竞争提出的崭新大国外交与治理理念,也是党领导集体与时俱进做出的重要顶层设计。粤港澳大湾区经济建设离不开法治建设,迫切需要大批具有全球眼光的复合型和创新型的国际高层次法治人才。

---

〔1〕 《国家中长期教育改革和发展规划纲要 (2010-2020) 》,载 http://www.gov.cn/jrzg/2010-07/29/content_ 1667143.htm,最后访问日期:2019 年 11 月 23 日。

〔2〕 教育部、财政部、国家发展改革委《关于高等学校加快"双一流"建设指导意见》,载 http://www.gov.cn/xinwen/2018-08/27/content_ 5316809.htm,最后访问日期:2019 年 12 月 12 日。

第三章

国际高层次法治人才需求侧和供给侧研究

全面分析我国国际高层次法治人才的现实需求，深刻地检讨国际高层次法治人才供给既有模式，通过法治人才培养机制创新，实现国际高层次法治人才的供需结构的均衡。2012 年的卓越法律人才教育培养计划，2018 年的卓越法治人才教育培养计划 2.0 以及关于发展涉外法律服务业的意见的目的非常明确，就是通过法学教育改革迎接市场化、多元化、国际化、法治化的时代挑战。从我国经济融入世界经济发展的需求、国际法律服务业发展趋势和态势及我国法律服务行业发展现状这三个维度分析，培养高素质涉外律师人才从根本上说是我国经济社会发展和推进全方位对外开放的迫切要求，加强加快培养国际高层次法治人才已是我国面临的一项战略性任务。

第一节　国际高层次法治人才需求侧研究

一、国际高层次法治人才培养概览

（一）国际高层次法治人才的含义和基本特征

1. 国际高层次法治人才的含义辨析

法律人才是"经过专门训练的职业化的专门人士，他们的语言、知识、思维、技能以及伦理都与普通人不同，总之，他们是具备了一定专业素质的人"。[1]而法治人才是党的十八届四中全会提出的新概念，有学者认为法治人才是指具有丰富的法治知识，娴熟的法治技能，符合特定的法律道德标准，从事立法、执法、司法、法律服务等工作的专门人才。[2]党的十八届四中全会通过的《关于全面推进依法治国若干重大问题的决定》明确提出，要建设

---

〔1〕 孙笑侠："法律家的技能与伦理"，载《法学研究》2001 年第 4 期。
〔2〕 刘凤景："法治人才的定位与培养"，载《南开学报（哲学社会科学版）》2017 年第 5 期。

通晓国际法律规则、善于处理涉外法律事务的国际高层次法治人才队伍；积极参与国际规则制定，推动依法处理涉外经济、社会事务，增强我国在国际法律事务中的话语权和影响力，运用法律手段维护我国主权、安全、发展利益。培养一批具有国际视野、通晓国际规则，能够参与国际法律事务、善于维护国家利益、勇于推动全球治理规则变革的涉外卓越法律人才是各高校以及研究机构的重要任务。[1]从这份国家文件中可以推导出，国际高层次法治人才是指具有跨文化视野、通晓国际通行的法律规则、有能力胜任国际法律争端和其他国际法律事务，能够参与国际合作与国际竞争的高端复合型法治人才。跨文化国际高层次法治人才在"一带一路"建设中不仅是实现可持续发展的内生强大动力，而且具有举足轻重成败攸关的作用。真正的国际高层次法治人才需要精通中外文化，具有推动人类文明发展的坚定理想、开放包容的心态、通达的广博学识、开放的全球视野、出众的领导力、协同创新的合作精神，通晓世界公认的法律规则，能处理和应对跨文化事务及挑战。

2. 国际高层次法治人才的基本特征

涉外律师人才作为国际高层次法治人才的重要组成部分，至少需要具备几个特征：第一国际高层次法治人才稀缺。尽管我国律师数量已经达 42.3 万人。但是其中涉外律师数量只有七千余人，如果入选标准和条件更高，数量就更少。第二业务要精良。随着"一带一路"倡议的实施，中国日益走进世界舞台中央，需要培养具有国际视野，熟悉法律规则的涉外律师。国际法律业务长期以来均被美英律师事务所垄断，虽然有少数律师从事国际法律服务，但是缺少历练，不太熟悉涉外法律业务，国际谈判能力不佳。第三应精通外语，具有出色的外语表达能力。常言道，语言是一门工具。对于母语非英语的国民而言，要做到与英美法域的律师一样，事实上不太容易。在全球化时代（包括犯罪全球化）的影响下，法律语言学家必定要进行更多的合作以及对等的交流。学习其他国家或文化下的法律语言学知识和实践经验，不应当仅仅作为一种"课余的兴趣研究"，而应看作是一种学习的必要。这种学习为我们省去了掌握一门外语以及其他国家法律体系的种种麻烦，收获的是可以

---

〔1〕 中共中央《关于全面推进依法治国若干重大问题的决定》，载 http://politics.people.com.cn/n/2014/1028/c1001-25926121.html，最后访问日期：2019 年 7 月 16 日。

直接应用到国家法律及语言学工作中的实战经验、知识与方法。[1]在国际法律实务中，务必要精通外语，尤其是要掌握法律英语，毕竟，英语是世界性语言，至少要将法律外语当成工作语言，能够用外语办案、查阅相关法律文献、谈判、向当事人解释说明。此外，涉外律师还应当门类齐全。在实践中，国际投融资、跨国企业的重组以及重大国际工程项目，只有一小批人能做，随着"一带一路"倡议的推进，这样的人才的需要会越来越多。

3. 国际高层次法治人才协同培养的目标

根据法律全球化时代的宏观要求和当前粤港澳大湾区经济社会发展的微观需求，法学教育国际化转型势在必行，法治人才协同培养的目标可分为以下五个方面的精英法治人才：

（1）国际规则制定的参与者。国际规则的制定过程是不同国家或其集团的利益博弈过程，国际利益分配背后的真正决定因素是国际规则制定者之间的实力对比。国际高层次法治人才在遵循现有合理的国际法律秩序的同时，应积极参与国际规则的制定，努力推动国际经济、政治规则向更加合理的方向转变。

（2）国际法律理论变革的引领者。在国际立法司法活动中，国际法学家的理论学说往往会受到诸如国际法委员会等的重视和参考以及作为国际法庭裁判的依据。当前，国际法理论研究的话语权主要被西方学者所掌握。培养掌握国际法学理论研究话语权的具有国际水平的理论人才，使其肩负引领国际法律理论变革潮流，改变我国国际法理论研究落后于欧美的局面，推动国际法治进程、维护我国国家利益。

（3）全球公共事务管理的决策者。中国公民在国际组织任职、参与全球公共事务管理的法治人才过少，与我国的国际地位和影响很不相称。这种状况削弱了中国在国际组织中的话语权和参与全球公共事务方面的能力。国家应该大力培养并向国际组织输送大量胜任全球公共事务管理工作的高级国际化人才，特别是国际高层次法律人才，以提升中国参与全球公共事务管理的话语权和影响力。

（4）国际纠纷的裁决者。在全球化背景下，各国交往不断深入发展导致

---

[1] [德] 汉尼斯·科尼夫卡：《法律语言的运作——德国视角》，程乐、吕加译，中国政法大学出版社 2012 年版，第 2 页。

各领域出现了不同程度的碰撞和摩擦，国际纠纷的解决者、调解者、裁决者的需求，在数量和质量上均有重大反映，要求我国培养、选拔大批优秀涉外法律人才充实到审判、仲裁队伍，提升我国涉外民商事案件审裁质量，为涉外民商事活动营造公正、良好的法制环境。

（5）国际法律服务的提供者。根据入世承诺，我国有关法律服务的限制被逐步取消后，不仅国内市场竞争被国际化，而且国际竞争也被国内化，中国法律人与国际同行同场竞技已经成为现实。这种格局需要大批涉外法律精英，反映在法律人才培养目标上，培养国际法律服务提供者，是国际高层次法治人才协同培养的重要目标。

（6）国家国际法的智库。此类国际高层次法治人才应积极为我国的国际法治建设、国际法学研究和国际法学教育做出贡献，为我国有关国际法律事务的处理提供高效率、高质量的对策建议，为我国实施国际政治经济战略、参与全球治理提供智力支持。[1]

（二）国际高层次法治人才素质构成要素

国际高层次法治人才素质构成要素大体上分为卓越素质和创新素质。

1. 国际高层次法治人才应具备的卓越素质

国际高层次法治人才素质，所谓"卓越"，就是卓尔不群，拒绝平庸，即出类拔萃、非常杰出之意，与英文中的 excellent、extinguished、outstanding 同义。根据国际法律服务职业的特点及大湾区建设对法律人才的需求，可以把国际高层次法治人才素质要求概括为以下几个方面：

（1）娴熟掌握中英双语。由于服务于特定的目的，法律语言不同于其他"语言"。正如坎特诺维奇注意到的那样，"观点背后是目的"。在法律中，使用语言往往"不是为了发现真理而是服务于利益"。法律是一个文化中更广泛的沟通网络、参照网络、经验网络和期待网络中的一部分，这一文化的参与者在任何一个既定的时刻都可以本能地感知自己的地位。[2]从国际化、全球化角度来说，任何别的语言都可以放弃，但英语一定不能放掉。任何深度机会的获取，都是靠你自己本身已经彻底掌握的一种才能。任何想要在世界上

---

〔1〕 邓瑞平、唐海涛："卓越涉外法律人才国际化培养略论"，载《法学教育研究》2013 年第 1 期，第 72 页。

〔2〕 ［法］皮埃尔·勒格朗、［英］罗德里克·芒迪主编：《比较法研究：传统与转型》，李晓辉译，北京大学出版社 2011 年版，第 140～141 页。

获得成功的事情，语言的掌握就变成你必须要做的。英语是唯一一个被界定为全球化语言的语言。首先全世界所有的科学、学科用语最核心的语言系统都是英语，它不可能转化为中文。一个人未来在全球生存，从中方的直觉思维变成数理逻辑思维，从东方的形象思维变成批判性思维，从东方的人际关系思维变成法律规则思维，这些东西你只有在里面浸泡足够的时间才能达到法律专业外语技能极为突出、熟谙外国历史文化的法科人才已然成为涉外法治人才培养的短板，对语言，尤其是外语技能的专业化训练有待加强。

（2）国际高层次法治人才应当拥有丰富的法学专业知识和跨学科知识。学识的确重要，但是用济慈的话来说，学识只是想象飞向真理的跳板，法律自有一针见血的直觉，紧张、灵光闪现的一刻。我们将原则、先例、类推有时甚至是想象都收罗起来，适时地运用它们，以产生圆满地达致法律目标的活力。[1]作为未来的法律职业者，面对日益完善的法律、纷繁复杂的社会发展状况和生动的法律关系，法科生不仅要掌握面上的法律知识，熟悉法条和诉讼程序，而且要掌握法律规则背后所蕴含的法律精神、价值和理念以及与之相关联的政治、经济、文化甚至历史传统背景，这种深层次的知识训练过程是持续不断的。二是国际高层次法治人才还必须拥有跨学科的知识。一个法律人不仅应当通晓法律，而且还必须具有广泛的文化知识，应当认真地学习哲学、历史学、经济学、社会学以及其他社会科学、自然科学知识。威廉·詹姆斯在那本关于实用主义的书中，开篇引用了切斯特独顿的一句名言，大意是对一个人最重要的，莫过于他的哲学。严格、精确和深奥的法律研究是无可替代的，它是前人智慧的结晶，是我们创造的原始材料。[2]此外，有必要深入了解世界上重要国家的政治体系以及运营模式和经济规律、商业规律和科技发展的关系，中国之所以跟世界对接还会处处碰壁，最主要的原因之一是我们对世界的贸易规则、商业规则并没有准确理解或我们还未充分准确地精通世界贸易规则。

（3）国际高层次法治人才应当拥有全球法律职业胜任力。法学院有义务提高法科生职业能力，即高效负责地解决法律问题的能力。在众多对法学院

---

〔1〕〔美〕本杰明·N.卡多佐：《法律的成长　法律科学的悖论》，董炯、彭冰译，中国法制出版社2002年版，第287页。

〔2〕〔美〕本杰明·N.卡多佐：《法律的成长　法律科学的悖论》，董炯、彭冰译，中国法制出版社2002年版，第5页。

存在的有益的任务和强调之中，让学生胜任并且从事法律职业这个观念应当成为共识。在国际法律服务业中，职业能力就是全球法律职业胜任力，为了培养合格的法科生，法学院的目标需要同时要求法科生必须掌握三个方面的技能的纯熟度：法律分析、实践训练以及职业身份的养成。只有同时强调这三个领域，以整合的方式传授他们，才能让法科生为国际法律实践做好准备。解决问题关注的是律师执业的"全景图"，这位法学院所教授的技能提供了一个极佳的概述。任何一个解决问题的人都必须有执业能力，或最起码要具有法律分析技能的意识，具有法律写作、谈判、咨询和调解的技能。另外，创造性地解决问题不仅仅需要法律技巧，更需要认知性的、试错性的思维过程。面对法律执业中的复杂情形，需要我们从国际法律纠纷上诉案例中学到更多原创性思维。[1]当然，阅读、写作和分析技能可以说是最重要也是最基本的三项技能。对律师来说，面试技能、调查研究技能、谈判技能、项目管理技能、问题分析技能、商谈技能、时间管理技能以及辩论技能，这些技能都是以阅读技能、写作技能和分析技能为基础的。广泛的阅读同样也可以提高写作能力。[2]同时，国际高层次法治人才应当具有法律人独特的法律思维能力和法治思维，因此，在法学教育中要注重法科生法治思维能力的训练。

（4）国际高层次法治人才应当具有跨文化的国际视野。要想在千变万化的世界中取得成功，你会发现重要的一点就是要树立起一种思维方式作为你在职业生涯中的导航标，即充分利用和你拥有不同背景的人之间的关系，要竭尽全力去和与你有不同背景或是来自同一个国家的其他地区，又或是来自其他国家的学生进行接触。同时，一定要把握出国的机会。[3]国际化，卓越人才才具有在国际视野和跨文化环境下的交流、合作与竞争的基本能力，也即国际化的能力。

跨文化国际高层次法治人才在"一带一路"建设中不仅是实现可持续发展的内生强大动力，而且具有举足轻重成败攸关的作用。真正的跨文化人才

---

〔1〕［美］罗伊·斯塔基等：《完善法学教育——发展方向与实现途径》，许身健等译，知识产权出版社 2010 年版，第 57~59 页。

〔2〕［美］乔伊斯·普特南·科尔：《直通全球顶尖法学院》，谢京秀译，中国青年出版社 2009 年版，第 45 页。

〔3〕［美］乔伊斯·普特南·科尔：《直通全球顶尖法学院》，谢京秀译，中国青年出版社 2009 年版，第 50 页。

需要精通中外文化，具有推动人类文明发展的坚定理想、开放包容的心态、通达的广博学识、开放的全球视野、出众的领导力、协同的合作精神，通晓世界规则，能处理和应对跨文化事务及挑战。此外，国际高层次法治人才不仅应当具有娴熟的法律运用技能，而且应当具有司法良知。诚如乌尔比安所言："法学是有关人与神的知识，一门有关正义与非正义的科学。"[1]

2. 国际高层次法治人才应具有创新潜力和创新创业素质

成功的创业者一般都会重点关注一个机遇，对它倾以极大的热情。创业过程的核心是创造以及发现机遇，随后是抓住这些机遇的意愿和行动。常识告诉我们，每个经济危机或金融危机都孕育着令人垂涎的机遇，尤其是经济衰退将为具有前瞻性思维的企业提供重大发展机遇。经济危机的背后也可能暗含着法律漏洞，因为立法者无法穷尽和周知所有事情，法律本身可能会发生各种问题和缺陷。正如利益法学代表人物赫克最早推翻了概念法学所编造的法律无漏洞、法律具有逻辑自足性的神话。赫克认为："即使是最好的法律，也存在漏洞。""因为，其一，立法者的观察能力有限，不可能预见将来的一切问题，其二，立法者的表现手段有限，即使预见将来的一切问题，也不可能在立法上完全表现出来。"[2]英美法系的美在于灵活性，分析各种社会利益及其相对重要性是律师和法官在解决问题时必须利用的线索之一。这一研究本身已发展成一门科学。现实生活中发生的层出不穷的纠纷或许能发现绝佳的商业机遇。优秀的法官应当审查社会事实的集合体，"司法规范"应被视为后者的产物，在社会事实中，实在法、人们实际遵从的习惯、经济需求以及对实现正义的热望最为重要，发现与创造相辅相成。[3]以休谟、托克维尔为代表的经验主义更是认为"制度的源始并不在于构建与设计，而在于成功且存续下来的实践"，[4]如果没有明确的实在法，也没有商人法，律师就需要创造力。一般人往往认为律师的主要业务就是出庭辩护或处理纠纷，而这些业务只要机械地适用法律即可。但是美国从 1870 年到 1920 年间发展的大

---

〔1〕［美］本杰明·N.卡多佐：《法律的成长　法律科学的悖论》，董炯、彭冰译，中国法制出版社 2002 年版，第 249 页。

〔2〕［德］赫克：《利益法学》，津田利治译，庆应大学法学研究会 1985 年版，第 13 页。

〔3〕［美］本杰明·N.卡多佐：《法律的成长　法律科学的悖论》，董炯、彭冰译，中国法制出版社 2002 年版，第 227~228 页。

〔4〕［英］弗里德利希·冯·哈耶克：《自由秩序原理》（上），邓正来译，生活·读书·新知三联书店 1997 年版，第 64 页。

律师事务所执业模式现在已成为"世界标准"。[1]国际高端法治人才执业内容包含大量原创性的工作，没有对理论和实践进行深入的思考，恐怕无法完成许多创新型涉外法律业务。通过深入学习与研究破产法和公司法，或许可以了解到银行最不愿意做的就是让企业破产。因此，身处债务困境的上市公司可能意味着经过外科手术式的破产重整之后满血复活而变得更加强大，有人只看到公司面临的共性困境而不知其他，高素质的法治人才可能不仅知道上市公司目前所处的种种商业困境，而且深入发掘上市公司未来越过目前的各种困境之后的魅力图景，因而能精准识别和正视公司眼下的症结所在，还能利用破产法的知识预测上市公司将会起死回生。这种法商思维对国际经贸业务和跨国投资理财纠纷有着不可估量的巨大价值。因此，具备跨界能力也是高端人才的标配，所有国际商务律师都需要一套可识别并且可以在不同的专业之间转移的技能。

二、全面依法治国方略的提出和参与全球治理的需要

（一）全面依法治国方略的提出

十五大将依法治国作为党领导人民治理国家的基本方略，十八大强调法治建设必须全面推进，十八届四中全会以"全面推进依法治国"为主题，对新时期、新阶段的法治建设作出了全面、全新部署，确定了全面推进依法治国的指导思想、总目标和重大任务，推出了190项对依法治国具有重要意义的改革举措。十九大报告又将"坚持全面依法治国"作为新时代坚持和发展中国特色社会主义的十四条基本方略之一。从依法治国到全面依法治国，开启了法治建设的新征程。[2]党的十八大以来，以习近平同志为核心的党中央提出全面依法治国这一具有标志性、创新性与战略性的重要理论和实践命题，突出强调"全面"，在党和国家事业发展全局中、在更加全面广泛的层次上谋划和推进依法治国，体现了这场革命的深刻性。2017年5月3日，习总书记在中国政法大学考察时强调："建设法治国家、法治政府、法治社会，实现科学立法、严格执法、公正司法、全民守法，都离不开一支高素质的法治工作队伍。法治人才培养上不去，法治领域不能人才辈出，全面依法治国就不可

---

〔1〕 何美欢：《论当代中国的普通法教育》，中国政法大学出版社2005年版，第3页。

〔2〕 张文显："法治中国建设的历史性跨越和突破"，载《光明日报》2017年10月23日。

能做好。"〔1〕党的十八届四中全会将发展涉外法律服务业，建设国际高层次法治人才队伍作为全面依法治国的重要任务做出部署。2016 年，中央印发《关于深化律师制度改革的意见》，将建设涉外律师人才队伍和加强涉外法律服务工作纳入深化律师制度改革的总体框架。司法部、外交部、商务部、原国务院法制办公室印发《关于发展涉外法律服务业的意见》，对进一步建设涉外法律服务机构、发展壮大涉外法律服务队伍提出了明确要求。习近平总书记在十九大报告中指出，全面依法治国是国家治理的一场深刻革命，必须坚持厉行法治，深化司法体制改革，提高全民族法治素养。〔2〕根据《国家中长期教育改革和发展规划纲要（2010-2020 年）》以及教育部与中央政法委下发的《卓越法律人才 2.0 实施计划》，中国高校法学院要培养"具有国际视野、通晓国际规则、能够参与国际事务与国际竞争的国际化人才"，以应对全球经贸性挑战。2019 年 2 月 25 日，习近平总书记主持召开中央全面依法治国委员会第二次会议并发表重要讲话。加强涉外法治建设，为推进改革发展稳定工作营造良好法治环境，加强涉外法治专业人才培养，积极发展涉外法律服务。因此，推进全球治理变革、构建世界新秩序是新时代国家战略决策的重心不仅是大势所趋，而且也是中国法学教育与研究与时俱进的历史性课题。

（二）中国参与全球治理对国际高层次法治人才的迫切需求

随着我国经济总量位居世界第二，我国在全球治理体系中的国际影响力也大幅度提高。近年来，从"一带一路"倡议的提出，到构建合作共赢的新型国际关系，从建立亚洲基础设施投资银行，到参与解决各类重大国际问题，中国在世界舞台上扮演着越来越重要的角色。与此同时，我国涉外法治建设面临许多挑战：与国际规则和新型国际关系的不适应，国际法治改革和国际秩序重构，有些国家和国际组织利用国际法律规则对我国采取打压或限制；在经济领域对我国国际贸易采用反倾销、反补贴和贸易保障措施，限制我国产品出口；在海洋权益上企图用法律和争端解决机制对我国主权、安全和发

---

〔1〕 "习近平在中国政法大学考察时强调 立德树人德法兼修抓好法治人才培养 励志勤学刻苦磨炼促进青年成长进步"，载 http://www.xinhuanet.com//politics/2017-05/03/c_ 1120913310.htm，最后访问日期：2019 年 12 月 20 日。

〔2〕 习近平："决胜全面建成小康社会 夺取新时代中国特色社会主义伟大胜利——在中国共产党第十九次全国代表大会上的报告"，载 http://news.cnr.cn/native/gd/20171027/t20171027_ 524003098.shtml，最后访问日期：2019 年 7 月 21 日。

展利益造成威胁和影响。面对波谲云诡的国际形势，习近平总书记指出，全球治理格局取决于国际力量对比，全球治理体系变革源于国际力量对比变化。我们要坚持以经济发展为中心，集中力量办好自己的事情，不断增强我们在国际上说话办事的实力。要深入推进"一带一路"建设，推动各方加强规划和战略对接。习近平总书记强调，要提高我国参与全球治理的能力，着力增强规则制定能力、议程设置能力、舆论宣传能力、统筹协调能力。参与全球治理需要一大批熟悉党和国家方针政策、了解我国国情、具有全球视野、熟练运用外语、通晓国际规则、精通国际谈判的专业人才。要加强全球治理人才队伍建设，突破人才瓶颈，做好人才储备，为我国参与全球治理提供有力人才支撑。[1]国际高层次法治人才的培养是涉外法治建设的基础。中国不能仅仅作为国际规则的接受者和适应者，而需要积极参与全球治理，做国际规则的维护者和建设者，提升国际事务的话语权。不论是国家利益，还是公民和企业在对外交往中的权利，都需要增强运用国际规则等手段来维护我国的主权安全和发展利益，积极发挥中国在世界舞台中的影响力。因此，亟须培养一批放眼世界、胸怀祖国、知识丰富、业务精良的国际高层次法治人才队伍。参与全球治理需要一大批熟悉党和国家方针政策、了解我国国情、具有全球视野、熟练运用外语、通晓国际规则和精通国际谈判的专业人才。

（三）推动构建人类命运共同体的迫切需要

习近平总书记首倡的人类命运共同体理念自提出以来，已经多次载入联合国有关决议，并日益成为国际共识。中国提出构建人类命运共同体，精准把握人类社会发展的历史趋势，为经济全球化和人类社会发展指明了方向，标志着一个全新时代的开启。党的十九大报告指出"坚持推动构建人类命运共同体"，"奉行互利共赢的开放战略"，"谋求开放创新、包容互惠的发展前景"，经济全球化中出现的问题，从根本上说是如何发展、为何发展的问题，必须在推动发展的基础上解决。"一带一路"建设通过互通有无、改善基础设施、产能合作、提高国民收入等措施为沿线国家奠定发展基础，在不断做大蛋糕、分好蛋糕的基础上改变失衡，缩小贫富差距，为人类命运共同体的构建提供有力支撑。"一带一路"建设以参与未来世界经济构建和人类关怀为价值取向，以互利共赢为合作基础，秉持"开放、包容、均衡、普惠"特性，

---

〔1〕 习近平：《习近平谈治国理政》，外文出版社 2017 年版，第 450 页。

与构建"人类命运共同体"所强调的"共有共享、协调发展"高度统一，不但是构建人类命运共同体的核心抓手和具体实践，而且是推动全球经济持续发展的总体方案。2018 年 3 月，推动构建人类命运共同体写入我国宪法的序言，纳入我国法律制度体系，为人类命运共同体的法治化道路树立了典范。当前，我们应当以构建"一带一路"法律合作机制为契机，围绕人类命运共同体理念形成更加清晰的中国方案，并推动其成为全球治理的共同方案和有效行动。目前，建立国际机制、遵守国际规则和追求国际正义已经成为多数国家的不二共识。中国最高人民法院高度重视司法领域的国际交流合作，坚定不移地践行人类命运共同体理念，维护世界各国人民的共同利益。中国法院不断努力尝试为构建人类命运共同体贡献中国司法智慧，为全球治理体系建设提供中国司法方案，重视借鉴世界各国的司法经验和国际法领域的研究成果，我们要支持以规则为基础的多边贸易体制，这些规则的制定和履行，有利于消除国际法碎片化。未来，中国坚持和发展国际法要加大培养国际法人才的力度，国际法研究要更加注重本土化、专业化、现代化和国际化的结合，为国际人才培养、国际规则制定、中国国际话语权的提升作出更大贡献。[1]我国推动构建人类命运共同体、推进在国际法领域形成共识，离不开国际法人才和智库的作用。对国际法而言，人类命运共同体思想将带来国际法发展的新起点；对中国的国际法工作者而言，人类命运共同体思想也将作为推进中国国际法工作的新起点。从国际法角度构建人类命运共同体，离不开世界各国国际法工作者的共同努力，而中国是这一思想的首倡者，中国的国际法工作者肩负着更为重要的使命。改革开放 40 多年来，我国国际法人才队伍培养取得了长足的发展，运用国际法的能力不断提升。但是，仍然应当看到，目前我国国际法人才的国际化水平、国际法智库的国际竞争力和影响力还存在明显短板，因此，我们须加强、加快高端国际法人才培养和智库建设，提升我国在国际法领域的整体实力和影响力。[2]

（四）建设粤港澳大湾区需要国际高层次法治人才护航

近年来，几度起伏，反映了彼此纷争的不仅仅是眼前利益，而是长远国

---

〔1〕　孙美娟："探索构建人类命运共同体法治道路"，载《中国社会科学报》2019 年 11 月 11 日。

〔2〕　黄惠康等："人类命运共同体的国际法构建"，载《武大国际法评论》2019 年第 1 期，第 28 页。

势，是持久战。中美贸易战未尝没有横生波折的风险，盘点过往两度转折，都是美国率先发难。美国先于 2018 年 6 月撕毁前一年 5 月的停战共识，同年 12 月，中美双方再达成 90 日休战共识，美国即使在 2020 年 3 月延长休战期，5 月还是再主动开枪。归根究底，特朗普在此次谈判的个人利益在于争取连任的政治资本，让中国开出对美国有利的条件，反映在各种具体数字方面，以示胜利；这样的局面将对中国经济发展造成严重阻碍。中美双方即使签订了具体的停战条款，依然会明争暗斗，盘点中美过往几度交锋，中美贸易战实为国势之争。2018 年 3 月 22 日，特朗普以知识产权被窃为由，打响贸易战的第一枪，刚好赶在人民币原油期货上市前；4 月 3 日，美国公布"301 制裁清单"，意在"中国制造 2025"；其后中兴和华为遭美国打压，科技之争的意向明确。中国的发展前景在于产业升级、汇通天下，有识之士都看在眼内。美国感到威胁，即使承受着贸易逆差扩大、经济受损的代价，也不惜先发制人，务求再造中国版的《广场协议》，这就是这次贸易战的本质。故此，中国在贸易战期间继续和"一带一路"沿线国家洽谈合作，发布大湾区规划。如今特朗普碍由于总统选举需要政绩，开战对美国消费者的伤害开始浮现，才再度伸出橄榄枝。中美对垒不会因贸易战的停止而落幕。故此，粤港澳大湾区发展面临着美国制约，法律风险是最为值得注意的因素。粤港澳大湾区是"一带一路"的心脏，在科技创新和资本脉络力争上游，肩负中国的未来，粤港澳大湾区企业是个中翘楚。湾区企业必会提升产业地位，志在海外市场，必成美国大企业的竞争对手。《海外反腐败法》便是配合美国企业恶意收购对手的利器。中国的当务之急在于补足国际法的短板。中资企业在国际市场根基尚浅，入世贸（WTO）未足 18 年，3 年前才被认定是市场经济国家，但法律人才底蕴尚有严重不足，还配不上中国当前境外投资存量规模全球第二的地位。故此，中国在 WTO 的诉讼中经常处于下风，中国限制稀土出口案在 2014 年以败诉告终，近日中国的市场经济国家地位被 WTO 暂停，可见，我们存在国际法律领域短板。相反，美国在此方面经验丰富、人才充沛，必以自身之长，击敌手之短。不管是粤港澳大湾区企业在科技发展和开拓市场的法务，还是国家要针对新的国际经济贸易需要创立典章，必成美国压制粤港澳大湾区企业和中国崛起之势的战场。在这种背景下，建设粤港澳大湾区，必须法治建设先行，法学教育应该审时度势，居安思危，粤港澳大湾区协同培养国际高层次法治人才是义不容辞的责任。

三、国际高层次法治人才的迫切需求

目前，在全国范围内，高度贴合风云变幻的国际社会需求的高层次法律职业人才短缺，尤其是国际型复合型高端法律人才十分匮乏，国家和社会发展对法科人才的需要有赖于法科人才培养模式的创新改革。法务低端市场的人才供应严重过剩，但法务高端市场的人才却极其匮乏。不得不承认，法学教育的投入、产出以及需求之间关系是显著失衡的。[1]新时代涉外法治建设在纵深发展中对国际高层次法治人才培养提出了高标准和严要求，不断地扩充、丰富了国际高层次法治人才的内涵。随着我国全方位对外开放的不断推进和共建"一带一路"等国家战略的深入实施，中国企业和公民"走出去"步伐日益加快，国际高层次法治人才维护国家经济安全和发展利益、加强企业公民权益保护的任务越来越繁重。培养国际高层次法治人才，从根本上说，既是我国经济社会发展和推进全方位对外开放的迫切需要，更是"一带一路"和粤港澳大湾区建设的迫切需要。下面可以从以下三个维度来阐述对高素质的涉外律师的需求。

首先，从中国经济融入世界经济发展的需要看。当前，我国经济发展进入新常态，经济全球化深入发展、"一带一路"建设战略实施以及企业"走出去"的浪潮，为我国涉外法律服务业创造了难得的历史机遇，同时也带来了新的挑战。自2013年以来，我国的货物贸易进出口和出口额连续三年居于世界第一位。预计未来5年，中国将进口8万亿美元的商品、吸收6000亿美元的外来投资，对外投资总额将达到7500亿美元，出境旅游将达到7亿人次。随着我国对外投资的不断扩大，贸易争端与摩擦频发，涉外法律服务需求不断增多，迫切需要培养高素质的涉外律师人才，提供优质高效的涉外法律服务，维护我国公民、法人在海外及外国公民、法人在我国的正当权益。从全球经济治理的视角看，当前国际经济往来中适用的法律是多国法律、国际公约或区域性规定。国际竞争更多的是"游戏规则"、法律规则的竞争。国际经贸活动表面是经济交易，实际上是法律制度的竞争。谁掌握了规则制定和争端解决机制的主导权，谁就掌握了国际竞争的主动权。所以，在推进国际新

---

[1]　季卫东："我国法学教育改革的理念和路径"，载 http://article. chinalawinfo. com/space/Space Comments. aspx？AID＝77423，最后访问日期：2019 年 8 月 16 日。

规则建立过程中，需要国际高端法治人才积极参与其中，争取国际竞争的主动权。

其次，从国际法律服务业发展态势看。随着经济全球化的不断发展，法律服务发展在形式、规模和内容等方面都出现了新的变化。国际法律服务行业积极适应经济全球化的发展形势，不断调整发展模式，增强国际竞争力。在当今经济贸易一体化的世界上，经贸繁荣必然催生出庞大的国际法律服务市场，几千人的大型律师事务所日益增多，执业机构组织形式更加多元。许多大型律师事务所都跟随客户的脚步和国际市场的需求，到境外设立分支机构，或通过合并扩张等方式向国际化发展。比如，总部设在美国的贝克·麦坚时律师事务所，目前有超过 12 000 名员工遍布全球 47 个国家，在全球共有 77 个办事处。目前，美国已经成为最大的法律服务输出国，律师事务所国际化趋势，实际上是运用这些律师事务所拥有的来自不同国家的法律专业人士组成的庞大团队和丰富的法律资源，在全球范围内培养国际高素质律师人才，提供全球法律服务，掌握涉外法律服务在国际上的话语权。

最后，从我国法律服务业的发展现状看。截至 2018 年底，全国共有执业律师 42.3 万多人，全国共有律师事务所 3 万多家，其中合伙所 2 万多家，国资所 1100 多家，个人所 9140 多家。[1] 从数量上看，我国已经是一个律师数量大国。但我国法律服务发展水平并不高。涉外法律服务仍然是我国法律服务业的一个短板，关键问题是国际高层次法治人才匮乏，涉外法律服务能力还不能适应形势发展的需要，集中体现在以下几个方面：一是不能熟练运用外语作为工作语言提供涉外法律服务。这些年，我国律师队伍中有海外学习工作经历的人员越来越多，但能够熟练运用外语提供涉外法律服务的律师人才相对还比较缺乏。二是不熟悉国际法律规则，不能在国际商事仲裁、跨国诉讼中熟练运用法律规则。三是办案能力不够强，能够出大庭、办大案、有实践办案经验的律师人才还很少。目前国际法律服务的分包业务基本上都是由国际律师事务所承担的，本土律师缺乏深度介入。总之，无论是从我国经济融入世界经济发展的需要、国际法律服务业的发展态势看，还是从我国法律服务业的发展现状看，加快培养涉外律师人才，都是我们面临的一项重要战略性任务。

---

〔1〕 司法部权威发布：截至 2018 年底，全国执业律师已达 42.3 万多人。

国际高层次法治人才的培养则具有更丰富的内涵，应当具备以下几方面的要求：在思想信念方面，应具有坚定的社会主义法治理念及社会主义核心价值观，具备良好的法律职业素养和法律职业伦理；在知识结构方面，应有完整的国内法律知识体系和相关专业知识积累，并熟悉涉外法律专业知识，外语能力突出；在国际视野方面，应通晓国际规则，具备跨越不同法律文化沟通的能力；在专业能力方面，应能将法学知识与法律职业能力深度衔接，适应涉外法律职业要求；应成长为具有国际竞争力、能够在国际和地区舞台上有效维护国家利益，并具备创新能力，能够参与甚至引领国际法律规则制定的国际高层次法治人才。

四、国际高层次法治人才紧缺与培养瓶颈

（一）全国国际高层次法治人才匮乏情况

在"一带一路"倡议深入推进以及粤港澳大湾区建设的新时代背景下，我国将更多地参与全球资本、信息、人员、货物的全球流动，国际高层次法治人才需求必将面临空前增长。为回应法律全球化的时代挑战与客观要求，必将日益需要越来越多的跨文化的国际高层次法治人才，引领"一带一路"倡议、构建人类命运共同体理念的践行。目前看来，能够处理跨国法律事务、参与解决国际法律争端的人才还是我国参与国际合作交流的紧缺资源，我国国际高层次法治人才发挥的作用还不够显著。据统计，在联合国系统的雇员中，中国籍雇员目前仅占 1.12%，列第 11 位，居菲律宾、印度、俄罗斯等国之后。由此管窥，在国际舞台上，维护中国利益、代表中国立场、深入参与国际法律事务处理的专业人才严重不足，这与中国的大国地位和形象不相匹配。国际高层次法治人才的数量与质量不能满足国家参与国际事务的需求。大量中国企业走出国门，但企业内部法律人才缺乏，使海外投资缺乏必要的风险防控，产生争端也无法妥善解决。由于对海外法律规范认识不足，对投资性法律规范重视不够，导致中国企业在海外投资和并购中屡屡遭受重创。可见，我国需要大批拥有坚定的法治信仰、扎实的法学功底、高超的外语水平以及全面学科知识的国际高层次法治人才。[1] 而现实情况是，在各类涉外

---

〔1〕　林嘉："新时代涉外法治人才的培养"，载 https://www.chinalaw.org.cn/Column/Column_View.aspx? ColumnID=1214&InfoID=29506，最后访问日期：2019 年 10 月 6 日。

事务中，中国的涉外高端法律人才还比较少。

国际高层次法治人才是多方面、多种类的，总的目标是要培养一大批具有世界眼光和国际视野，熟悉国际法律规则，熟练处理涉外法律事务的律师人才。从当前情况看，要重点培养以下几个种类的涉外律师人才：一是国际投融资、跨国企业并购律师人才。在国际经济合作中，国际投资并购、项目融资、资产重组等活动，亚洲基础设施投资银行、金砖国家开发银行、丝路基金的建设运营和深化多边金融合作，都蕴含着大量法律服务需求，客观上需要一大批能够提供全方位、多层次的国际投资结构设计、法律尽职调查、金融证券法律服务的人才，促进投融资渠道畅通、防范投融资风险。二是重大工程项目律师人才。随着"一带一路"建设等国家发展战略的实施，在交通、能源、信息等领域将有一系列国家重大基础设施建设项目、对外工程项目进行立项、招投标和建设运营。这些重大工程项目，也需要大批涉外律师提供法律服务，织密法律防护网，防范投资风险。目前，我国企业和公民在"走出去"的过程中，往往因为不熟悉当地法律和规则，吃亏上当，造成不必要的经济损失。三是国际贸易争端解决、国际商事仲裁律师人才。这些年，我国已成为国际上贸易救济设限的首要目标国。据统计，2003 年至今，中国遭受国外贸易救济调查案件 1000 多件，涉案金额超过千亿美元，中国已连续19 年成为全球遭受反倾销调查最多的国家。2016 年，我国企业遭受美国国际贸易委员会发起的"337 调查"案件 21 起，是 2015 年的 2.1 倍，创下历史新高。[1]为适应形势要求，需要培养精通 WTO 规则、了解 WTO 争端解决机制，熟练办理反倾销、反补贴、反垄断案件，能够有效参与国际商事仲裁的涉外律师人才。四是国际公法领域律师人才。我国涉外律师队伍中，国际公法的人才储备是一个薄弱环节，特别是涉及国际投资争端和海洋、陆地边界、空间权益等问题的国际公法人才培养面临着与国家需要相脱节的困境。要围绕维护国家利益，服务对外开放和国际合作，培养一批国际公法领域的涉外律师人才，做到国家利益拓展到哪里，涉外律师队伍的力量就延伸到哪里。全国范围内，熟知国际法、国际贸易法和 WTO 规则的律师稀缺；精通外语、能

---

〔1〕 曹婧："全国人大代表王俊峰：行业发展与法治完善始终牵挂于心"，载 http://www.acla.org.cn/article/page/detailById/22659，最后访问日期：2019 年 8 月 21 日。

直接参与国际合作与国际竞争的国际人才极其匮乏。[1]显然，相对于新时期国家发展战略，这种高端复合型人才存在较为严重的供需缺口，将会在很大程度上影响"一带一路"倡议等国家重大发展战略的有效推进。[2]目前我国国际高层次法治人才数量还远不能满足涉外法律服务工作的需要，加强国际高层次法治人才队伍建设以应对新形势的挑战特别急迫。

（二）广东珠三角地区国际高层次法治人才紧缺与培养瓶颈

为企业和公民"走出去""引进来"提供法律服务，为配合深化粤港澳紧密合作提供法律服务。紧密配合粤港、粤澳合作框架协议的落实和 CEPA 有关协议的实施，为与港澳在金融、交通航运、商贸、科技等重点服务领域合作的项目提供政策咨询、法律风险评估、法律文件制作等专业服务。为国家外交工作大局和打击跨国（跨境）犯罪及追逃追赃工作提供法律服务围绕我国外交工作大局，积极为广东对外签订国际合作协议等提供法律服务。在服务区域经贸发展的政策保障方面，广东省商务厅等四部门出台《关于发展涉外法律服务业的实施意见》，专门制定了《关于广东省司法行政工作服务"一带一路"建设的指导意见》和《关于推动"一带一路"建设法律服务工作的实施方案》，为广东经贸发展和"一带一路"建设积极营造法治化、国际化营商环境。在服务区域经贸发展的涉外法律服务机构建设方面，广东现有律师执业机构 3537 家，其中涉外律师事务所 89 家，外国、港澳律师事务所驻粤代表处 31 家，粤港（澳）合伙联营律师事务所 11 家，律师事务所境外分支机构 15 家；仲裁委员会 16 家，其中国际仲裁院（商事调解中心）5 家；公证机构 153 家，其中涉外公证机构 141 家；成立了全国首个境外法律查明平台——蓝海现代法律服务发展中心。在服务区域经贸发展的法律方面，广东现有执业律师近 47 000 名，其中涉外律师 1350 名；仲裁员 7000 余名，其中深圳国际仲裁院有 147 名仲裁员来自港澳地区；公证员 898 名，其中涉外公证员 632 名。已遴选 443 名律师建立广东涉外领军律师人才库和后备人才库，共有 98 名律师入选全国涉外律师人才库。打造"一带一路"战略桥头堡，加快建设粤港澳大湾区，这些工作离不开法律保驾护航，特别需要专业法律服

---

〔1〕　张法连："'一带一路'背景下涉外法律人才培养问题探究"，载《法制日报》2019 年 11 月 9 日。

〔2〕　张法连："'一带一路'背景下涉外法律人才培养问题探究"，载《法制日报》2019 年 11 月 9 日。

务跟进。但是令人遗憾的是，广东全省能办理高端国际业务的法治人才依然缺乏。在全省所有律师人才中，能熟练提供全程法律服务的国际复合型高层次法治人才不足百人。[1]

因此，要认真学习贯彻习近平总书记在中央政法工作会议和中央全面依法治国委员会第二次会议上关于发展涉外法律服务的重要指示精神，积极发展涉外法律服务，加强涉外律师人才培养，培养高素质涉外律师人才，增强涉外律师国际竞争力，推动中国律师"走出去"，保障我国在海外的机构、人员合法权益。

第二节　国际高层次法治人才供给侧研究

供给和需求是市场经济内在关系的两个基本方面，是既对立又统一的辩证关系，你离不开我，我离不开你，相互依存、互为条件。没有需求，供给就无从谈起，新的需求产生新的供给；没有供给，需求就无法满足，新的供给可以创造新的需求。[2]法律职业服务市场有什么样的职责，就需要储备、训练什么样的素养，国际高层次法治人才就应有针对性地进行培养，这是需求导向型法学教育模式的基本逻辑。相对于法律职业这个需求侧，法学教育作为供给侧必须提供有效对接。

一、供给不足：法学教育的"供给侧"改革的背景与现状

（一）法学教育中的"供给侧结构性"改革

2015 年 11 月 10 日，习近平总书记在中央财经领导小组第十一次会议上，针对当前中国发展所面临的问题和瓶颈，首次提出推进"供给侧结构性改革"（下文简称"供给侧改革"）。供给侧改革这一新概念、新理念引起了全社会的热烈讨论，学术界也对之进行了各方面的解读。"供给侧结构性改革"原本是经济术语，指的是"从提高供给质量出发，用改革的办法推进结构调整，

---

〔1〕　曾祥陆："创新做实涉外法律服务　保驾护航区域经贸发展"，载 http://www.moj.gov.cn/subject/content/2019-09/25/1258_3232647.html，最后访问日期：2019 年 9 月 16 日。

〔2〕　"习近平在省部级主要领导干部学习贯彻党的十八届五中全会精神专题研讨班上的讲话"，载 http://politics.people.com.cn/n1/2016/0510/c1001-28336908-3.html2019-11-12.最后访问日期：2019 年 12 月 12 日。

矫正要素配置扭曲，扩大有效供给，提高供给结构对需求变化的适应性和灵活性，提高全要素生产率，更好地满足广大人民群众的需要，促进经济社会持续健康发展"。[1]习近平总书记认为，供给侧结构性改革，重点是解放和发展生产力，减少无效和低端供给，扩大中高端供给，我们讲的供给侧结构性改革，既强调供给又关注需求，既突出发展社会生产力又注重完善生产关系，既发挥市场在资源配置中的决定性作用又更好发挥政府作用，既着眼当前又立足长远。[2]

　　一直以来，人们总是认为法学专业就业市场需求不足，但究其根本原因，还是培养质量跟不上，"供给跟不上需求"——这是法学教育多年来快速粗放式增长，长期忽视"供给侧"所导致的必然结果。法学教育最基本的功能是培养和产出法学专业人才——"产品"，而这些"产品"又直接或间接地为司法实务部门所用，实际上法学教育与司法职业之间存在着一种供需关系。这种关系同样应符合经济学中的市场供求关系，这是两者相互关系的内在规律。但现状是法学教育与司法职业的供需关系处于不对称的失衡状态，供需矛盾突出。应立足于供求关系原理，尊重客观规律组织法学教育，实现与法律职业之间的最大均衡。引入"供给需求理论"对于回答法学教育为何供需差异如此明显具有较强的解释力，并能够较为科学和彻底地诊断出当下法学教育存在的突出问题。[3]

　　（二）法学本科教育与法律人才培养的现状考察

　　根据市场供求关系的经济学原理，产生这一问题的根源在于法学教育与法律职业的供需关系出现了失衡。朱苏力教授曾经指出，就毕业生而言，中国法学院的产品还不能满足社会的急迫需求，同时表现为产品的紧缺和过剩。紧缺的是两端，过剩的是中间产品。[4]朱苏力所说的紧缺与过剩，当然不是简单意义上的紧缺与过剩，而是供需严重失衡的结构性的紧缺与过剩。从根本上说，认识并校正这种不对称，就是中国大学法学本科教育改革乃至法律人才培

〔1〕　袁蕾："从'产能过剩'看中国高等教育资源的配置"，载《当代教育科学》2010年第21期，第39页。

〔2〕　习近平：《习近平谈治国理政》（第2卷），外文出版社2017年版，第252页。

〔3〕　廖永安、段明："中国法学教育的供给侧改革"，载《湖南社会科学》2017年第4期，第56页。

〔4〕　朱苏力："中国法学教育面临挑战——朱苏力教授访谈"，载《法制日报》2007年6月3日。

养改革的基本出发点。对此，试从供需关系角度对当前法学教育存在的问题进行剖析，并提出法学教育改革的粗略见解，以期对改进法学教育、推进司法职业化有所裨益。[1]现状是法学教育与司法职业的供需关系处于不对称的失衡状态，供需矛盾突出。目前法学教育与法律职业的关系是，法学教育无法承接和满足毕业生的就业需求，法学毕业生无法满足司法实务的能力需求。我国法学教育的教学、管理及评价模式滞后，造成了法学教育的有效供给不足。在深化供给侧改革的背景下，高校法学教育应该根据社会需求来提供教育供给。在国家建设粤港澳大湾区和"一带一路"的时代背景下，我国现在国际高层次法治人才现状是需求与供给不相符。国际高层次法治人才培养，卓越法学人才培养计划应该在大形势下进行关注。

二、现行国际高层次法治人才培养模式之检讨

目前，中国涉外律师主要是缺乏国际投资/并购经验，没有符合国际标准合同文本的积累，更没有建立成熟的既懂得中国企业需求又掌握东道国规则的国际法律人才。中国境外投资在未来十年内增长将超过 15 倍，涉外法律服务将成为中国企业"走出去"刚需。中国已经进入了改革开放深水区，对外开放不断扩大，要建设开放型新体制，这需要国际高层次法治人才的支撑。在各类涉外事务中，中国的高端法律人才寥寥无几。显然，相对于新时期国家发展战略，这种高端复合型人才存在较为严重的供需缺口，将会在很大程度上影响"一带一路"倡议等国家重大发展战略的有效推进。

（一）法治人才供需失衡

导致法学专业就业危机，最直接、最深刻的原因并不在于法学教育规模的扩张，而在于法学教育质量供给不足。因为难以培养和供给符合经济全球化时代法治建设实际需要的国际高层次法治人才，从而引发国际高层次法治人才供给与需求之间不匹配、不平衡、不协调等问题。此外，国际高层次法治人才质量供给不足反过来又加重了法学专业就业困难，进一步凸显数量上的供过于求。因此，目前法学教育的主要矛盾在于国际高层次法治人才的供给无法满足法治实践部门对相应国际高层次法治人才的需求，国际高层次法治人才质量

---

[1] 徐清宇："法学教育供给与司法职业需求的不对称及其校正——中国大学法学本科教育改革的基本出发点"，载《政法论坛》2008 年第 2 期，第 161 页。

供给不足是当前我国法学教育中的主要矛盾。

（二）法治人才结构失调

若以国家和社会对国际高层次法治人才的需求为视角审视当下的国际高层次法治人才结构，就会发现其在类型分布、地域分布等方面都不同程度地存在结构失衡的问题，并已严重制约到了国际高层次法治人才整体结构的功能发挥和法治建设的均衡发展。①类型分布方面的结构失衡，主要表现有三：一是复合型国际高层次法治人才极为"短缺"，而中低端法治人才相对"过剩"；二是精通法律实践的实务型人才供不应求，而法学理论型人才却供过于求；三是诉讼实务型人才较为充足，而非讼实务型人才却相对缺乏。②地域分布方面的结构失衡，则表现为东部发达地区国际高层次法治人才较为充裕，中西部欠发达地区及基层社会的国际高层次法治人才较为缺乏。综上所述，目前我国国际高层次法治人才结构总体上呈现出"过剩"与"短缺"并存为主要特征的失调局面。更为重要的是，国际高层次法治人才结构失调主要在于供给结构的不合理，而非需求结构。供给结构与需求结构的不协调将严重影响法律职业及法治建设的均衡发展。因此，中国法学教育的未来改革，应更加注重国际高层次法治人才在供给方面的结构性改革，以适应国家和社会的发展需求。[1]

（三）法治人才质量堪忧

法律人才质量是衡量法学教育是否合格的基本依据。然而，缘因法学教育的粗放式发展和非理性竞争，无可避免地带来了法律人才质量不同程度的下滑。法律现象作为最为复杂的社会现象，跨学科知识从而为法学的繁荣和发展开辟新的道路，提供新的研究方法。法律人才若没有其他学科知识，如社会学、心理学、经济学等知识储备，则难以圆融周全地处理各种法律问题。美国著名大法官布兰代斯说："一个没有研究过经济学和社会学的法律人极有可能成为人民公敌。"[2]此种观点未免过于绝对，但是，其强调法学应当与经济学、历史学、社会学等交叉学科结合的思想是值得肯定的。与此同时，国际法、外国法与比较法的学习与研究也非常重要，不了解国际法和外国法的法

---

〔1〕　廖永安、段明："中国法学教育的供给侧改革"，载《湖南社会科学》2017 年第 4 期，第 55 页。

〔2〕　[美] E. 博登海默：《法理学：法律哲学与法律方法》（修订版），邓正来译，中国政法大学出版社 2004 年版，第 504 页。

科生根本没有能力胜任国际法律业务。

在高等法学教育供给侧改革语境下,通过优化法治人才供给的结构,以提升其质量至为重要。随着国际经济社会的变迁,改革和法治建设需要大量优质的、专门化的高端法律人才作为支撑,而法律人才供给状况又受制于高校法学本科的人才培养和教学模式,其中,建构科学合理的、基础性与开放性相结合的本科核心课程体系是关键之举。在"领域法学"范式指引下,适时调整法学本科核心课程的结构和内容,采取"形式上做加法、实质上做减法"的方案以实现"法治发展的乘法",有助于塑造法律职业共同体,使法科教育更好地回应现代化的现实需求,提升全面依法治国的绩效。[1]

(四) 国际法、外国法和比较法课程的严重不足

我国大多数法学院系只开设了三国法,即国际公法、国际私法和国际经济法,很少有比较法和外国法课程(除外国法制史外);绝大多数高校对三国法用中文授课,即国际法、外国法和比较法课程即使已开设少数这类课程,一般也是使用中文授课,原因是国际法、外国法和比较法这些课程的英文教材通常不太容易买得到,就是能够采购,外国的教科书价格不菲,或许已超出大多数人的消费上限。当然,囿于各种复杂缘由,多数任课教师很难达到用外语讲授的法律语言能力。直到今天,令人吃惊的是,比较法研究能否作为一个学科仍作为一个问题存在,仍然被一些人认为是"法律科学中的灰姑娘"。[2]事实上,"比较法"这一术语总是招致了这样一句俏皮话,即它一直根本不是一个真正的法律范畴——尽管从哈罗德·歌特里奇的时代之后,应该承认:所有的语言都不再遭遇这种困境了。因为"比较法"在某种程度上是一个没有支持者(读者)的学科,所以对它的目标的清楚认识是至关重要的。[3]因此,也许基于这种认识,当下的中国多数高校很少开设国际法、外国法和比较法等课程,这样也就严重影响和制约了国际高层次法治人才的养成。

---

〔1〕 刘剑文:"供给侧改革下法学本科核心课程的结构调整",载《政法论丛》2017 年第 3 期,第 33 页。

〔2〕 H. C. Gutteridge, *Comparative Law*, 2d ed., Cambridge: Cambridge University Press, 1946, p. 23.

〔3〕 〔法〕皮埃尔·勒格朗、〔英〕罗德里克·芒迪主编:《比较法研究:传统与转型》,李晓辉译,北京大学出版社 2011 年版,第 9 页。

（五）缺乏跨文化和跨学科知识的素养

所谓"人类命运共同体"，是指社会上那些基于主观上和客观上的共同特征（种族、观念、地位、遭遇、任务、身份等）而组成的各种层次的团体、组织，包括以血缘关系为纽带形成的氏族和部落，以婚姻关系和血缘关系为纽带形成的家庭，以共同的经济生活、居住地域、语言和文化心理素质为纽带形成的民族等。人类命运共同体思想意味着整个人类在全球化、信息化时代已经成为一种日益紧密的共同体，只有确立人类命运共同体的中心地位，才能真正把握世界的本质和未来。[1]构建人类命运共同体要求未来的国际高层次法治人才除了具备坚实的法学专业知识以外，还必须掌握一些经济、金融、国际关系等跨学科知识，方能在执业过程中坐拥全球治理的视野。但是，尽管人们已日益认识到跨文化和跨学科思想的重要性，但是法学核心课程仍然顽固地抵制"入侵者"。我国在培养国际法治人才的过程中仍然缺乏比较法教育和跨学科知识的融入，学生的国际性、复合性和应用性都有待于进一步提高。

（六）国际法律业务实践偏少

在法学本科教育中，实践教学对法科生习得职业技能起着非常重要的作用。法学本科教育要以双一流为引领，走内涵式发展道路，要建设高校的主体地位和主体责任：关注法学教育更应关注法律实践。但是，法学本科教育还未能采取有效措施来解决法律实践中的人际关系问题。实践教学通过把学术探讨和实践体验相结合，把理论与实践融为一体。实践业务帮助学生更好地解决所遇到的问题和帮助学生培养人际交流和职业方面的技能。法学院首先要教育法科生学会如何"向律师一样思考问题"。在目前的中国，法学院实践上通常在教育法科生如何像法学教授那样以一种远距离的脱离人文环境的方式思考问题。实践培训在大多数法学院仍然被视为可有可无的课程。由于没有足够的资源、地位或课时，实践课程并不能弥补其他课程对实用技能和人际关系的忽视。近些年，中国一些较好的法学院引入法律诊所教学范式，在法学教育中倡导诊所教学，法科生实践的机会比过去有较大的进步。但是，对于非精英法学院的学生而言，进入国际组织或其他涉外法律服务部门的国际法律业务的实践机会并不多。因此，有待于提供对法科生涉外法律业务实

---

[1]　赵可金："人类命运共同体思想的丰富内涵与理论价值"，载《前线》2017 年第 5 期。

践的机会，采取更系统的办法进行国际法律业务实践教育。

三、供给侧改革：国际高层次法治人才培养模式发展完善

就国际经验来看，一个国家的经济、政治和教育的改革与发展从根本上要靠供给侧推动。一次次科技和产业革命，带来一次次生产力提升，创造着难以想象的供给能力。当今时代，社会化大生产的突出特点，就是供给侧一旦实现了成功的颠覆性创新，市场就会以波澜壮阔的交易生成进行回应。[1]需求决定供给，需求侧决定"培养什么层次的人"，供给侧改革须以"怎样培养人"予以回应。法律职业需求是法学教育供给的买方市场源头。我国法学教育应当以复合型国际法律人才培养为己任，积极推进法学教育理念和机会的改革。[2]随着法治社会的深入发展、公共治理时代的到来，我国不仅需要法律职业人才，政府、企业也需要一些高端治理类人才，这类人才需要具备洞察当前问题、把握未来风险、制定政策并防范可能风险的能力，侧重培养事后纠纷解决能力的传统法学教育无法满足这一需求，引入"预防式"法学教育亦可助力培养高端治理类人才。学习、研究和宣传贯彻党的十九大精神，围绕中央重大决策部署开展相关方面工作，落实国际高层次法治人才培养的讲话精神，在法学科体系、法学课程体系、法学教材体系、法学人才培养及创新、法学实践教学等方面做出改革方案与措施。当前的法学人才培养也需要供给侧改革。

（一）形成系统的国际高层次法治人才培养理念

要转变发展理念与发展方式，实现从规模扩张到体制创新，强调内涵式发展。拓宽国际视野，把国际高层次法治人才培养目标纳入全球化的大格局之中。随着经济全球化以及世界法治的发展，法律在调整国际政治经济关系、定纷止争和保卫和平方面发挥着日益重要而独特的作用，并得到广泛认可。与此同时，随着全球化的发展，各国一流法学院都十分强调国际化法律人才的培养，如哈佛、耶鲁、斯坦福和纽约等一流法学院都把培养国际化人才列

---

〔1〕 习近平："在省部级主要领导干部学习贯彻党的十八届五中全会精神专题研讨班上的讲话"，载 http://politics.people.com.cn/n1/2016/0510/c1001-28336908-3.html，最后访问日期：2019年11月12日。

〔2〕 杨松、闫海："我国复合型法治人才培养机制创新——基于供需结构均衡的分析"，载张文显主编：《中国法学教育年刊》（第3卷），法律出版社2016年版，第11页。

为其办学目标。中国以一个负责任的大国身份参与国际治理和中国"走出去"战略的实施，建设全球化的法学教育已经成为各国培养高端法律人才的必然。[1]21 世纪的精英型法律人才，不仅应对本国的法律理论与制度建构了然于胸，还应了解国际法治的发展趋势与主要法系代表国家的法律制度；不仅要学会适用当下的国际规则，还应具有参与未来国际规则制定与形成的信心和能力。这就要求一流法学院培养的学生要具备在国际层面上运用本国、外国和国际法律处理涉外法律事务、参与国际竞争并保护本国利益的综合能力和素质。[2]培育学生具备宏观的国际视野和高端素质是当今中国法学教育理所当然的责任。

法学教育供给侧改革，知识教学与实践教学相结合，法学院与法学实践工作部门一体联动培养法学人才。致力于培养具有爱国情怀和国际视野、拥有健全人格和社会责任感、富有创新精神和创业能力的治国英才，积极探索高层次法律职业人才培养新模式。以学科为基础支撑一流建设，以需求为导向，优化学业结构与动态调整，博士专业学位及社科类博士专业类别细化，优化培养结构。2018 年 10 月出台的《卓越法治人才 2.0 实施计划》基本上对法学教育问题做出了回应。鼓励高校开发开设跨学科、跨专业新兴交叉课程、实践教学课程，形成课程模块（课程组）供学生选择性修读。鼓励高校深入实施主辅修制度，丰富学生跨专业知识，培养学生跨领域知识融通能力和实践能力。推进法学科体系、学术体系、话语体系创新，鼓励高校组建跨专业、跨学科、跨学院教学团队，整合教学资源，积极探索新型教学模式，编写出版一批具有创新性、交叉性的教材，实现跨专业的师资交叉、资源共享、协同创新。鼓励跨学院、跨院校培养能够熟练运用至少一门少数民族语言文字从事法治实务工作的双语法治人才。[3]

（二）国际高层次法治人才的培养素质要求

大学法学院应是具有前瞻性和创新性的机构，其使命是为学生做好法律

---

〔1〕　王晨光：《法学教育宗旨》，北京大学出版社 2016 年版，第 143 页。

〔2〕　邓海峰、魏晶："锻造'顶天立地'的精英型法律实务人才——清华大学全日制法律硕士研究生教育综合改革与创新"，载《学位与研究生教育》2013 年第 12 期。

〔3〕　教育部、中央政法委《关于坚持德法兼修实施卓越法治人才教育培养计划 2.0 的意见》，载 http://www.moe.gov.cn/srcsite/A08/moe_739/s6550/201810/t20181017_351892.html，最后访问日期：2019 年 11 月 12 日。

职业中负责任和生产生活的准备。法学院还应通过培训，研究其他形式的公共服务，在国家和国际层面发挥领导作用，努力改善法律和法律制度。有论者认为，法律全球化意味着中国必须拥有一支有能力在最尖端层面上运用英美式法律的精英法律队伍。无论消极还是积极地看待法律全球化、法律美国化，都需要对美国法律有透彻的理解。无论是想颠覆还是成功地移植某一制度，其先决条件是对该制度了如指掌，熟悉程度不亚于其主人，这是在新世界生存和成功的先决条件，也是挽救及保存本土法律文化的先决条件。在中国建立一支本身能在国际舞台上运作的律师队伍，是中国法学院教育的任务，也是对全球化最低层面上的政策响应。[1] 我们的宗旨并不是仅仅培养一群法律工匠，而是要培养情操高尚、富于洞察力和睿智、具备处理国际法律实务能力和技巧的伟大法律家，以及能够依法治国的各类管理人才。因此，我们不仅要致力于法律技艺的训练，更要着重陶冶法律精神。引导高校主动适应法治国家建设需求，紧密结合自身特色优势，明确本校法学专业培养目标和建设重点，不断提高专业建设与社会需求的契合度。全面依法治国所需的国际高层次法治人才培养应以"4C+4L"能力为导向（"4C"国际高层次法治人才素质模型，即"Communication"沟通交流能力、"Collaboration"合作协作能力、"Critical thinking"批判性思维能力、"Creativity"创造创新能力；"4L"即"Legal professional ethics"法律职业伦理、"Legal professional skills"法律职业技能、"Legal thinking"法律思维和"Legal beliefs"法律信仰）符合知识、能力与素质三位一体的基本要求。[2] 因此，我国法学教育应当以复合型、国际型高层次法治人才培养为己任，积极主动推进法学教育理念和机制的重构。

（三）打造一支集国际化、复合型和多元文化背景于一体的法学教师队伍

清华大学前校长梅贻琦有一流传至今的经典名言："所谓大学者，非谓有大楼也，有大师之谓也。"世界上前20名的大学几乎全被美英包揽。美英高等教育成功的因素有很多，其中一个经验就是向全球开放，从世界各国选拔最优秀的人才到他们国家留学任教。这种制度使得他们能够吸收跨文化背景

---

〔1〕 何美欢："颠覆与移植：法律全球化的中国回应"，载《21世纪商业评论》2005年第11期，第136~137页。

〔2〕 戴激涛："基于学科交融的'4C+4L'导向下多元卓越法治人才培养新路径"，载《广东省法学会法学教育研究会2019年学术年会论文集》，第93~99页。

下的优良"文化基因",孕育出更强大的创新文化,从而保持了创造的活力,使得自己国家的科技一直遥遥领先于世界其他国家。[1]要造就国际高层次法治人才,必须打造国际化和高素质的师资队伍,引进外来教授,如退休涉外律师、资深涉外审判案件的法官等。一个法学院应当包括有丰富经验的涉外律师和资深法官作为教学资源来丰富整个法学教学体系。恰当的实用律师和法官需要法学院提供他们指示、引导和评估。在业的涉外律师和法官对于法学院的老师和学生们来说是非常有价值的。[2]随着互联网+经济时代的发展,风险投资、天使投资以及股权投资等商事法课程进入法学院,风险投资的指导老师应聘请这些商事业务的律师事务所的合伙人,指导老师应有能力为科技公司、初创企业和风险投资家提供咨询。金融法课程应邀请来宾演讲者(包括高级财务主管和企业家)就最新的金融挑战和机遇发表观点。大学法学院的教职员工不仅要兴趣广泛,而且要功力卓越。它应包括经济学、哲学和历史方面的著名学者,以及各个法律领域的领先专家。尽管很难让所有的法学院都提供足够的实践经历来开发法科生的实践智慧、个人理解和职业价值观,但法学院都应该尽自己所能,创造机会,培养法科生解决人际问题的能力、实际智慧和判断能力。[3]

(四)尽可能提供各种法学双学位或(法学+)联合学位项目课程

(1)为了让学生为日益复杂的商业和法律的交叉领域做好准备,法学院可提供法科生机会同时攻读两个学位,并为在法学和另一门学科相结合的职业做好准备,按照每个学校或院系的既定录取标准,正式进入法学院和其他合作学校或院系。杜克大学法学院规定,从最受欢迎的课程中选择一个国际法和比较法法学的法学博士学位/法学硕士,法学和创业法的法学博士学位/法学硕士,或生物伦理学和科学政策法学的法学博士学位/法学硕士,或将法学博士学位与商科学位相结合。斯坦福大学法学院也提供了众多法学双学位。例如,除了提供的既定联合学位课程外,学校还将根据个人设计要求考虑双

〔1〕 石毓智:《斯坦福的创新力:来自世界一流大学的启示》,科学出版社 2018 年版,第 256页。

〔2〕 [美] 德博拉·L.罗德:《为了司法/正义:法律职业改革》,张群等译,中国政法大学出版社 2009 年版,第 203 页。

〔3〕 [美] 罗伊·斯塔基等:《完善法学教育——发展方向与实现途径》,许身健等译,知识产权出版社 2010 年版,第 150 页。

重课程，如法学博士经济学、法学博士/硕士历史、法学博士哲学、法学博士政治学、法学博士神经科学等。

（2）国际法+比较法法学硕士项目。准备从事日益国际化的法律实践，无论你计划在中国、港澳或国外工作，还是就职于私人实践、企业或公共部门。第一年学习国际法和外国法和比较法的研究方法，培养专业知识和技能。专门讨论最新问题和深入案例研究的高级别研讨会。国际实习，随后是海外为期四周的暑期学院。利用位于全球数十个国家/地区的全球校友社区，与他们分享经验和人脉，并与导师、学生进行交流。

（3）法学院和管理学院（或商学院）提供一个法律和商业四年制的综合课程。它提供了四个学年（八个学期）的法学和管理学本科双学位或法学研究生+MBA 双学位，本校法学院和管理学院提供独特的联合学位课程，学生可以同时获得法学学士学位和金融学学士学位。这项与管理学院的联合学位课程是为希望从事商法教学的学生开设的。该计划允许课程要求在四年内完成。学生必须达到学校的入学标准。这种联合双学位课程主要为对商法感兴趣的学生设计，但在涉及商业和管理的各种环境中都有价值。该计划提供了解决复杂法律和商业挑战所需的分析和量化技能，这对商业法相关实践以及更广泛的企业家职业生涯、商业和非营利组织管理都有价值。学生可以同时或在法学院的第一年申请进入加速的法学和管理学课程。如广东高校法学院可以和国外、港澳名校法学院联合提供一个为期四年的联合学位课程作为选择，申请者可以同时接受，也可以在第一年到另一所学校就读。有些顶级大学拥有跨学科教学的传统，着重于满足从事最高学术研究水平的学生的需求。在我们的法科生中，学生正在攻读另一个研究生学位，通常可以节省一整年的学习时间，否则，如果他们连续获得两个学位，就必须这样做。

（五）提供充分而丰富的选修课，减少必修课数量

以学生为中心就是指让学生根据自身的个人兴趣范围和个性去选择课程。大学法学院开设广泛的课程，涉及国际法（含国际公法、国际私法和国际经济法等）、跨国法、比较法和外国法律问题。这些课程的内容和形式各不相同，从讲座到研讨班，再到以临床和实践为导向的经验。法学院的学生可能会在第一年的下半年开始选修课程。核心课程：民法学、刑法学、合同法、法律研究与写作、民事诉讼、刑事诉讼、宪法、行政法八门。其他课程列为选修：中国经济法、侵权法、外商投资贸易法、股权与信托、银行法、独

立研究、海上运输法、犯罪学、刑事司法、证券法、知识产权（理论、版权和设计）、知识产权法（理论、专利和商标）、网络法、航空航天法、遗嘱法（继承）、国际辩论和宣传、公司法、商法。以下列出的是耶鲁大学法学院2019年-2020年课程的样本，这些课程与国际法、跨国法、比较法或外国法有关。国际法的学术课程多种多样，可让学生接触广泛的主题。其中包括较大的课程，例如比较法，跨国法概论，国际商业交易，国际贸易法，国际商事仲裁，国际人权法，国际社会的公共秩序，国际刑法，国际法院和法庭，国际投资法和比较宪法，澳大利亚公司法、股权和信托、国际投资法若干问题、欧洲竞争法和竞争政策，国际法专题：国际法/国际人道主义法、海事法、国际视野中的死刑、恐怖主义、人权和国际法、国际商事仲裁、国际金融法、欧盟法律与商业。该课程还包括各种较小的，更专业的研讨会，例如比较视角的权利、非洲的当代法律问题、气候变化法律（理论和实践）战争法、法官在民主中的作用、伊斯兰法律和政策、缔造和平、移民的政治经济学、国际金融危机、移民和公民政策、全球卫生伦理、政治经济学、人权与差异、比较移民和公民法和政策、宪法解释中的司法作用、法律和社会运动。除了这些课程之外，学生还可以通过阅读小组以及由教师指导的独立研究和写作项目来追求其他学术兴趣。可见，像耶鲁、哈佛这种一流法学院的课程设置体系非常值得我们学习与借鉴。

（六）构建以中国法+港澳法+国际法+比较法（外国法）等四维模块的跨学科课程体系

近年来，哈佛、耶鲁、斯坦福等法学院纷纷改革其课程体系，加重法律诊所教学、国际法或外国法教学、其他学科教学的分量。课程设置应当综合考虑必修课与选修课、理论课与实务课、国内法与外国法、知识性课程与职业伦理课程、法学课程与其他学科课程、课堂内教学与课堂外教学等一系列关系，在明确的培养目标指引下设计出各具特色的系统的、有机组成的课程体系。鼓励跨学科创新研究，注重实践知识。大多数律师日常工作的重心就是为当事人解决法律问题，为解决问题做充分准备，能够为协商顾问、风险分析、竞技理论以及组织行为等诸多方面提供背景知识。类似的跨学科方法也能丰富人们对其他同样重要问题的理解。计划专攻公司法的法科生应该更多地接触经济学和金融学知识。未来的婚姻法律师将会从拥有醇厚的心理学知识背景中受益匪浅。[1]法学院应不仅致力于追求卓越，在无与伦比的奖学金和智力刺激的氛围中创建出色的法律教育，还应提供无与伦比的卓越环境，蓬勃发展的知识生活以及丰富的参与法律的机会。无论是对宪法还是刑法感兴趣，法学院都为学生提供了丰富而强大的学术经验，使他们能够规划自己的课程。法学院应至少拥有100门以上的课程，以及蓬勃发展的法律诊所和知识中心网络，它可以提供丰富而富有挑战性的方式来获得必要的技能，从而对整个世界产生影响。如将经济分析方法应用于几乎所有的法律领域：公司法和其他非政府组织法；金融市场和中介机构的监管；金融法律框架，包括破产法、公司重组法和担保交易法；以及反垄断法和管制行业法。比较法导论、国际人权法、家庭法比较研究、中国比较商法、动物法与福利、全球法律教育和认识项目、企业的人权责任、公民与刑事司法、辩论、商业与法律、环境与法律、法律与性别、不动产法研究、公司法、国际贸易规则、香港人权与公民自由法、环境法、比较法。中国（广东）法学院应构建以中国法+港澳法+国际法+比较法（外国法）等四维模块的跨学科课程体系，除了三国法之外，英美法律制度、国际金融法、国际投资法、国际知识产权法、国际税法、世界贸易组织法、国际商事贸易、香港法律概论、澳门法律概论、人工智能和法律科技等，拓宽培养空间，注重智能技能和从事高端国际法律业务的综合素质的培养。

（七）诊所法学实践教学方法的更新，注重法律思维和综合能力的培养

法学院不仅着力强化法学专业知识教育，将中国法治实践的最新经验和生动案例、中国特色社会主义法治理论研究的最新成果引入课堂、写进教材，及时转化为教学资源，而且应着力强化实践教学，进一步提高法学专业实践教学学分比例，支持学生参与法律援助、自主创业等活动，积极探索实践教学的方式方法，切实提高实践教学的质量和效果。要着力推动建立法治实务部门接收法学专业学生实习、法学专业学生担任实习法官检察官助理等制度，将接收、指导学生实习作为法治实务部门的职责。[2]扩大社会实践，把更多的技能培训融入核心课程之中会使法科生获益。实践学习最宜于培养法科生

---

〔1〕　〔美〕德博拉·L. 罗德：《为了司法/正义：法律职业改革》，张群等译，中国政法大学出版社2009年版，第310~311页。

〔2〕　教育部、中央政法委发布《关于坚持德法兼修实施卓越法治人才教育培养计划2.0的意见》，2018年10月15日。

的协调合作、法律判断、伦理分析等才能。模拟培训和监管培训为培养法科生更为多样化的技能提供了难得的机会。法学院所提供的知识与法律实践所要求的技能之间存在着差距，这就要求采取不同的教育方法。法律需求的多样化也相应地要求法学教育的多元化。法学教育的多样化也会推动法律专业的多样化，并为其成员提供更多元化的就业道路。[1]耶鲁法学院的宗旨是让学生参与学术辩论和讨论，这是对耶鲁大学法学院精神的一种尊重。在国际法领域，有几门课程使学生可以进行前沿的学术和法律辩论，经常允许他们与外部学者或实践者进行交流，积极参与有关前沿法律问题的对话。其中包括中国法律改革讲习班、人权讲习班以及法律与全球化讲习班。这些专业课程中的一些设定使学生能够专注于世界的特定地区。我们不妨更积极地借鉴外国的有益经验，推进深层的改革。如法律研究与写作是一门模拟教学的智能技能的实践课程。学生从最初的访谈开始研究法律问题，并进行与该问题相关的事实调查和法律研究。学生在阅读和分析法律权威以及使用说服性策略（法律分析、叙述、修辞、法律理论和公共政策）来构建和发展法律论点方面接受严格的培训。学生撰写预测性备忘录和说服性简报，并向他们介绍职业道德规范、及时性和礼貌。又比如开设《全球范围内的民事诉讼》课程。本课程是一年级本科必修课程的一部分。这是诉讼程序的入门课程。学生代表原告或被告在一个地方法院提出涉外或港澳民事诉讼复杂问题的模拟全球侵权案件。学生计划诉讼策略，起草诉状，进行发现，写简短的简报，口头辩论主要动议。在培养学生的书面和口头辩论技能的同时，该课程还要侧重于民事诉讼和跨国律师的实质性问题。

（八）构建国际高层次法治人才培养新格局

目前我国有些标杆法学院的国际高层次法治人才培养模式多样化，大致可分为中外联合培养的跨国交换项目、中外联合暑期项目、法科生境外实习项目、参加国际性法律竞赛、本土国际化项目等。还有许多一般法学院系由于缺乏师资等各种软硬件条件暂时无法培养涉外法律人才。

1. 联合培养高层次法治人才的跨国交换项目

自 20 世纪 80 年代开始，一些国内法学院与境外法学院合作开展了各种

---

〔1〕［美］德博拉·L. 罗德：《为了司法/正义：法律职业改革》，张群等译，中国政法大学出版社 2009 年版，第 296~298 页。

联合培养项目和跨国交换项目。例如，清华大学法学院与加拿大哥伦比亚大学法学院 3+2 LL. B. +J. D. 联合双学位培养项目国际班的培养目标：培养兼具中国情怀和国际视野、熟悉中国国情又能够参与国际对话与合作、胜任国内国际高端法律业务实践的精英型法律人才。广东财经大学-西澳门大学 3+1 本硕连读实验班是广东财经大学与澳大利亚西澳大学合作开办的本硕连读学历教育项目。由两校法学院按照 3+1 模式联合培养，广东财经大学法学院负责执行三年本科教学计划，西澳大学法学院负责执行一年硕士教学计划。同时满足两校毕业与学位授予条件的实验班学生，将获得广东财经大学的法学学士学位和西澳大学的法律硕士学位（以下一个法律类专业：国际商法，国际法，税法，商业与资源法，采矿与能源法，法律、政策与政府）。中外法学院联合培养高层次法治人才的跨国交换项目培养目标明确，教学内容与课程设置国际化程度较高，成为许多法学院培养国际化法治人才的有效途径。

2. 联合暑期交流项目和境外实习项目

清华大学法学院美亚研究所暑期项目-Szymai Annual Rule of Law Program，该项目历时四周，并由 US-Asia Institute 共同出资，学生将到美国政府的立法、司法等重要法律及政府机构进行参观、访谈，主要地点包括但不限于美国国会大厦、白宫、最高法院、知名律所、法学院校、历史古迹等。中山大学法学院已与南安普顿大学、大阪经济法科大学、台湾大学、香港城市大学等著名高校合作实施本科交换生项目。依据发展国际化教育的方针和校际合作协议，广东外语外贸大学学生到美国加州大学伯克利分校暑假专业学分项目，为实施教育国际化战略，培养具有国际视野和国际竞争力的高素质人才，鼓励学生出国（境）深造获得第二校园的学习经历，将选派指定名额的优秀在校学生前往美国加州大学伯克利分校，参加访问学习。汕头大学法学院法律系本科学生应邀赴日本神户参加由日本神户大学和韩国汉阳大学联合举办的暑期课程，课程名称为 "Kobe University Summer School of Asian Law and Dispute Management（Kobe SALAD 2017）"，即 "神户大学亚洲法与纠纷管理暑期课程"。汕头大学-吉尔大学法学交流项目第一期由三个部分构成，以充分实现项目促进中加法学术交流，增进对彼此司法制度和法律文化了解的宗旨。第一部分是课堂学习，采取交叉教学和共同研讨的教学方法；交流项目的第二个组成部分是参观中国的司法机构；交流项目的第三个组成部分是通过实地参观加深对中国文化的了解。

牛津剑桥暑期项目由牛津大学奥利尔学院和剑桥大学莫德林学院主办，自2012年起，来自100多个国家和地区近5000名海内外一流高校学生参加过该课程。每位学生在11个学科板块80多个不同的专业课程中自主选择4门专业课程与全球学生一起进行学习，每周一门，由牛津大学和剑桥大学的名师授课。学习期满，由奥利尔学院以及（或者）莫德林学院向学生签发结业证书和学分成绩单。牛津板块：法律、经济、PPE（哲学与政治经济）、STEM（科学、技术、地质、数学）、文学、专业职业技能。剑桥板块：商业管理、国际政治与国际关系、历史、医学、生物化学、专业职业技能。同时，为配合课程学习，加深理解，课程将给学生们安排一系列的参观游览和文化体验活动。暑期课程项目各个国家的教授及学生开展了思维的交流与碰撞，展现了亚洲各国在法律和纠纷解决方面的各自特色，并极大促进了对各国商事贸易法律的相互理解，打开了学生的视野，体会了全球化带来的机会与挑战。不足之处在于时间较短，很难系统学习法学专业知识和技能以及不易融入当地生活。

3. 参加国内、国际性法律竞赛

模拟法庭竞赛是法学教育实践中的一个重要组成部分，在许多国家早已成为法学教育的重要手段，并在国际和国内举办各种形式的模拟法庭比赛。以各种国内和国际性比赛为课堂，组织、引导以及鼓励学生参与筹备、旁听各种各样的大型国际比赛，重在培养学生法律实务操作能力。历年来，均有不少参赛选手因在比赛中的优异表现，获得国内外一流律所的实习机会。同时，始于2004年的国际刑事法院模拟审判竞赛是国际法领域著名的全球性模拟法庭竞赛之一，由莱顿大学格劳秀斯国际法研究中心举办，并由国际刑事法院提供支持，旨在让来自世界的国际顶尖大学法学院学生更好地了解国际刑事法院及其程序，以此来促进更多的国家加快批准《国际刑事法院规约》。竞赛分为国内赛和国际赛两部分。从2012年开始在中国举办国际刑事法院模拟审判竞赛国内赛，获得竞赛前三名的代表队将赴荷兰海牙参加国际赛。2014年开始将国内赛比赛语言由中文改为英文，提升了中国学生的国际化水平，使得中国的优胜队伍得以同来自世界各地的优秀法律学子同台竞技。此外，杰赛普（Jessup）国际法模拟法庭比赛始创于1959年，至今已有60年的历史，是目前规模最大的国际模拟法庭比赛。此项比赛旨在推动全球范围内对国际法的学习与研究，并通过模拟国际法院的审判方式来培养学生运用法律进行专业辩论的能力作为国际化法治人才培养战略的一部分，法学院历来重视、鼓励和支持学生参加高水平国际性学术竞赛。参赛队员在老师的指导下，从法律问题、文书写作到口头表达等多方面进行了高强度的训练与充分准备。法科生通过参与比赛能提高处理实际法律事务的能力，为发现、培养出色的国际法律人才提供广阔的舞台。

4. 本土国际化法学教育项目

高等法学教育国际化发展定位和涉外法律人才培养的理念非常契合。结合涉外法律人才培养实践，作为具有鲜明国际化特色的广东外语外贸大学法学院，一直致力于培养具有国际视野，通晓国际规则，能直接参与国际合作与竞争、有社会责任感的国际化人才，这样的高校无疑是法学全英语教学上大展身手的优质"沃土"。广东外语外贸大学法学院一直就有这样的传统，发展涉外法律人才培养，契合广东外语外贸大学的国际化的定位，而且教育部《卓越法学人才 2.0 实施计划》中也提到要着力培养适合"一带一路"建设的高等法律人才。此外，中山大学法学院也积极推动双语和全英语教学，国际化与本土化有机结合，从一年级起推行"英美法全英教学实验班"，开设 12 门限选全英语课程及其他任选全英课程，参加该项目的学生有望提前进入香港城市大学等国际知名高校攻读 JD 学位。进一步拓宽与国际高水平大学和国际组织合作交流渠道，深化与国际高水平大学学分互认、教师互换、学生互派、课程互通等实质性合作，积极创造条件选送法学专业师生到国际组织任职实践，培养一批服务"一带一路"建设，着力培养熟悉"一带一路"沿线国家法制，具有国际视野、通晓国际规则、能够参与国际法律事务、善于维护国家利益、勇于推动全球治理规则变革的国际高层次法治人才。

(九) 重塑法律职业伦理，铸就法治人才之魂

法学院在铸造职业道德上通常起着十分关键的作用。鼓励法学教师和法科生共同参与义务实践活动并为他们提供相应的机会。义务工作为法学教授和学生提供了一系列实际益处，如实践训练、盘问经验以及职业联系等。为低收入委托人提供实践服务将为学生提供极为宝贵的机会，使他们了解法律是如何为贫困者服务，或为什么其未能为贫困者服务的。对于多数参与者而言，该义务工作为他们提供了深入了解贫困之中何为正义的唯一机会，使他们可以深切感受法律改革的必要性。公共服务的提高也是个人开阔眼界、提

高声望和锻炼问题解决技能的机会。[1]我国法学院应注重培养学生的思想道德素养，大力推进中国特色社会主义法治理论进教材进课堂进头脑，将社会主义核心价值观教育贯穿法治人才培养全过程各环节。结合社会实践，积极开展理想信念教育、社会公益教育、中华优秀传统法律文化教育，让学生在感悟法治进步中坚定理想信念，在了解群众疾苦中磨炼坚强意志，在奉献社会中增长智慧才干。加大学生法律职业伦理培养力度，面向全体法学专业学生开设"法律职业伦理"必修课，实现法律职业伦理教育贯穿法治人才培养全过程。[2]此外，建设全国法学专业教师培训基地，举办中国特色社会主义法治理论与实务研修班，用习近平新时代中国特色社会主义思想武装教师头脑，坚定教师理想信念，带头践行社会主义核心价值观。健全师德考核，强化师德监督，引导教师以德立身、以德立学、以德施教。组织开展专题研修，开展法治中国国情教育活动，引导广大教师深入了解法治实践，提升教师专业能力和综合素质。坚持"一课双责"，各门课程既要传授专业知识，又要注重价值引领，传递向上、向善的正能量。因此，首要的建议是要求法学院提供法律职业责任教育。司法执业资格考试时也应有适当的法律职业伦理知识，其焦点是确保法律人才熟悉职业道德规则。

---

〔1〕〔美〕德博拉·L. 罗德：《为了司法/正义：法律职业改革》，张群等译，中国政法大学出版社 2009 年版，第 312~323 页。

〔2〕 教育部、中央政法委发布《关于坚持德法兼修实施卓越法治人才教育培养计划 2.0 的意见》，2018 年 10 月 15 日。

第四章

世界级湾区国际高层次法治人才培养的
国际经验

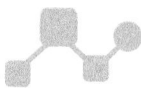

全面推进依法治国，必须从我国实际出发，同推进国家治理体系和治理能力现代化相适应，既不能罔顾国情、超越阶段，也不能因循守旧、墨守成规。坚持从实际出发，就是要突出中国特色、实践特色、时代特色。要学习借鉴世界上优秀的法治文明成果，但必须坚持以我为主、为我所用，认真鉴别、合理吸收，不能搞"全盘西化"，不能搞"全面移植"，不能照搬照抄。[1]世界三大湾区，即纽约湾区、旧金山湾区和东京湾区。其法学教育国际化历史悠久，国际法治人才培养模式相当成熟和出色。事实上，一国国际法治人才有力地支撑着本国湾区跨国公司的兴起和发展，凸显出湾区的法治人才的国际胜任力和国际竞争力。本书对世界三大湾区著名大学国际法治人才培养模式的探讨，有助于粤港澳大湾区法学教育的国际化转型和发展，使我国，尤其是广东国际法治人才培养适应"一带一路"和粤港澳大湾区经济的发展需要，更好地服务于国家对外开放的战略布局。本章在现有资料的基础上，遴选出最有代表性的法学院如何造就高层次法治人才来分析与总结，采撷和概括分析了世界三大湾区国际高端法律人才培养模式和值得我们借鉴、学习的法治人才培养经验。

第一节 纽约湾区国际高层次法治人才培养模式

纽约湾区由纽约州、康涅狄格州、新泽西州等 31 个市联合组成，面积达 3.35 万平方公里；旧金山湾区包括旧金山、圣何塞和奥克兰等大都市为中心的 9 个市，仅 1.79 万平方公里；东京湾区涵盖东京都、千叶县、埼玉县和神

---

〔1〕 "习近平新时代中国特色社会主义思想学习纲要⑨八、全面推进依法治国"，载 http://theory. people. com. cn/n1/2019/0801/c40531-31268372. html，最后访问日期：2019 年 8 月 1 日。

奈川县，占地面积 3.68 万平方公里。从总量上看，纽约湾区大学群遥遥领先，共有 64 所高校上榜，其中 16 所进入世界前 100 名。而旧金山湾区、粤港澳大湾区、东京湾区分别有 11 所、16 所和 22 所上榜，综合竞争力分列第二至第四，整体实力相当。[1] 四大湾区排行榜前十名的大学全部集中在旧金山湾区和纽约湾区，展示出强劲实力。哈佛大学、麻省理工学院、普林斯顿大学、耶鲁大学、哥伦比亚大学这 5 所大学不仅包揽了四大湾区大学前 5 名，还均位列世界排名前十位，是当之无愧的世界级顶尖学府。美国纽约大湾区的法学教育拥有非常先进的教育理念和丰富的经验，纽约大湾区有很多顶级法学院，由于篇幅关系，我们选取哈佛大学法学院和耶鲁大学法学院这两所名校作为该湾区的杰出代表性院校，这些世界级法学院是如何培养高端法治人才，国际法治人才培养模式既成熟又能随时代变化而灵活机动调整，是我们学习和借鉴的对象。

一、纽约湾区国际高层次法治人才培养历史

纽约是逾 55 家全球五百强企业、纽交所、纳斯达克证券交易所和华尔街的所在地。众所周知，纽约大湾区如今是誉满天下的国际金融中心，良好的规划促进了教育和经济发展，也是美国东部的教育重镇，湾区内坐落了三所常春藤联盟高校，哥伦比亚大学位于纽约州，普林斯顿大学位于新泽西州，耶鲁大学位于康涅狄格州。

早在 1779 年，当杰斐逊——《独立宣言》的起草者、美国的第三任总统——在弗吉尼亚的威廉玛丽学院（William & Marry College）创立美国第一所法学院的时候，就宣称学院之宗旨是培养"公民律师"（citizen lawyer），其不仅应是娴熟的法律匠人，更应是体面的公民以及社区、民族乃至国家之领袖。身为一个文盲农场主的儿子，一个从律师成长起来的政治家，杰斐逊认为美国法学院的教育目的主要不在于培养律师，而在于培养政治精英。[2] 美国独立战争，强化了美国教育的本土向度。基于社会及地理因素，18 世纪的美国高校不仅在社会基础层面要比剑桥、牛津等英国大学更宽，而且学术进路也

---

〔1〕 南方报业传媒集团南方教育智库最新研究成果《2019 年世界大学第三方指数研究报告》正式发布，研究课题组独家整合统计四大世界大学排名，并设置世界大学第三方指数（third-party university ranking indexes，简称 TUI）进行分析。

〔2〕 兰荣杰："市场饶过谁？——美国法律教育史漫谈"，载《人民法治》2018 年第 18 期。

显得相对更广。耶鲁大学校长于 1777 年秉持法学通识教育的教学理念："邦国之民，盖受良好法律、权利与民主之教化，实难祇辱于奴隶人之手也。"[1]哈佛的法学教育从 1829 年开始步入正轨，哈佛延揽美国时任联邦最高法院瑟夫斯托里大法官加盟教席，标志着哈佛大学法学院开始迈向美国一流法学院。

从 1850 年开始，脱缰野马般迅速发展的美国工业，催生出诸多大企业，加之对于专业化的渴求，二者共同作用，使得新型律师事务所脱颖而出，此类律师事务所往往由多名合伙人及律师助理组成，旨在满足美国企业的发展需要。法学教育一跃成为蓬勃发展的产业。对于彼时的白人男性（那时还没有女性或有色人种担任律师）而言，法律职业一则需要长期的法律知识培训和技巧训练，二则天然致力于为他人尤其是商人排忧解难，三则可以因此获得可观的物质收入，因此成为一种兼取广泛尊重和体面生活的最佳选择，是晋升为新社会的"新兴贵族"的最佳渠道。既然法学教育的目标是培养带有贵族色彩的政治精英，早期美国法学院的课程设置就明显偏重博雅教育而非规范解析，更遑论法律实务。从牛津、剑桥传承下来的法学理论乃至哲学思辨成为主流，《圣经》及西塞罗、亚里士多德、斯密、孟德斯鸠和格劳秀斯等人的著作成为基本的法学教材。不仅如此，语言、数学、经济等文化类课程长期是法学院的必修课。

哈佛大学法学院的真正崛起需要归功于聘请埃略特担任哈佛大学校长以及 1870 年聘请兰德尔担任新设立的哈佛大学法学院院长直至 1895 年，在兰德尔的推动下，技能培训则从一对一的学徒制转为工厂化的大规模生产，而不是仓促地让学生学习"如何当一个律师"（how to be a lawyer）。后者一定是律师事务所的任务，因为"法学院只教学生三年，但律所却会教他们四十年"。兰德尔在其任期内，哈佛大学法学院不仅成为美国一流法学院，而且其所构建的法律培养、训练架构与机制，也被法律职业界领军人物们视为标本与楷模。"更为重要的是，法律，最终并无可辩驳地，被承认为一门适合大学教育体制的专业。"[2]兰德尔推广的判例教学法，不仅是意义深远的改革，而

---

〔1〕[英]罗伯特·史蒂文斯：《法学院——美国法学教育百年史：19 世纪 50 年代至 20 世纪 80 年代》，李立丰译，北京大学出版社 2017 年版，第 4 页。

〔2〕[英]罗伯特·史蒂文斯：《法学院——美国法学教育百年史：19 世纪 50 年代至 20 世纪 80 年代》，李立丰译，北京大学出版社 2017 年版，第 55 页。

且是他因此名垂青史的一项改革。法学老师是苏格拉底式的向导，引导学生弄清作为精华而隐蔽在判例中的概念和原则。在学校的学习中他们采用的教学方式是问答式和判例式，老师和学生通过不断的互动、交流达到授课与人的目的，而不是传统的宣讲式。1878 年，美国律师协会（ABA）创建伊始就将提升职业水准，列入议事日程。

二、纽约湾区国际高层次法治人才培养体系

以耶鲁大学法学院和哈佛大学法学院为代表的纽约湾区国际高层次法治人才培养体系在法治人才培养目标、法律课程设置和法学教学方法等方面有其独特的魅力，足以引领纽约湾区法律人才培养模式。

（一）人才培养目标

培养目标具有方向性和前瞻性，起着统领作用。美国早期基本的法律人才培训模式是通过店员或学徒的形式。耶鲁大学法学院的办学定位和目标是培养精英，不在乎人数，这是传统，使得耶鲁大学法学院绝不仅仅单纯地传播法律知识，更努力地培养学生如何用法律思维和方法来思考问题，把法治作为建设一个"美丽新世界"的重要力量。哈佛大学法学院的成功证明了大学的专业培训能够像律师事务所一样满足日益壮大的律师队伍的需要。[1]美国的法学院教育是职业导向、市场调节和针对"法律人"之人生筹划的。既然明确以培养"未来的律师人才"为教育目标，美国各个法学院的课程计划也就朝着这个方向设计了。让耶鲁大学更加出众的还有一个重要力量，那就是其相当出色的法学院。自美国有法学院排名以来，耶鲁大学法学院始终都稳居榜首，被公认是全美顶尖、世界一流的法学院。除了这几所名校外，还有数十所其他高校。发达的联通基建、富裕的城市、众多的工作机会为留住这些高校培育出的人才提供了良好环境。与此同时，发达的校友网络进一步加强了湾区内企业和高校的联系，形成人才储备上的良性循环。作为法治载体的法律人才培养制度在全球范围内整合、创新，展现出诸多异曲同工之妙处。

---

[1]　[美] 劳伦斯·M. 弗里德曼：《美国法律史》，苏彦新等译，中国社会科学出版社 2007 年版，第 341 页。

（二）课程体系设置

长期以来，法学课程设置可以说是大同小异。因此法学教育改革调整的核心问题是课程及结构问题。法学教育实践以课程设置为轴心展开，一个完整而科学的课程结构体系是培养法律专业人才的坐标，决定着未来法律人才的专业技能、知识结构和人文素养。[1]以律师职业导向主义的教学目标以及相适应的课程体系来构筑法学课程。以下，我们将对美国纽约大湾区标杆性高校顶尖法学院课程体系设置状况进行比较分析，以期为我国（广东）法学教育改革之路径提供丰富的借鉴资源。我们以哈佛大学法学院（Juries Docto）JD课程（2019学年-2020学年）为例来研究。

表4-1 哈佛法学院法律职业博士学位JD课程目录（2019学年-2020学年）[2]

类别	课程名单	
必修课	行政法，宪法，民事诉讼程序，合同法，公司法，刑法，财务分析与业务评估，法律研究与写作，法律法规，财产法，国际公法，税收法，技术世界中的律师职业，侵权行为法	
选修课	商业组织，商法和金融；公司、公司法、创新创业与风险投资、监管法课程模块	反托拉斯高级主题，律师分析方法，全球反托拉斯法与经济学，破产法，商业与人权临床研讨会，律师业务策略，企业价值评估与分析，集体诉讼：诉讼高级主题，商法：担保交易，法人概念，高级公司交易，比较公司法、财务与治理，控股股东，公司和资本市场法律和政策，公司财务，公司治理：短期主义和当前争议，公司重组，跨国并购：起草、谈判与拍卖过程，公司治理的当前问题，交易法，经验法与金融，创业协议和启动决定，金融科技，指数基金与公司所有权集中度，机构投资者和另类投资形式：私募股权、风险投资和对冲基金，国际商法，国际商事仲裁，国际投资仲裁，国际投资仲裁：政策、问题与挑战，国际贸易法，会计学概论，会计导论，金融概念简介，金融概念导论，风险投资基金，投资管理法：私人基金和其他问题，投资研讨会：公共和私人股权，法律与商业，最大化联合收益：税收如何影响企业决策，并购，并购研讨会：董事会战略与交易策略，非营利政策与实

---

[1] 费安玲等：《中国法学专业本科课程体系设计改革研究》，中国政法大学出版社2016年版，第121页。

[2] https://hls.harvard.edu/dept/academics/academic-calendar/，最后访问日期：2019年11月29日。

类别		课程名单
选修课		践，私法研讨会，金融机构监管，证券监管，证券监管：法律与政策，体育与法律：审视美国三大"大联盟"的法律历史与演变，体育：美国职棒大联盟、美国国家足球联盟和 NBA，体育与法律：代表职业运动员，体育法：高级合同起草，企业所得税法，作为公民的公司，交易法临床研讨会，交易法律诊所，信托与财产法，并购和杠杆收购的估值和建模，风险法与金融，风险投资与创业的法律与金融，构建风险资本、私募股权和创业交易
	知识产权，网络法律与技术以及艺术与娱乐法律课程模块	知识产权法概论，版权法，广告法，人工智能，自动驾驶汽车与法律，城市技术运用，通讯与互联网法律与政策，比较数字隐私，律师计算机编程，现代时代的媒体竞争，版权与商标诉讼，数字时代的咨询与法律策略，颠覆性食品技术：法律、政治和政策，人工智能的解释与公平，管理数字技术，大数据和人工智能时代的身份、自主权和数据保护，地理信息系统简介，法律2.0：技术对法律实践的影响，网络安全与网络冲突中的法律问题，大众传媒法，音乐与数字媒体，新技术与战争法，专利法，专利审判倡导，社会媒体与法律，教学版权，技术伦理：人工智能、生物技术与人性的未来，技术与不平等，互联网垄断的经济，人工智能的伦理与治理，商标与不正当竞争，法律和技术
	刑法与程序；程序与实践课程模块	公司刑事调查，刑事司法上诉诊所，刑事司法上诉临床研讨会，刑事司法研究所：刑事辩护诊所，刑事司法研究所：辩护理论与实践，刑法和侵权行为-交叉、区别和后果，刑事诉讼程序：裁决，刑事诉讼程序：调查，刑事诉讼诊所，犯罪：刑法与移民法的交叉点，经验刑法，事实与谎言，性别暴力法律政策研讨会，国际反恐法，家庭法院诉讼：家庭暴力与家庭法临床研讨会，集体监禁与量刑法，起诉临床研讨会，公法研讨会，修复错误：犯罪与侵权，归还，恢复性司法，集体监禁的效果：监狱与假释的经验，白领犯罪与公共腐败，白领犯罪与诉讼程序，错误定罪和定罪后补救，社会变革的艺术，死刑诊所，比较刑法：公平审判，美国死刑
	宪法和公民权利；法律与政治理论课程模块	宪法：第一修正案，宪法：权力分立，联邦制和第十四修正案，立宪主义，美国乡村地区的司法和法律实践，先进宪法：言论和新闻自由的新课题，高级口译：法律和语言，美国印第安法，公民自由与第二次重建：压制与秘密破坏问题，民权诉讼，政治色彩，赛马法：美国与不断变化的种族观念的斗争，传播，法律与社会正义，社区律师阅读小组，复杂的联邦调查，宪法、法律和帝国，当代宪法学问题，跨性别法律的批判性观点，批判种族理论，

类别		课程名单
选修课		民主，不完整的实验，伤残法，残疾，选举法，联邦制和国家作为公法参与者，最高法院大案，美国保护民主与法治的法律工具，军事法与司法，冲突时代的总统权力，宗教自由研究研讨会，男女平等，国家宪法，最高法院的决策，联邦宪法第三条法官的作用，国家总检察长的作用，参议院作为法律机构，最高法院2018年任期，美国国会与法律制定，美国宪法与积极义务，最高法院的下一步行动：案件待审
	人权法课程模块	人权与发展，从纪录片看人权与人道主义，移民和难民宣传，移民法，国际人权诊所，高级研讨会，国际人道主义法/武装冲突法，不平等时代的国际法与人权：来自全球南方的观点，移民与人权，预防大规模暴行：21世纪的战争与正义，监视协会，创伤、难民和庇护法，人权宣传
	法律和政治理论；学科观点与法律程序与实务课程模块	法律理论，证据高级主题，美国法律概论，律师应用定量分析，行为经济学，法律与公共政策，复杂诉讼：法律学说，现实世界实践，当代纠纷解决的困境，法学批评理论，理想的演讲：JuryX工作坊，法理学：法律理想，法律研究、写作与分析、高级法律写作，财产法理论，体育法律诊所，司法实验室，集体伤害案件判决中的被告人偏见，审判宣传讲习班
	政府结构和职能，监管法课程模块	高级监管州，总统职位的构建，联邦预算政策，联邦法院与联邦制度，食品药品法，食品法律和政策，食品法律政策门诊，政府律师，政府律师担任变更代理人，政府律师：总检察长诊所，政府律师：华盛顿诊所，政府律师：美国律师诊所，地方政府法，国家安全法，国家安全法与实践，政策倡导研讨会，公共问题：建议、策略和分析
	卫生法课程模块	21世纪的卫生保健权利，卫生法律政策创新中心，卫生法律政策门诊，卫生法律、政策、生物伦理学和生物技术讲习班，公共卫生法律与政策，解决高价专利药品的问题，卫生法律政策创新中心
	法律职业，法律道德与职业责任；程序与实践课程模块	高级临床实践，如何成为法律教授？总法律顾问的挑战：律师作为领导者，倡导导论：临床实践中的技能与伦理，中职领导，法律职业，法律职业-个人法律服务的新市场：伦理和职业挑战，法律专业研讨会，法律职业：合作法，法律职业：政府伦理丑闻与改革

续表

类别		课程名单
选修课	家庭，性别与儿童法等家庭法课程模块	家庭法，儿童权益诊所：儿童福利、教育和少年司法，儿童宣传诊所：青年参与的系统，儿童宣传：儿童福利、教育和少年司法临床研讨会，儿童宣传：系统参与的青年临床研讨会，儿童权利，有争议的领域：关于性和生殖的比较和国际法律斗争，健康与权利，教育倡导与系统变革，教育法律诊所：实习，教育法诊所：个人代表，教育法律诊所：立法和行政律师，中低收入家庭的财务和法律需求，家庭的未来，性别认同与法律，性别暴力、法律和社会正义，哈佛法律援助局，家庭法院诉讼：家庭暴力与家庭法律诊所，家庭法院诉讼：家庭暴力与家庭法律诊所，贫困、人权与发展，对受创伤影响学生的特殊教育倡导，安全和支持学校的系统性倡导，校园中的性别与平等，退伍军人法律和残疾福利诊所，退伍军人法律及伤残津贴临床研讨会
	民事司法程序与实务法课程模块	高级法律研究，高级谈判：多方谈判，团队决策和团队，从交易视角看社区律师与公共利益法——工人合作社，法律冲突，多样性与争端解决，私人执业中的公益诉讼，律师计算机科学，证据法，促进研讨会：在商务、政治和社区领域领导具有挑战性的对话，公平审判，联邦民事诉讼，强制仲裁，哈佛争议系统设计诊所，房屋法诊所，房屋法临床研讨会，法学教育与实践创新，仲裁与法律问题，审判法院诊所的司法程序，审判法院临床研讨会中的司法程序，调解，调解诊所，种族与法律，制定清晰的法律
	跨学科法律研究课程模块	网络刑法与程序，法律的经济分析，教育改革与学校文化，伦理学、经济学和法学，公平与隐私：法律与可能性的视角，女权主义法律理论，地缘政治、人权与治国之道，全球反腐败实验室，哈佛移民和难民诊所，社会创业导论，知识作为法律和科学的力量，法律与经济发展，法律与经济学，法律与不平等，竞选辩论中的法律和法律实践，法律与文学：乌托邦与反乌托邦，《塔木德》中的法律与叙事，法律与神经科学，法律与心理学：情感，法律、市场和宗教，艰难时刻变革：社会变革的法律、政治和政策，政治经济学及其未来，阅读塔木德故事，重新设计人类：什么限制？法律、经济和组织研究研讨会，法律与政治修辞学，看刑事司法：审视视觉媒体、讲故事与刑法的相互作用，系统公正，东西方哲学中的生命行为，最高法院——从案卷到学说，政治和其他方面，经验法与经济学研讨会
	法律与政治理论，法理学和	自然法与实在法，美国法律史，美国法律史：从重建到现在，法律和社会理论的中心问题，宪法史：从建国到内战，英国法律史，罗伯茨法院的执行权，从抗议到法律：争取种族正义的斗争中的胜

类别		课程名单
选修课	法律史学课程模块	利和失败 1950-1970 年,法律史研讨会:大陆法律史,法律历史讲习班:历史背景下的种族与警务,法律史:美国法律教育,法律史:大陆法律史,法律史:美国经济法规史,创造法律史,纪念碑和纪念馆,罗马法,分裂与重建,欧洲法律史,城市法律和政策
	劳动法课程模块	劳工法,就业法律诊所就业法讲习班:宣传技巧,就业法讲习班:社会变革战略,国际劳工迁移,劳动就业实验室,新经济下的经济公正组织,性骚扰:法律、政治、运动
	国际法,比较法和外国法律比较研究课程模块	全球治理,谈判与外交,全球法律和治理,"一国两制"原则下的中国与香港,日本法律进阶读物,犹太法学和法学理论的前沿课题,动物法,政治经济学的方法:不平等还是从属?武装冲突与世界遗产,英国脱欧与英国宪法,比较宪法设计,比较宪法学,对外关系比较法,比较法:西方法律思想的基础,比较法:为什么需要法?中国的教训,比较法律制度,当代发展中国家:解决棘手问题的创新办法,难民保护中的新问题:寻求庇护儿童的代表性,参与中国,中国的创业精神,风险投资与法律,欧洲与世界秩序:比较宪政、贸易、外交政策,国际仲裁的基础:理论与实践,人权与国际法,人权与社会正义:比较法律制度,人权事业:战略领导讲习班,联合国条约机构中的人权,日本的人权法,人权诉讼讲习班,国际刑法,伊斯兰法导论,日本法律概论,宪政民主国家的知识机构,非洲法律与发展:当代问题、问题与前景,丛林法则?叛乱分子和恐怖分子能否制定和执行"法律"或提供"司法"?实现权利:加纳项目,实现权利:加纳项目诊所,英美传统中的精神与刑事责任,纽伦堡——法律、个人和群体,纠纷制度设计原则,渐进式替代方案:今天的机构重建,国际金融监管,人权学期,法律人类学:来自非洲和其他地方的视角,国际海洋法,国际法讲习班,裁军的承诺和挑战,全球法治史,美国国际所得税法
	监管法、税法模块	房地产规划,联邦税务诊所,联邦税务临床研讨会,合伙税,转嫁公司税,税务阅读小组,社会政策与税法
	环境法、卫生法与自然资源法课程模块	环境法,水法,自然资源法,环境法律与政策诊所,高级环境法的理论与应用,动物法律与政策诊所,动物法律与政策临床研讨会,生物伦理与健康法:精选主题,气候变化、流离失所和法律,气候解决方案生活实验室,药品责任诉讼,环境法和政策诊所课程,特朗普政府前后的环境法,国家能源法

续表

类别		课程名单
选修课	程序与实务,诊所教育课程模块	交易性法律诊所的社区企业项目,犯罪诊疗所,刑事诉讼诊所,网络法诊所,网络法律诊所研讨会,提供法律服务诊所,民主与法治诊所,争端系统设计临床研讨会,担任总法律顾问:在动荡的世界中担任内部法律顾问所面临的挑战,谈判工作坊,掠夺性贷款和消费者保护诊所,程序法的超越实体原则,最高法院诉讼,最高法院诉讼诊所
	法律人职业技能课程模块	庭外辩护,影响防御倡议:研讨会,影响防御计划:诊所,审判宣传导论,法律、正义与设计:为人类制定法律制度,美国司法律师,领导力基础,公共/非营利部门领导力研讨会的途径,投票权诉讼与维权诊所,你想成为什么样的律师?:不同行业的法律实务简介设置

从表 4-1 哈佛法学院法律职业博士学位 JD 课程目录（2019 学年–2020 学年）中，可以看出哈佛法学院的课程体系有几个非常引人注目的特色：①法律课程设置注重创新能力的培养。哈佛法学院除了本专业的少数几门必修课之外，还提供了诸多跨学科的学习机会，非常强调交叉学科知识的学习，契合经济社会全面发展的需要。学生被鼓励跨学科选课。②高度重视拓展法科生的国际视野。③重视培养法科生的实务能力。哈佛大学法学院数百门选修课，不仅具有传输知识的功能，也承担培养学生的兴趣并引导学生独立、深化研究法律问题及选择未来职业的功能。④关注法科学生全球法律职业胜任力和竞争力的培养。从哈佛大学法学院的 JD 课程开设大量的国际法、外国法与比较法课程，不难想象，哈佛大学培养的国际法科人才拥有在纽约湾区和全球都足以笑傲法律职场的胜任力与竞争力。

为了提升法科学生的全球竞争力，纽约湾区有些知名法学院积极寻求与国际顶级法学院强强联合，推出各种形式的法律联合学位或双学位。如耶鲁大学法学院和新加坡国立大学法学院（NUS Law）联合为那些寻求广泛的文科教育和法律专业培训的人提供五年荣誉课程（DDP）。DDP 专为智力驱动和具有全球视野的学生设计，为学生提供两个世界的最佳选择——一个在文科环境中的严格的跨学科法律教育。DDP 自然吸引了那些寻求多学科合作，但同时又希望以专业法律培训为基础的高水平学生。DDP 同时提供的学术广度和深度最适合那些对社会的基本法律基础和塑造法律思想都感兴趣的具有智力好奇心的学生。DDP 学生将接受培训，使其能够以大局观和适用于法律行业内外的批判性分析技能从事跨学科工作。这尤其可以使需要详细专业知识和宏观发展意识的个人做好准备。除了核心学术课程外，DDP 学生还可以在耶鲁大学和新南威尔士大学法学院获得教职员工、资源和机会，从而增加他们探索和成长的途径。除了学术和与职业有关的活动外，DDP 学生也有机会和自由通过两所学校的课外活动和学生协会来探索他们的非学术兴趣。此外，DDP 的严谨性和多功能性得到了众多组织的认可。这一点可以从应届毕业生不仅在当地和国际律师事务所，而且在私营、公共和非政府部门的工作中看到。其他毕业生也已获得奖学金，正在/将在世界各地各领域攻读研究生。[1] 耶鲁大学法学院也很重视引导学生的价值观，并通过各种机会提醒大家注意自己在国家建设中的责任。耶鲁大学法学院 LLM 是一个 General 的课程，也就是说这是一个没有专业分支的课程。哈佛大学法学院 LLM 课程设置的一个特色就是所有课都是选修课，没有必修课。学生可以从几十门选修课中根据自己的兴趣所在，自己以后想要发展的方向来选择。这些选修课分为春秋两个学期的，有些课只在秋季可以选，而有些只在春季可以选，有些是两个季节都可以选到。既然是一个 General 的课程，那么选修课中自然包括很大一部分的基础课，如行政法、人权法等，但也有一些比较特殊的课程，如研究中国法律改革的工作组，可以供学生找到自己的专长和兴趣所在。关于课程还有一个要注意的地方就是在申请表中，申请者要求填 6 门到 8 门自己将来想选修的课程，也就是说申请者必须对课程的设置有一个清晰的认识，也可以看出耶鲁大学比较喜欢目标明确的申请人。这种学位所代表的法律人才是美国的法学院所重点培养的对象，占了法学专业人才培养的绝大多数。选择这种模式的法学院学生学习法律专业并不是为了获得一个高学历，而是为了掌握能够从事法律职业所必修的法律知识及职业技能。

三、纽约湾区国际高层次法治人才培养方法

美国纽约湾区法学院的教学方式多种多样，既有理论性的讲授课，又有

---

〔1〕 "为什么是法学双学位？根据耶鲁大学法学院资料整理而成"，载 https://ddplaw.yale-nus.edu.sg/，最后访问日期：2019 年 11 月 20 日。

实践性的案例课，其他各种形式的讨论会、学术报告会以及专题演讲等更是数不胜数。特别需要说明的是，这么多的课程，几乎全都是供学生选修的，美国法学院主要是教学生"如何像律师那样思考问题"。法科生带走了法学院教给他们的精华——律师的思维方式。

（一）判例教学法模式

判例教学法是美国各法学院最主要的教学方法，上课时教师通常会让学生阅读一两个真实、完整的案例材料，并提出若干问题，让学生根据案例材料和问题来提炼出该案的基本情况、各方立场、争议焦点、判决结果、判决理由等内容，有时还布置学生课后作业。课后作业通常是书面写作，意在培养学生的法律写作能力。在课堂教学中，教师和学生可以自由发言，互动较多。学生一般发言很踊跃，相互之间的辩论也很常见。这种教学方式有利于培养学生的口头表达能力和辩论能力。事实证明，判例法教学模式，成为法律这种"极富想象力思维活动"的最佳载体。哈佛大学法学院最为明显的压倒性领先优势，在于其教学法。[1]法学院将一些州法院或者上诉法院已作出判决的案例汇编，老师对案例的阅读不会给予引导说明，而是通过在课堂上相互问答与讨论的方式让每位同学来发表自己的见解，从而使得学生能够不受拘束地从不同的角度、立场切入到案例中去发现、理解自己国家的基本法律原则以及案例所体现的美国法律精神。

（二）注重法律思维和法律技能的培养

律师每天面对复杂的法律和社会纠纷，需要确定什么是问题的核心以及如何寻找最佳的法律方案，以帮助客户解决实际问题。律师在法学院学到的还有强大的抗压能力、处理复杂事务的能力以及高超的沟通能力和说服技巧。这就是美国法学院为毕业生所提供的基本技能培训，他们带着这些技能奔赴各自的岗位，为自己的客户提供符合要求的法律服务。[2]在美国的法律教育中这些在学员获得第一个学位时就已经完成，他们的法律人才培养模式将法学本科、职业培训和资格考试几个阶段融合在了一起。纽约湾区法学院的教学目的不仅是讲授法律，更是强调传授"法律人的技巧"，引导学生掌握法律

---

〔1〕［英］罗伯特·史蒂文斯：《法学院——美国法学教育百年史：19世纪50年代至20世纪80年代》，李立丰译，北京大学出版社2017年版，第78页。

〔2〕虞平："美国法学院历史及现状"，载《法制日报》2017年4月19日。

人特有的思维能力。作为一个法治发达国家，美国法律吸引了大批高素质的人员。他们追求的不仅仅是学术上的成就，更多的是在乎法律在这个国家的重要的地位和崇高的荣誉。法律重要性已经超过学术、政治的因素成为人们追求的精神生活。来自全美乃至全球的高素质人才济济一堂，数学、物理、历史、政治，不同专业、不同思维、不同理论、不同的视角在学术殿堂中的相互碰撞、思考、探索引发了知识大爆炸，不断地推陈出新，使美国的法律人才培养模式不断地发展完善，从而推动法学理论的完善和进步，值得我们借鉴。

（三）问题导向的教学方法

为了保证课堂的互动性，研讨式授课模式一般是小班制，内容基本上是司法实践的案例，教师引导学生的思路和答疑解惑，课堂活动主要由学生自主完成。在一个具体的案例中，学生被要求扮演一些角色（一般是接受当事人咨询的律师），学生需要运用自己所学的知识对材料进行分析，引用相关案例和法条等进行论证，得出结论，最终对材料末尾所提出的一系列咨询给出自己的意见。材料一般会事先包括在课程手册中，大多与上一堂讲座式授课的内容对应，学生会按照教师的安排分组在不同的周次准备自己的案例并作演讲。如在耶鲁大学法学院课前必须提前大量阅读，做好上课前的预习准备。否则，不但无法回答老师随时提出的问题，甚至连老师讲的内容都可能听不懂。选课方面，法学院在每个学期会举办讲座，邀请一些教师提前介绍下个学期的课程。内容包括课程的教学内容、需要阅读的参考书目和资料、同学们可能会花在这门课程上的时间以及选什么课有利于将来做什么行业的工作等。这就让同学们提前熟悉课程的情况，明确讨论的主题，让大家带着问题来选课、听课、讨论，自然也就提高了教学的质量和效率。耶鲁大学法学院对申请人思维方式和学术潜力的考察远远重于对其已发表成果数量的考察。

（四）免费午餐的讲座

每个工作日为师生们提供带免费午餐的讲座，是一些大学的习惯做法，而耶鲁大学法学院是做得最好的几家法学院之一。讲座的话题涉及法律、经济、社会、人文、外交、军事等各领域，目的就是让同学们扩充知识面、培养大国意识和全球视野。而那些学术性较强的讲座，则一般安排在下午四点以后，使师生们有更多的时间点评、讨论、交流思想。[1]

第二节　旧金山湾区国际高层次法治人才培养模式

旧金山湾区自 19 世纪后半期以来，已发展成为享誉全球的科技创新经济型世界湾区，汇聚了大量全球领先的高科技企业。科技创新产业是旧金山湾区屹立于世界三大湾区的最主要竞争力，这个湾区的区域协同是依靠知识创新链条拉动的。旧金山湾区的高等院校与知识创新的渊源早在二战时就开始了：二战期间，原斯坦福大学工学院院长在哈佛大学从事雷达信号侦测和干扰研究，战后他回到斯坦福大学复任工学院院长，他就是惠普公司创始人的老师——弗雷德里克·特曼教授。特曼教授创立了斯坦福创新工业园区后把其中一部分租给企业，并专设奖学金来扶持知识研发的产品化过程。惠普、柯达、奇异和洛克希德等公司都是从这个园区走出来的。特曼教授以先见之明鼓励学生和老师基于学校的科技研发进行创业，让知识技术化、技术产品化，在获得的反馈中完成知识的迭代更新，为旧金山湾区高校引发的产业创新奠定了基石。今天，旧金山湾区已经成为聚集着斯坦福大学、加州大学伯克利分校等 20 多所知名大学以及 25 所国家级或州级科学实验室的知识创新圣地，这些大学以斯坦福为首延续了高校向企业输送人才、专利和技术的密切合作，拉动了产学研的联动链条。旧金山湾区知名的法学院非斯坦福法学院和加州大学伯克利分校法学院莫属，下面主要分析这两所杰出法学院在硅谷这个最佳的创新生态圈是如何培养国际高端法治人才的。斯坦福大学法学院的国际高层次法治人才培养模式或许非常值得我们学习与借鉴。

一、旧金山湾区国际高层次法治人才培养历史

旧金山湾区的大学拥有完善的人才培养体系、多元化的学科设置、出色的研究能力。高水平研究型大学包括加州大学旧金山分校、加州大学伯克利分校、斯坦福大学、加州大学戴维斯分校和圣克鲁斯分校。研究型大学学科设置完善和有完整的人才培养体系，这是旧金山湾区创新体系中人才来源的核心。

---

[1]　潘波："耶鲁法学院何以一流"，载《人民法治》2018 年第 1 期，第 112~113 页。

位于产业链上下游各个位置上的机构或企业恰如其分地扮演着自己的角色：高等院校是知识创新的起点，企业是技术创新的载体，配套科学技术型产业的金融和管理等中介服务发挥着平台的作用，把湾区内创新所需的要素整合在一个完整的体系内，加之政府通过地方联盟、湾区层面的权力机构、各专业性的专委会组织共同在区域合作中形成催化作用。这就是旧金山湾区独树一帜的由科技创新引导以市场逻辑自发形成的区域协同模式。硅谷是美国青年心驰神往的圣地，也是世界各国留学生的竞技场和淘金场。斯坦福大学随着硅谷的崛起在过去的三四十年间成长为世界级名校。诞生于1893年的斯坦福法学院，因根据其成熟程度和学术训练适应学习法律专业，斯坦福法学院也一跃成为可以与哈佛、耶鲁法学院比肩的美国顶级法学院。直到1900年，斯坦福大学法律系开始授予法律学士学位，法律系学生成为斯坦福大学所有院系中最大的一支，有306名学生，占当时学生总数的20%以上。1908年，斯坦福大学法学院正式成立，JD专业学位也应运而生，最终取代了法律学士学位。斯坦福大学法学院是美国法学院联盟（Association of American Law Schools）的创始会员和第一批收到美国律师协会（American Bar Association）认证的法学院。斯坦福大学法学院不仅是法律教育的先驱者，同时在美国法律思想方面也贡献良多。斯坦福大学法学院的成功还体现在它为美国政界、司法界以及学界造就了很多顶尖人才。此外，斯坦福大学法学院还和中国有着密切的联系，中国早期留学美国法学院的莘莘学子中的翘楚之一倪征燠先生于1929年毕业于斯坦福大学法学院，后来成为中华人民共和国首位国际法院大法官，也是斯坦福大学法学院的一大骄傲。斯坦福大学法学院地处硅谷核心城市和法律中心之一Palo Alto的黄金地段，与硅谷各大律所和初创企业有紧密联系，同时斯坦福大学浓厚的工业和创业氛围也感染了斯坦福大学法学院，使得它气氛活跃，思维开放，充满了活力与创新。同时，斯坦福大学法学院在培养联邦法官方面也硕果累累，一共培养了5名联邦最高法院大法官。相较耶鲁与哈佛，斯坦福大学法学院相对年轻，但其现代化的教学风格以及多元化跨领域研究的蓬勃发展，日渐成了自身独有的特色。斯坦福大学法学院经常与其他学院共同开课。例如，法律与医疗政策及生物科技，由法学院与医学院合开；公司法与创业投资，由法学院和商学院合开；诉讼外纷争解决途径与谈判，则由法学院、商学院与心理系合开。斯坦福大学法学院的知识产权法、公司法等学科均名列全美法学院前三名，在环境法、侵权法及国际经济法方面均有顶尖学者，如公司法的 Michael Klausner，为公司法项目的主任。尤为值得一提的是知识产权法，Mark Lemley 这位在 IP 领域内响当当的名字是美国 IP 领域引用率最高的教授，也是美国同时期引用率最高的教授前五名，同时也是一位杰出的律师。

二、旧金山湾区国际高层次法治人才培养体系

以斯坦福大学法学院为代表的旧金山湾区国际高层次法治人才培养体系，主要表现在人才培养目标、课程的设置、培养方法等方面。

（一）人才培养目标

旧金山湾区是多元文化的熔炉。在斯坦福大学校园里可以开展一流的跨学科项目合作，并感受硅谷最前沿的互联网产业脉动。斯坦福大学法学院是美国顶级法学院之一，学术成果和科研实力享誉世界。以斯坦福大学为例，斯坦福大学是硅谷的心脏，主要通过将创新理论课程与实践类及学术研讨类活动结合在一起培养大学生的自主创新和创业意识，其培养目标是培养学生应对未来社会的变革。斯坦福大学法学院教学理念以学生需求为中心，强调学生、老师、工作人员以及校友一体化的教育模式，提倡教学相长，鼓励跨学科创新研究，注重实践知识。[1]斯坦福先生在斯坦福大学成立之初就信誓旦旦地宣布，斯坦福大学最为重要的任务之一就是教育人们热爱受到法律保护的自由以及对政府赖以运行的那些伟大原则的尊重。其毕业生创立的高科技企业给湾区经济带来了新的活力。斯坦福大学法学院在建院思路上与耶鲁大学法学院相类似，师生比为 7∶1，招生少，倡导小而精的教学模式。目前，斯坦福的 LLM 公司治理（GCP）、知识产权法（LST）和环境法与政策三个项目每年一共录取 60 人至 75 人。该校 LLM 项目目前有四个方向可以选择，每个领域每年招收 15 名到 20 名学生。分别是：公司法主要方向为会计、破产、金融、并购、证券、税务和风险投资；知识产权法主要方向为电子商务、网络空间管辖权和争端解决、生物技术和健康科学、知识产权制度等；环境法主要方向为污染问题、气候变化问题、能源问题、保护生物问题、土地利用管理和环境评估；国际经济法主要方向为国际贸易、国际

---

〔1〕　虞平："斯坦福大学法学院：美国法学教育界的一颗璀璨明星"，载《法制日报》2017 年 7 月 12 日。

争端解决机制、国际商事交易、国际投资法、国际环境法、国际知识产权法等。斯坦福大学法学院更青睐有实践经验的申请者。一般情况下，申请者必须要有两年左右的法律行业工作经验。如果申请者没有相关的工作经验，那就需要在申请资料中提供令人信服的原因。

（二）法律博士 JD 项目、双学位项目和 LLM 项目课程

斯坦福大学法学院为法科生提供的法学第一学位的课程是法律博士学位（JD），为在所有英语管辖区的法律实践提供了充分的准备。毕业后获得法学硕士学位（LLM）和法学博士学位（JSD）的学位，以及非专业学位的法学硕士（MLS）。

1. 法律博士 JD 项目

作为 T3 法学院之一，斯坦福大学法学院法律博士 JD 项目的准入门槛一直不低。2017 年，斯坦福大学法学院 JD 项目共有 3952 位申请者，其中 392 位申请者被成功录取，录取率仅为 9.9%。为了培养通晓跨学科、多领域知识的人才，斯坦福大学法学院为每一位有法律梦想的法学学生提供了综合全面、跨学科、多领域的法学教育。斯坦福大学法学院采取了一系列措施，希望培养不仅能像律师一样思考，也能像客户和学者一样思考的法学人才。在斯坦福大学法学院，学生们可以选择其他学院开设的课程，参加其他领域的学术名家的讲座。另外，斯坦福大学每一年都会开展丰富的学术活动和跨学科的研究项目，这些都会对学生的成长大有裨益。

2. 21 种法学双学位项目

随着全球经济一体化、网络化的趋势加快，中美之间的经济贸易、产业合作与学术交流日趋频繁，也对人才的国际化、专业化实力有了更高的要求，通过学习与实践，将美国顶尖的法律专业知识、互联网思维与中国的互联网产业发展进行有机结合，可以进一步推动行业发展。斯坦福大学法学院提供了涉及 21 个学科领域的三种类型的双学位项目，分别是 JD/Master's、JD/MD 以及 JD/PhD。各项目的概况如下：

（1）JD/Master's 项目。JD/Master's 项目不仅非常适合打算毕业后在法律界执业的学生，而且可能对希望在未来从事学术生涯的学生来说也非常有用。大多数 JD/Master's 双学位项目可以在 3 年内完成，个别的可能需要 3 年以上的时间，主要取决于学生选择哪个硕士学位。

（2）JD/MD 项目。斯坦福大学法学院提供的 JD/MD 项目汇集了法学、

医学和生物科学这三大领域。斯坦福大学是屈指可数的在这三个学科都有着世界级先进水准的大学之一。斯坦福大学鼓励创新以及跨学科合作的传统以及身处硅谷的地理位置，坐拥该地蓬勃的生物科技和医药产业，这些因素都使得斯坦福大学成为这三个学科得以融合的理想学府。

（3）JD/PhD 项目。该项目主要面向希望从事学术领域或者想要对某一学科进行深入研究的学生。这个项目的学位获得所需要的时间各不相同，取决于学生多久完成他们的毕业论文，但是因为斯坦福大学法学院的得当安排，通常来说学位的获得会比其他大学类似学位的获得要短 1 年半至 2 年时间。更重要的是，费用几乎只有同类学位的 1/3。因为学分的转换，再加上 JD/PhD 学生通常只会在法学院住宿 1 年时间（其他时间会在 PhD department），学生只需要付法学院 1 年的费用即可。此外，入读该项目的学生也可以申请学校经费来支付奖学金没有涵盖的部分或全额学费，不过这笔经费需要申请者的主动争取。申请这笔经费要求申请者同时被这两个学位项目录取。申请需通过入学办公室（Office of Admissions），同时申请者应该确保所有要求的财务援助文件上交至学校的经费补助办公室（Office of Financial Aid）。

3. 法律硕士 LLM 项目概况

斯坦福大学法学院的 LLM 有 2 个专业分支，一个是法律、科学与技术方面的分支，另一个是公司治理实践方面的分支。无论选哪个分支，都要求学一门美国法律的入门课程，还要分别参加各自专业的研讨会。法律、科学与技术分支的研讨会除了有一个一般性的介绍和讨论外，还会邀请法学院的教职员工、到访的访问学者或执业律师等作一个研究或论文发表会。而公司治理实践方面的研讨会则没有这样的发表会，但是这个分支的研讨会有另外一个特点：分季度。春秋两季不同时间举办的研讨会内容会不一样。秋季的研讨会会有一个一般性的介绍和一个关于企业管理及其相关题材的讨论，而春季的研讨会则主要关注企业欺诈行为和管理。除了美国法律入门课是必修的之外，法律、科学与技术分支的学生还可以从一般技术、知识技术、信息科学与电子商务和生命科学这几个大的方向里选课；而公司治理实践分支的学生则可以从企业法与证券法、会计与金融、破产法与交易法、税法和其他相关课程中选修。斯坦福大学法学院招生规模小，倡导小而精的教学理念。斯坦福大学法学院的 LLM 属于小班制，一共有 4 个方向，每个方向仅招收 15 名到 20 名学生。并且 LLM 项目一般只招收拥有非美国法学位的学生。LLM 项目会有精心安排的课程设计。该 LLM 项目为期一个学年（9 个月），期间必须选取 35 学分到 45 学分的课程。这四个方向分别是：①公司治理与实践（Corporate Governance & Practice）。LLM in CG&P 为学生提供了严苛的学术和专业训练。该项目旨在为商业交易领域的非美国本土律师提供会计、破产、金融、并购、证券、税务和风险投资这些方面的专业知识。大部分学生都选择毕业后回到祖国执业。被这个方向录取的学生将要修读一系列为此方向量身定制的课程，主要来自斯坦福大学法学院开设的，与企业和商业相关的课程。②环境法律和政策（Environmental Law & Policy）。这一方向的 LLM 项目提供在环境、能源、资源相关法律和政策领域的训练。学习的内容包含污染问题、气候变化问题、能源问题、净水问题、生物保护、土地利用管理、环境评估等议题。该项目非常适合那些期望获得能源、环境相关跨学科训练的律师，并且期望结识更多志同道合的律师。③法律、科学和技术（Law、Science & Technology）。该细分领域项目提供在法律和科学技术相关的学术和专业训练。学习的内容包含电子商务、网络管辖权和争议解决、生物技术和健康科学问题、知识产权体制、全球信息经济、高科技创业公司等议题。④国际经济法、商业和政策（International Economic Law、Business & Policy）。这个方向的项目提供在国际经济、商业相关的学术和专业训练。学习的内容覆盖了国际贸易、国际争议解决、国际商业交易、国际投资法、国际环境法、国际知识产权法以及其他国际商业相关领域。

（三）非常具有创新特色的法学课程体系

表 4-3　斯坦福大学法学院法律博士（JD）专业基础课[1]

类别	课程名单
必修课	民事诉讼，宪法，合同法，刑法，财产法，法律研究和写作，侵权法
通识	法律与大众文化，法律与不平等，社区警察学院，人权宣传

---

[1]　https://law.stanford.edu/courses/? tax_ and_ terms=6869&page=1，最后访问日期：2019 年 11 月 26 日。

类别		课程名单
选修课	商业、贸易法和公司、公司法课程模块	会计,商法的当前问题,银行法,信托与财产法,房地产规划,房地产交易,证券监管:从启动到 IPO 及以后的资本形成,证券诉讼,私募股权投资,律师创新:金融的未来,Facebook 案例研究,全球资本市场,公共政策与国际商务,中国法律与商业,合并、收购和其他复杂交易,金融学概论,金融的演变,金融的未来,破产,国际证券监管,合同经济学,非营利组织法,管制经济学,全球商业法-亚洲:实地研究,公司治理,比较公司法与治理,公司财务,高级公司财务,公司重组,公司,企业社会责任,交易 I,交易 II,衍生品交易诉讼研讨会,区块链和加密货币:法律、经济、商业和政策,公司与证券诉讼中的预测与复杂性,香港交易:实地考察,商业、社会责任和人权,商法导论,公司治理与实务研讨会
	科学、技术、网络和人工智能法律模块	通信法:广播和有线电视,网络安全:法律与技术视角,网络法:网络政策的国际和国内法律框架,规范人工智能,通信法:因特网和电话,数字时代的私营企业与国际安全,技术的法律、政策和伦理,大数据:隐私、财产和安全,伦理、公共政策与技术变革,规范互联网语音平台,黑客实验室,创新律师:人工智能,人工智能的社会经济影响,技术政策的热点问题,颠覆性技术:它们对我们法律的影响,以及法律对技术的影响,法则,偏差和算法,法律、科学和技术座谈会,法律与社会研讨会
	知识产权课题模块	知识产权概论,知识产权与反垄断法,知识产权:版权,知识产权:版权许可、原则、法律和实践,知识产权:国际比较专利法,知识产权:专利,知识产权:技术与专利许可的商业与法律,知识产权:商标与不正当竞争法,信息隐私法,法律、技术和自由,知识产权:商业秘密,知识产权:高级版权,电子游戏法,知识产权:专利-日本实地研究,知识产权与创新高级诊所;高级最高法院诉讼诊所,知识产权:国际比较版权,专利诉讼研讨会,专利起诉,专利改革政策的高级谈判
	宪法、立法、宪法诉讼和行政法及行政诉讼法课题模块	公民自由和公民权利的当前问题,宪法:宗教与第一修正案,从内战到贫困战争的美国宪法史,宪法诉讼,宪法:言论和宗教,性别,法律与公共政策,宪政理论,宪法的当代问题,批判种族理论,宪法的制定,行政法,宪法:第十四修正案,超越普通法:侵权改革和侵权替代,联邦人身保护令,伤残法,就业歧视,边缘道德:企业,非营利组织,政府和个人,联邦制,网络时代的言论自由,互联网平台与自由表达,批判种族理论,互联网时代的政治运动,种族,身份和国家安全,补救措施,生殖正义(司法),

类别		课程名单
选修课		社会正义影响诉讼：问题与对策，法定解释，种族正义战略诉讼，最高法院模拟研讨会，立法，地方政府法，第45届总统与宪法，反歧视法导论，原教旨主义，后奥巴马时代的法律和政策，劣势和精英教育：机会分配，美国参议院法律机构，修改美国宪法，自由言论，民主与互联网，种族与法律讲习班，第一修正案：言论和新闻自由，美国和武力的使用，定义歧视，原始主义与美国宪法：历史与解释，高级行政法
	法律职业和法律伦理	法律伦理：原告律师，法律职业面临的挑战，法律专业研讨会：大法的未来，美国法律职业，律师与领导力，公益法与实务，法律职业责任
	家庭法模块	家庭法，家庭法 II：亲子关系，家庭与不平等，儿童与法律，性别，性与生殖，食品法律和政策，劳工法，性取向、性别认同与法律，福利国家，移民法，高级移民政策改革
	刑事司法和程序法模块	量刑、惩戒和刑事司法政策，美国诉米尔肯：一个案例研究，高级刑法，暴力和法律，错误定罪：原因、预防和补救，刑事诉讼：理论基础，刑事司法史，法律、秩序与算法，数字时代的搜查令，刑事诉讼：判决，刑事诉讼：侦查，种族、阶级和惩罚，三振出局：刑事司法改革与个人代表，白领犯罪，校园性侵犯的法律
	民事司法和程序法模块	高级民事诉讼，证据法，联邦法院，全球诉讼，法律冲突，替代性纠纷解决：法律、实践和政策，替代性纠纷解决：实践，纠纷制度设计，美国高级法律写作，审讯辩护工作坊，高级法律写作：上诉诉讼，高级法律写作：公益诉讼、仲裁，交易诉讼研讨会
	跨学科法律研究课题模块	法律与哲学，法律伦理，法律与修辞传统，法律与视觉文化，心理发展：神话、法律与实践，写作工作坊：法律与创意，市场、道德和法律，法律与不平等，法律与人文研讨会：历史、文学与哲学，法律史研讨会，法律与文学，法律和心理学，法律与希腊古典文学，资本主义、监管、公司和金融史精选话题，法律、政治和艺术，卫生法：金融与保险，卫生法：医疗质量和安全，卫生法：FDA，法律与生物科学：遗传学，法律与生物科学研讨会，法律与生物科学：神经科学，卫生法：改善公共卫生，精神卫生法，生物医学创新的法律经济学，风险责任：责任保险的视角，民事司法制度作为变革的推动者，艺术与法律，官僚制的法律与政治，规范和轻推：改变思想和行为，法律的经济分析，法经济学概论，组织行为学导论，死刑法律与经济学研讨会，法律经济学研讨会，公共政策与社会变革问题解决与决策，实证法律研究

续表

类别		课程名单
选修课		设计，法律社会学，法律统计推断，行为法与经济学，法律与新政治经济学，认同与偏见的社会科学，体育法学的新课题，娱乐法，法律信息学，法律、实践与政治，法律、地位、性别和权力，政治和政策，青年法律与政策，非暴力：分裂社区中的冲突转化
	法理学和法律史学课程模块	法律设计导论，美国小说中的法律与文化，美国历史上的法律和帝国，立法与行政，种族与公共教育，民主法，贫困法：政策与实践，美国法律史，美国法律史（1930 年–2000 年）：新政，权利革命和保守反应，法律滞后：社会、经济和技术变革带来的监管挑战，实证法律研究研讨会，民权法史，美国法律概论
	民事合同和侵权法课程模块	美国合同法，合同设计原则与实践，现代监视法，高级侵权行为：诽谤、隐私和情感困扰，高级侵权：法律与实践，侵权责任法，劳动法
	国际法、外国法与比较法课程模块	印度联邦法律，晚清中国的法律与社会，国际司法，人口贩运：法律和政策，人口贩运：法律和政策–泰国：实地研究，战争法与战争伦理，清代法律文书，犹太法：导论与主题，民主南非的法律、律师与变革，外国法律研究：汉堡法学院，外国法律研究：耶路撒冷希伯来大学，外国法律研究：巴黎政治学院，外国法律研究：新加坡国立大学，外国法律研究：北京大学法学院，外国法律研究：早稻田大学，外国法律研究：维也纳大学，法律研究研讨会，民主法–印度：实地研究，拉丁美洲的商业、机构和腐败，阿富汗法律教育项目研讨会，阿富汗法律教育高级研讨会种族与国际法，比较法，欧盟法，国际商业交易与诉讼，国际商务谈判，国际商事仲裁，国际冲突解决，国际人权，国际投资法，国际刑事司法，国际法，国际贸易法，国际交易：维也纳实地谈判，日本法律、社会和经济，拉丁美洲法律，法律制度与全球经济发展，国际经济法的当前议题，法治——功能社区的基础，区域人权保护：美洲体系，人口贩运：历史、法律和医学观点，全球贫困与法律，全球贫困、腐败与法律：印度实地研究，21 世纪拉丁美洲的社会冲突、社会正义与人权，国际经济法、商业和政策讨论会，全球范围内的联邦诉讼：课程，全球范围内的联邦诉讼：方法和实践，国家建设和法治研讨会，高级国家建设和法治研讨会，动物法，法理学，女权主义与法律：选题，旁观者和竖立者的法则，教条帷幕背后：法学院的理念与主题，现代美国法律思想，反垄断，高级反垄断：美国和欧盟的垄断和滥用支配地位

续表

类别		课程名单
选修课	税法模块	税收政策，税收，合伙税，当前税务实践中存在的法律问题，国际税收法
	创新、创业与风险投资课程模块	创业经济中的法律、商业和政策策略，风险投资1，风险投资2：创办和经营一家风险投资公司，新风险投资，比较风险投资-中国：实地研究，风险投资与双重信托，风险投资和交易，国际证券发行，支付系统：加密货币
	环境法与自然资源法课程模块	气候变化政策：经济、法律和政治分析，能源法，环境法律和政策，土地使用法，自然资源法与政策，清洁能源项目开发与融资，加州海岸：科学，政策和法律，城市与可持续发展：当前问题、政策和法律，气候：政治、金融和基础设施，环境正义，自然资源法和政策——南非：实地研究，能源与环境法中的现代交叉流，转型期的环境法，水法，气候法与政策，加州的水政策与管理：迈向可持续的未来，非正式环境治理，气候、能源和民主，气候与能源研讨会，政策分析要素，环境法律政策座谈会
	诊所教育课程模块	高级社区法律诊所，刑事检控门诊：临床实习，刑事诉讼门诊：临床方法，刑事检控诊所，高级移民权利诊所，移民权利诊所：临床实践；高级国际人权和解决冲突诊所。青年与教育法项目：临床实践，临床课程；高级环境法诊所；环境法诊所：临床实践，美国法律实践中的几个问题
	法律人职业技能课程模块	职业发展：炼金术、法律和实践，律师的专业发展与管理技能，律师创新案例研究，国外和国际法律研究，高级法律研究，高级法律写作：商业交易，高级法律写作：诉讼，高级法律写作：全球诉讼，高级法律写作：技术交易，律师便利，调解，模拟法庭，谈判，实地谈判：理论与实践交叉点的探讨，国际谈判：解决疑难冲突，高级谈判：环境政策，高级谈判：交易，口头辩论讲习班，社区主导系统设计，调解训练营，律师西班牙语
	讨论课	讨论：亚裔美国人和法律，讨论：法律与不平等的比较方法，讨论：企业社会责任，讨论：刑事法律史，讨论：着装规范，讨论：女权主义法学，讨论：创新与不平等，讨论：衡量边缘化社区获得司法和信息的机会，讨论：检察官和辩护律师作为变革的代理人，讨论：宗教与法律实践

从表4-3，我们可以发现斯坦福大学法学院法律博士JD的项目课程具有以下几个特点：①选修课非常丰富。法科学生可以依据自己的兴趣爱好和自

己未来拟从事的法律职业在数百门课程来挑选，极大地满足了学生需求。②国际法、外国法与比较法课程模块有很多的课程可选择。学生可从这些课程中获取外国法律制度、国际法律知识以及掌握比较法知识和方法，为毕业后的职业生涯奠定深厚的根基，由此可以合理地预测，斯坦福大学法学院的毕业生在全球法律职业中有先天的竞争优势。③斯坦福大学法学院注重跨学科素养的学习。在全球所有高校中法学院能够拥有 21 种法学联合双学位是罕见的。双学位能极大地提高法科生的创新能力和创业素质，硅谷能够坐落于旧金山湾区，或许与斯坦福大学的办学理念有不可或缺的关系。2017 年美国大学毕业生企业家排名中，斯坦福大学在企业家数量、筹集资本规模上都位居美国各大学之首，企业数量排名第二。而加州大学伯克利分校毕业生的企业家数量位居第二，企业数量高居榜首。斯坦福大学创业课程的开设吸引和培养了一大批创业人才。斯坦福科技创业计划（STVP）是斯坦福大学商学院为研究生开设的为期 10 周的创业启动课程，包括创业精神课程等。2011 年斯坦福大学一项创新调查显示，参加过这些创业课程和项目的毕业生，成为技术创新者（创造新的产品、流程或商业模式）的可能性，要大于其他斯坦福大学校友。同一项调查还发现，在毕业三年内获得风险投资的创业者中，有60%参加过斯坦福大学的创业课程。调查也显示，35%的技术创新者和40%的创业者参加过斯坦福大学所举办的创业竞赛。

三、旧金山湾区国际高层次法治人才培养的方法和特色

作为美国创新最具特点的一部分，以斯坦福大学法学院为样本的旧金山湾区国际高层次法治人才培养的方法和其他地方，如纽约湾区法学院大同小异，但又具有特色。

（一）苏格拉底式教学法

旧金山湾区虽然占地面积是四大湾区里最小的，但多所世界一流大学聚集，十分抢眼。在这里，大学、师生与"硅谷"等地的科技企业、研究室紧密互动，不断迸发创新成果；伴随着现代化的进程，开放式资源共享和远程教育模式则是另外两种重要的资源共享形式。二者均通过网络的科技力量，创建一个区域性的乃至世界性的学习型群体，促使更多的学生、学者和群众可以公开、自由地分享知识与交流思想。例如，斯坦福大学、伯克利大学凭借其突出的计算机学科的发展，联合提供了一系列的网上课程和网上公开课，

并提供相对应的虚拟大学学历，这就在很大程度上促进了优秀教学资源的共享和普及。湾区得天独厚的创新氛围，众多的高科技公司，更是能够对学生在未来创立自己的公司提供更多的帮助。自全球金融危机以来，法律媒体一直关注公司法律服务部门的收缩。但是如今，大型公司律师事务所的顶级合伙人正在获得丰厚的利润，这让对公司领域感兴趣的顶尖法学院毕业生感到工作前景光明。在旧金山湾区法学院的学习中，他们采用的教学方式是问答式和判例式，老师和学生通过不断的互动、交流达到授课育人的目的，而不是传统的宣讲式。典型的判例法国家决定了其授课方式就不可能是照本宣科式的，而是以"判例教学法"为主。随着经济的全球化，法律也全球化了。这种法律全球化似乎等于美国化，欧洲大陆法也不能幸免，因为，美国律师事务所已经遍布全球，美国法学教育已经传播到世界各重要地点，美国式法律文件以及做法已经世界通行，以及美国法律内容已经传播至世界各地。这个现实是人的主观愿望所不能改变的。为了应付全球化，减轻其负面后果，中国需要采取一个积极进取的态度去学习普通法。[1]

（二）法律职业技能培养非常富于创新特色

无论从历史还是今天的视角来看，斯坦福大学法学院都不愧是美国法学教育界的一颗璀璨明星。在美国法学教育史上，斯坦福大学法学院占据了一个非常独特的位置，这不仅源自其显赫的身世，而且和其地理位置有着极大的关系，它是美国西部旧金山湾区最好的法学院。人才辈出的斯坦福大学法学院还为美国非法律领域贡献了许多人才，斯坦福大学法学院在推动加州法律教育规范化过程中起到了关键的作用，经过它的艰苦努力，加州将三年制 JD 教育作为律师执业的硬性规定，任何人欲取得律师执照必须要获得 JD 学位。在课程设置中，有专门的法律技能课训练是美国大学法学院课程体系的特色之一，例如斯坦福大学法学院的民事权利法律诊所和公民权利法律诊所等。此外，还设有"法律检索""法律研究与写作"等法律技能训练课程。另外，斯坦福大学的教授们对加州律师的执业道德标准的制定也是不遗余力的，加州之所以成为美国少数几个律师职业道德楷模之州，斯坦福大学法学院可谓功不可没。

---

〔1〕何美欢："颠覆与移植：法律全球化的中国回应"，载《21 世纪商业评论》2005 年第 11 期，第 136~137 页。

（三）高度重视国际法、外国法与比较法知识与方法的学习

从经验层面上讲，比较法的方法论和教育价值揭示了给学生引入最低限度的比较法教育并可以熟练运用它的必要性。从专业价值层面上讲，则能够向参加跨国课程的优秀学生提供可供灵活选择的课程，也就是说，通过对超国家的法律和国际私法进行比较，可以在本土知识之外增添对尽可能广泛的超国家法律观念的认识。[1]据表4-3，我们可以知道，斯坦福大学法学院非常重视国际法、外国法以及比较法知识与方法的研究与学习。在全球化时代，为应对当今错综复杂的全球问题，包括斯坦福大学法学院在内的旧金山湾区法学院往往非常重视培养法科生的国际素养和外国法与比较法的学习。

（四）打破学科壁垒，跨越院系授课

在一所综合性大学当中求学，无可取代的价值便是开课的多元化以及跨领域研究的蓬勃发展。例如，斯坦福大学法学院经常与其他学院的老师共同开课，比如，医疗政策及生物科技与法律的课，由法学院与医学院合开；创业投资与相关公司法律的课，由法学院和商学院合开；谈判与诉讼外纷争解决途径的课，则可能由法学院、商学院与心理系合开。来自不同领域的学生，在上课与报告的时候必须同组，互相交流不同的观点与专业背景，极具挑战性。

第三节　东京湾区国际高层次法治人才培养模式

东京湾从早期散落港口之间的低效竞争，走到通过工业带串联起来的港口形成合力的协同发展，离不开智库的重要作用。整个东京湾区（首都圈）拥有263所高等教育机构（2013年统计），注册大学生人数超过127万。其中京滨工业地区包含了庆应大学、武藏工业大学、横滨国立大学在内的知名研究型高校。日本与中国一衣带水，有不少相似之处，日本东京湾区坐拥许多非常优秀的高校法学院，我们这里仅以东京大学法学院和一桥大学法学院为例来阐述东京湾区高校是如何培养国际高层次法治人才的。东京大学法学院和一桥大学法学院都是其中的佼佼者，其国际高端法治人才培养模式有值得

---

〔1〕〔意〕罗道尔夫·萨科：《比较法导论》，费安玲等译，商务印书馆2014年版，第240页。

我们思考与借鉴之处。

一、东京湾区国际高层次法治人才培养历史

17 世纪的江户依托易于通商的江户湾，已经是日本重要的经济中心和人口聚集地。创建于 1877 年的日本东京大学位列世界大学排行榜第 22 名，是日本乃至亚洲的最高学术殿堂及世界顶尖院校，东京湾区汇聚多所潜力较大的高校，代表了湾区的最高水平。在亚洲，东京湾区内的东京大学、一桥大学、庆应义塾大学、早稻田大学等高校与东京城市群紧密结合，在科技创新、人才输送、文化传播等方面相互依托。截至目前，东京大学共有 8 名诺贝尔奖得主；62 位日本首相中，共有 15 位毕业于东京大学。日本东京大学法学院的起源可以追溯到 1872 年 7 月成立的法学院（隶属于日本司法部的一所法学院）和 1873 年 4 月由日本教育部成立的东京开诚法学院法律系。法学院的教育和研究旨在进一步培养具有广泛观点、基本法律思维能力和基本政治见识的人才。东京大学法律与政治研究生院和东京大学法学院的历史始于 1877 年。那一年，东京医学院（医学院）与东京开诚学院（法学院、文学院和理学院）合并成为东京大学，法学院成为东京大学的一个系。从那时起，尽管组织结构有时会被修改，但法学院一直在领导日本的法律、政治研究和教育，并将优秀人才投入广泛的领域，包括司法、行政、政治、商业、媒体、新闻界以及学术界。该法学院是日本历史上最悠久的研究和教育机构，也是日本研究法律和政治的主要学术部门之一。这种丰富的历史和传统，加上人类网络和由历史和传统培育出来的高度社会关注，构成了研究生院和法学院的无价遗产。法学院自成立以来，一直是日本国内法与政治研究的中心力量。在这一角色的支持下，高质量的教育使学院培养了许多来自日本和海外的优秀学生和研究人员。自此，该法学院就成了日本政治和法学的研究中心。东京大学法学院注重法学与政治学的结合，在这里，学生可以全面学习日本的立法、行政、司法体制。该法学院的法律图书馆设施先进，藏有法律、政治学图书 80 余万卷。截至目前，该法学院已培养了超过 60 000 名学生。创建于 1875 年，至今拥有 140 年悠久历史的一桥大学与东京大学等一直引领着日本的社会科学研究。特别是在解决日本及全球社会、经济、法制等领域的诸多课题和制度改革的相关研究，以及有利于改善企业经营的研究等方面，一直在实用型学术研究中发挥着不可忽视的作用。日本一桥大学法学院由法学系和法律

研究生院组成，法律研究生院由两个专业组成：法理学和国际关系（硕士和博士课程）、法律实务（一桥大学法学院的专业学位课程）。

二、东京湾区国际高层次法治人才培养体系

（一）人才培养目标

东京大学法学教育的目的是培养高技能和原则性的律师，不仅致力于营造强烈的道德责任感，并意图让这些律师为国家和社会做出贡献，而且还致力于培养可以在国际先进领域活跃的律师。正如《日本一桥大学研究与教育章程》所述，一桥大学旨在培养有远见的专家、理性的改革者以及有文化和公民意识的政治和经济领导人。日本一桥大学法学院的目标是培养具有以下三种素质的法律专业人员：①熟悉商业法律事务的法律专业人员；②具有国际视野的法律专业人员；③对人权高度敏感的法律专业人员。为了实现这一教育目标，一桥法学院开设了商法课程，教授各种国际科目，包括一些英语课程，并设立了人权诊所，同时继续改进课程和讲座，以便学生在获得扎实的基础知识，对法律的理解以及运用基础知识的能力和创造力之后，能够发展成为体现学校教育原则的法律专业人士。法学院的最终目标是，通过在学院多年的不懈学习，培养作为法律专业人士的毕业生，让他们将来能够积极解决日本社会的法律问题，并为他们提出现实的解决方案。

（二）法学课程设置

1. 东京大学法学院课程设置

东京大学法学院提供法律学士学位。学生应完成以下三门课程之一的要求：普通法学、法律专业和政治学。法律不是学院里唯一的研究课题。相反，法律是与政治科学相结合的。在现代社会，法律和政治是不可分割的。这两个领域相互支持：政治决定法律，法律塑造和引导政治。在东京大学法学院，学生们从广泛的角度研究政府的行政、立法和司法部门。他们学习最重要的概念，以掌握对人的存在、生活和幸福有直接影响的巨大、复杂和重要的现象。学生应掌握基本的法律思维技能和基本的政治见解。对一些人来说，"法律系"这个头衔可能意味着一所严格培养学生成为律师的学校。然而，法学院的毕业生最终走上了不同的职业道路。渴望成为律师的学生也要接受更广泛的教育。教师的政策是提供教育，而不是严格强调"法律"的狭义定义。根据这一政策，学院已经制定了课程和毕业所需的学分。所有学生必须完成

注册课程中的核心课程。除此之外，学生还可以根据自己的兴趣和未来的学术或职业道路，从各种法律和政治课程中自由选择。可见，法学院允许并期望学生发展他们的个人能力。此外，法律图书馆作为支持这一政策的机构，不能不提。作为一个专门从事法律和政治的图书馆，它几乎是拥有世界上最多藏书的法律图书馆，图书馆藏书 80 多万册，其中大部分以西文出版。

法律和政治学是法律和政治研究生院的两个研究生课程之一，提供法律或政治学领域的硕士和博士学位。这是一个研究生课程，专为那些希望成为法律或政治科学研究人员的个人以及那些希望在工作中利用技术研究成果的个人设计，包括律师、商业法律人员和公务员。它也是一所外国留学生的研究生院，他们希望在日本获得深入的法律和政治学知识。法律和政治研究学院包括：①实证法；②比较法、历史法和理论法；③政治学，每个领域都有硕士和博士学位。法学院为那些没有接受过法律教育或经验的人提供为期三年的课程，为有接受过法律教育或类似经验的人提供为期两年的课程。法学院没有针对国际学生的特殊录取制度。法政学院硕士课程规定了外国留学生的特殊录取，可以在实证法、比较法，历史法和理论学以及政治学这三门课程中的任何一门进行考试。

研究生院和法学院始终敏锐地意识到时代的变化，并不断寻求适应变化。即使将重点仅限于最近的平成时代（1989 年–2019 年），下文所述的各种改革也提供了一个有代表性的机会，让我们了解研究生院和教师如何努力适应不断变化的时代。首先，在平成时代到来后不久，法学院对基本体制结构进行了重大改革。1991 年，以前由教师担任的教席，被转移到研究生院。在那之前，可以在研究生院同时担任教职的教员。这一制度被改变，在研究生院担任职务的教员同时在法学院中任教。这项改革，符合政府将研究生院放在首位的政策，研究生院成了一个名义上和实际上的"研究和教育的统一组织"。2004 年，提供研究生专业学位课程的法学院成立。因此，研究生院现在由法律和政治研究学院和法律学院组成，前者是日本传统模式下的研究生院，主要面向那些寻求进入法律或政治科学学术生涯的人，后者的目的是培养法律专业的高技能和有原则的成员（律师、法官和检察官）。2017 年，大学教师的课程大幅修订，以应对日本社会的全球化和学生职业的多样化。课程分类由Ⅰ系（私人法律课程）、Ⅱ系（公法课程）及Ⅲ系（政治科学课程）改为Ⅰ系（普通法律课程）、Ⅱ系（法律专业课程）及Ⅲ系（政治科学课程）。通过减少毕业所需的学分和必修科目的数量，修订了课程，使学生能够轻松地应对各种问题，包括出国留学，重视学生自身的利益和自主权。与这些改革有关的是，新设立了"外语课程"类别（第一系需要一定数量的外语课程学分）和"研究论文"类别（第三系需要毕业）。此外，为了应付目前高等教育时间越来越长的情况，对 2018 年或以后入读大学的学生采用了提前毕业（在第三年结束时）的制度。2017 年，研究生院还启动了高级商法课程。该方案的主要目的是加强商业法方面的学术研究和教育，以便解决与近年来快速技术创新成果在社会中的实施有关的法律和政治问题。该项目与工程学院、信息科学与技术学院、医学院以及其他学校和机构合作，寻求从全面的角度解决这些问题，超越人文和科学的界限。这个项目包括在世界领先的创新研究生学习计划，且完全由东京大学管理。

　　研究生院和法学院的一个强大优势是，超过 70 名教授和副教授中的每一个人都从事法律和政治方面的前沿研究。他们通过整合研究成果来推进他们提供的教育。大量的教授和副教授导致他们专业领域的多样性，教师的专业领域涵盖了当代日本的法学和政治领域。此外，专业领域包括外国的法律和政治、法律和政治的历史、哲学以及法律和政治思想。也有一些教职员工拥有丰富的工作经验，并利用这些经验通过将理论与实践相结合来促进研究和教育。拥有如此众多专业领域广泛的优秀教授和副教授，使得研究生院和教职员工能够培养具有多面性的学生，阐明当代社会的问题，并深入探究每个问题的实质。研究生院和法学院的另一个强大优势是它们是东京大学的一部分，东京大学在整个日本进行最高水平的研究和教育。复杂的问题发生在当代社会的最前沿，通常跨越包括科学在内的各个领域，因此超出了法律和政治的范围。所谓数字革命中与技术创新有关的问题就是这种复杂问题的典型例子。研究生院和法学院是东京大学的一部分，这意味着他们可以在日本最高水平的各个领域进行综合研究和教育。研究生院和法学院具有许多其他优势。其中包括拥有世界领先的法律和政治文献收藏的法学院图书馆，以及拥有日本最大的报纸和杂志收藏的日本近代法律和政治文献中心。[1]

---

〔1〕　根据东京大学法学院的资料整理而成，资料来源：http://www.j.u‑tokyo.ac.jp/en/，最后访问日期：2019 年 11 月 22 日。

2. 一桥大学法学院课程设置

在本科第一年（针对没有法律专业背景的学生），提供以下五门课程，以牢固地奠定进一步学习的基础：宪法、民法、民事诉讼法、刑法和刑事诉讼法。除了这五门课程之外，还开设了一个入门研讨会，向首次学习法律的学生提供有关如何获取法律信息以及如何阅读判例的说明，而比较法制度主义则是提供针对短期法律的研究比较。通过这些课程，学生将获得基本知识，并学习法律思维方式和进行法律辩论的适当方法。第二年后，根据法律专业人士的实践经验，确定在第一年提供的五门课程中获得的知识，然后通过以问题为导向的任务，使用苏格拉底式的案例分析法，发展应用已习得的法律知识解决实际问题的能力。对于行政法和商法，学生将在第一年获得基础知识的基础上，高效而全面地学习这些法律。此外，还提供各种选修课程，以为未来的法律专业人士将来的活动打下坚实的基础。根据以往法学研究的基础，学生在第二年之后将参加许多与法律实践有关的课程。第二年的实习期旨在提高学生对法律专业意识和学习动机的认识，而第三年进行的民事和刑事模拟审判不仅能积累法律实践经验，而且是巩固法律实践的一种有效手段和检验过去两年中获得的基础知识。完成这些课程后，学生将在第二年第二学期之后通过民事审判基础、法律道德、民事法律事务基础和刑事实践入门等实践课程进一步提高实践技能。在第三年，将举办高级研讨会，从多方位和实践技能的角度对小组中的特定主题进行深入研究，还开设了基础法律研究课，希望成为研究人员的学生可以接受基础研究和指导并撰写法学研究论文。通过这两个学习项目，提供丰富的法律教育并满足学生的多元化需求。一桥大学法学院开设了各种各样的课程，使学生可以培养不同的兴趣并获得对他们未来的法律实践有用的实用技能。第三年开设商法课程。本课程针对那些对企业和商业法律事务特别感兴趣的学生，并致力于通过实用商业法等主题发展高水平的专业知识。为了培养学生的国际视野，法学院提供了比较法律制度研究和外国法律制度研究。专职教师包括来自澳大利亚的律师以及熟悉法律事务和管理的商人。通过这些老师的授课，学生可以掌握国际社会和实用法律所要求的法律意识。此外，应法律研究生院邀请，外国客座教授也提供教育合作并参加法学院的教育计划。在高级研讨班的法律诊所（人权诊所）中，学生通过实际社会/实践与现行法律之间的关系来了解21世纪的社会人权。

三、东京湾区国际高层次法治人才培养方法和特色

（一）小班制教学方式

东京大学法科大学院强调理论和实践相结合的教学形式，因而不仅强调课堂教学，而且注重学生的自主参与。2001 年 6 月颁布的《司法制度改革审议会意见书》，建议法科大学院的教学形式应采用教师讲课形式、小班演习形式、制作书面报告或口头汇报形式以及辅导教师个别辅导的形式等。同时提出，法科大学院的教育，不应该只是教师讲、学生听的单向教育，而应该是双向型、多向型和高密度的教育。[1]一桥大学还非常重视每一位学生的培养和教育，采用了以研讨班为核心的小而精的"小班教学"模式，将每个研讨班的学生人数控制在 7 人至 8 人。三年级以后，每周的研讨班以及研讨班集训将占据学生生活的主要部分。学生与开展高水平研究的教员关系密切，而建立在这一基础之上的高密度教学堪称是该校的一大特色。

（二）注重创新思维的培养

一桥大学法学院的使命宣言中的指导原则是基于培养具有创造性思维的专家，将以理性和理性行事的创新者以及具有领导才能和文化底蕴的决策者和商人的目标，目的是培养社会各方面法律事务的领导者和具有全面知识的民法专业人士。这意味着要培养多才多艺、足智多谋的法律专业人士，他们可以积极解决当前日本社会固有的法律问题，在充分考虑当前情况的同时从正义、法治的角度评估问题，并提出创新的想法，这可能使以切合实际的解决方案的形式突破形势。更具体地说，一桥大学法学院旨在培养法律专业人员，他们①精通商业法律事务，②具有广泛的国际视野，③对人权问题具有敏锐的敏感性。为此，一桥大学法学院设置的课程严格要求学生获得预定的学分，以晋升至明年并达到为必修科目设置的年度 GPA 水平。达到这些年度要求的学生将获得法学博士学位。法学院的直接目的是让学生通过国家律师考试，而一桥大学法学院的学生不仅要通过律师考试，而且还要具有实践和创造力，使他们能够发挥领导作用。

（三）注重学科交叉训练

重视相关学科的交叉综合，拥有一批一流的学科。法学应当与经济学、

---

〔1〕　李骏、姚文韵："日本法科大学院教育改革得失及启示"，载《学位与研究生教育》2019 年第 2 期，第 62~69 页。

文化学、社会学、哲学联姻，成为一个大系统、一门大科学，从而对社会经济发挥正确的指引作用。关于法律、经济与人文的关系，已为世界各发达国家所关注。创建于1875年的日本一桥大学之所以成为闻名于世的顶尖大学，就是因为该校在学科建设、人才培养方面将法律研究与经济、文化、社会、政治诸研究交叉结合得很好。体现在本科教学上，就是该校将本科生教育分为基础课程和高级课程两个阶段，基础阶段实施通识教育，以学部为基础，帮助学生获得专业以外更多领域的教育。

（四）参与国际合作与交流

日本东京湾区高校法学院以国际的视野，着力培养能够为经济社会做贡献的国际型、通用型人才。东京大学法学院在其法学、商学、经济学和社会学4个学部和研究科中共有来自世界50个国家的400多名留学生在此求学，同时把自己的学生送到外国的大学进行深造。一桥大学已经与63所国际顶尖级学校就学生交流方面建立了协议。

（五）采用研讨制度

日本东京湾区高校法学院采用研讨形式，长期坚持研讨班制度，每位学生皆被要求参与某一专门方向的研讨团体，借以发展其特殊专长，并使之与同学、师长维持紧密且终身的关系。参加这种小团体不仅能加快学生研究能力的提高，而且对他们品质的提高也很有帮助。二战后日本大学在课堂研讨方面领先其他国家，东京大学、一桥大学尤其充分地发挥了课堂研讨训练知识之功能。在本科高年级，学生有机会在教授的指导和支持下，在小型专门研讨会上发展法律专业知识。为了帮助学生获得广泛的知识和发展多元化的观点，法律学院提供了一个小课程，供学生从外语、人文和自然科学领域进行选择，希望学生们稳步积累知识，为将来的职业生涯做准备。

第四节　世界三大湾区国际高层次法治人才培养模式比较与借鉴

大学集群与湾区城市集群相契合，大学为湾区城市群提供高素质人才，促进城市繁荣；反过来看，优越的城市环境、生活条件、经济发展又成为吸引人才的有利条件，优质的高等教育资源吸引全球优秀学生前来就读，大学因而高度国际化。在不断互相促进下，湾区经济发展和大学教育形成了一个良性发展循环，这一做法值得粤港澳大湾区城市与高校借鉴。这就需要政府"自上而下"推动与教育机构等基层"自下而上"行动默契配合。湾区各区域主体寻求优势互补的利益共同点，通过体制机制创新，搭建融合平台，形成一体化的利益共同体、发展共同体。粤港澳三地高等教育合作发展要达到1+1+1>3 的效果，应该要明确广东乃至内地、香港和澳门高校的定位。高等教育发展需要有国家的依托，香港高校必须要从为香港服务，扩展视野到为国家发展服务，以中国为平台，解决中国问题。

一、世界三大湾区国际高层次法治人才培养模式之比较

通过对上述世界三大湾区著名法学院高端法治人才培养模式进行研究，从人才培养目标定位、培养制度设计、课程设置、培养手段与方法等方面对高层次法治人才培养模式进行比较分析，或许能让我们从中获得一些有价值的启示。

（一）国际高层次法治人才培养目标定位的异同

基于全球化时代对高层次法治人才的需求，美国纽约湾区和旧金山湾区的知名高校法学教育的职业性特征决定了该国法学教育必然以律师为培养目标。[1] 日本的法科大学院参照了美国的法学教育，将新型法学教育与法律职业培训相结合，主要目的是进行法律素养与法律知识相结合的法学教育，培养法律从业者，故也是一种法律职业性教育。日本也非常重视本科层次的法学教育，与德国不同的是，日本的法学本科倾向于"通才式"教育，为学生进入职业实训阶段打好人文和法学等多方面的基础，亦是"本科基础教育＋本科后的职业训练"的培养模式。法科大学院的设立初衷在于培养具有综合素质的高端人才，非法学专业的学生有着更为广泛的教育背景，知识更为丰富，是成为具有综合素质高端人才的最佳培养对象，因而法科大学院强调入学者的学科背景多样性。2001 年 6 月，日本司法制度改革审议会颁布了《司法制度改革审议会意见书》，要求法科大学院在关注法律理论的同时，应考虑到现实世界法律问题的合理解决，意即要培养理论功力扎实、实践能力强的法律

---

〔1〕　［德］K. 茨威格特、H. 克茨：《比较法总论》，潘汉典等译，法律出版社 2003 年版，第 252 页。

职业人才。[1]

(二) 国际高层次法治人才培养课程设置之比较

全球化对各国法学教育影响最深最广的当属法学课程的变革。美国两大湾区的知名法学院，不管是哈佛法学院，还是斯坦福大学法学院的课程菜单中法学选修课都有数百门之多，琳琅满目、应有尽有，选修课可覆盖国际法律职业市场的所有方面，简直可谓"课程万花筒"，完全可以满足法科生的个性爱好，这些名校的法科生可以依据自己的兴趣和未来拟从事的法律职业去选修合适的课程。日本东京湾区名校法学院的课程随全球经济发展趋势而不断变化，以学生为中心，实际即指法科生未来的法律职业竞技场，课程的设置切合湾区经济发展需要。据日本律师联合会司法从业人员培养对策室的调查，2005 年度占总数约 3/4 的 52 所法科大学院开设了法律诊所教育课程。据此可知，法律诊所教育在数量上已经普及。[2] 美国的法律职业博士学制为 3 年，日本则是为期 2 年的职业进修期间，前 4 个月时间主要学习各种法律文书的制作、诉讼程序的操作、各类法律实务的运作等本科教育中没有涉及的内容；中间的 16 个月分别用于到全国各地进行民事审判、刑事审判、检察检控实务、律师实务等司法实务进修，了解法律部门运作程序；最后的几个月进行实务能力的综合提高和经验总结，并参加毕业考试。2002 年 8 月，日本中央教育审议会制定了《关于法科大学院课程设置标准》，认为法科大学院的课程设计必须以"平衡性、开放性、多样性"为宗旨，以"过程"作为培养制度的核心。因而将法科大学院的课程设置为四类学科课程：法律基本课程、实务基础课程、基础法学与相邻学科课程、展开及先端课程（又译：尖端、扩展科目）。

(三) 重视国际法、外国法与比较法的训练

比较法学所要达到的目的就是要通过比较研究来认识不同国家和社会制度之间的共同与差异、进步与滞后，从而促进法律实现和初步改进自身法律制度，走向整个人类社会法律制度的和谐与统一。在世界贸易组织的建立与发展过程中，比较法学更是发挥着不可或缺的重要作用。没有法律比较，就

---

〔1〕 李骏、姚文韵："日本法科大学院教育改革得失及启示"，载《学位与研究生教育》2019 年第 2 期，第 62~69 页。

〔2〕 肖萍："日本设立法科大学院的背景、效果及问题浅析"，载《日本学刊》2010 年第 1 期。

不可能想象有支持欧盟和世界贸易组织等类似国际组织存在的法律秩序。比较法学可以直接服务于法律实务，如帮助某一法律秩序下的法官和律师了解其他法律秩序内的司法程序，提高司法效率。对于律师而言，在当今世界范围内的法律活动中，比较法学的知识是必备的，除非其根本不想进入更广泛的活动天地。在涉外案件中，对外国法的了解和比较法学方面的知识，则是律师成功的关键。[1]正如萨科所言，每个法律人都应当接受作为认识论意义上的方法且作为能够跨越不同法系的钥匙的比较法训练。其后，学生应当被安排在可以获得外国法的广泛信息的学习条件中，比较法的研习对那些正在学习的学生而言是必要的。希望学习比较法的学生能够进行跨国性的学习，即培养方案应当对外国法给予大幅度的开放，这些学生在学习之后可以在其职业生涯中利用其所学的比较法知识。[2]从课程表中可知，世界三大湾区法学院均非常重视国际法、外国法与比较法的研究，不仅在本院学习比较法，而且与世界其他国家的顶级法学院一起研究外国法与比较法。

（四）国际高层次法治人才培养的教育教学方法

美国法律教育基本上采用判例教学法，不管是纽约湾区的哈佛大学法学院还是耶鲁大学法学院均不例外。除了能够赋予受教育者以勇气之外，判例教学模式的根本属性在于实践性。科学性与实用性成为判例教学法的看家法宝。判例教学模式证明，自己不仅是一种极佳的教学方式，更在学理层面兼容各种学说观点。基于案例的问题教学法是哈佛大学法学院教学方法的最大特色，这是一种"苏格拉底式"的问题教学法，学生课前必须细心研读有关案例，上课时老师对该案例的问题进行提问，通过师生对话，并对该案例中所体现的原理和原则进行探讨，共同探讨法律世界中的各种现实问题，促进学生学习法学知识。美国法律教育基本上采用该方法。

二、对我国国际高层次法治人才培养模式的启示与借鉴

通过上述比较与分析，我们可以从列举的三大湾区知名法学院培养国际高端法治人才模式比较研究中寻找出一些普遍性的发展规律，为我国（广东）法学教育造就高端复合型法治人才提供有裨益的启示和借鉴。总结国际法治

---

〔1〕　米健：《比较法学导论》，商务印书馆 2013 年版，第 18~20 页。

〔2〕　[意] 罗道尔夫·萨科：《比较法导论》，费安玲等译，商务印书馆 2014 年版，第 240 页。

人才培养模式有以下几个重要特点，值得我们借鉴和学习。

（一）科学定位国际高层次法治人才培养目标

法学教育的目标是指法学教育要培养什么样的人才，以学生为中心，以学生未来拟从事的法律职业为导向，即在人才培养目标的定位必须清晰。美国法学教育以法律职业博士为主，就是培养律师这类实务人士。日本设立法科大学院的初衷是为了让更多民众获得司法资源，培养更多高质量的律师以适应日本民众和社会的需求。将培养目标定位于法律职业教育，加大在该培养方向的招生数量，减少在学术研究方向的招生，在培养阶段上我们可以借鉴三大湾区知名法学院法治人才培养模式，在法学教育阶段穿插或设置法律职业培训阶段，使得法学院学生能够熟悉将来要从事的法律职业操作运行程序，以及掌握如何将所学法律专业知识运用于社会实践以解决法律实际问题的能力等相关法律实务技能。我国法律人才的培养可以借鉴三大湾区知名法学教育的人才培养目标，不但应该更多偏重于职业教育而非学术教育，而且应高度重视高等教育理念，在创新创业型国际高层次法治人才的培养理念上主要强调以下几点：解决法律问题能力、独立思考能力、联想创造能力、持续钻研和终生学习能力、合作能力以及社交能力等。

（二）高层次法治人才培养的国际化转型

法律首先是本土的，国内法只在本国具有约束力。这就决定了法学教育本质上是本土化。但在外国法、比较法和国际法领域，法律的教学也可以具有国际性和国际化。理解国外政治制度、把握国外的商业法律环境以及了解国外婚姻继承等民商事法律制度的需要引发了对外国法与比较法的研究和学习。对各国法律进行比较研究可以发现一般法律原则或了解对同一问题的不同处理方式，这是比较法学兴盛的原因。全球统一适用的国际公法、国际经济法和国际商法更是各国法律学者和学生交流的重要领域。在法学教育国际化方面，由于英美的国内法有更大的影响力，也由于外交和国际商业领域英语作为主要的工作语言，英语国家的法学教育在国际交流中具有天然的优势。这里所指的"国际化"是指教师和学生的国籍多元化，学术交流多元化。目前，法律教育国际化的客观事实就是英语国家的法律教育国际化已经成为一个高度发达的服务产业，而且成为其重要的出口产业。除了增加经济收入，国际化对包括美国在内的英语国家还产生了促进法学科学研究、实现法学教育文化环境多元化等诸多好处，经济全球化导致国家对于高质量、高素质的涉外法律人才的需求大大增加。

（三）打破学科壁垒，打造世界一流师资

老师是三大湾区高校的支柱，三大湾区一流大学法学院的教师不仅要传道授业解惑，还要创造发明，不断做出引领世界风骚的科研成果。三大湾区一流大学法学院保持创造力和活力的主要秘诀就是能招揽跨文化背景的知名学者和资深实务专家，让他们的思想相互激荡，迸发出灵感火花，从而做出学术突破。多元文化交叉体现在各个层次、各个方面。首先是法学国际师资队伍的引智和建设。斯坦福大学法学院有职位就向全世界开放，其目标是延揽全球该领域最优秀的法治人才，只有这样才能保证大学有一个世界顶尖级的师资队伍。不同文化背景的人往往拥有不同的思维方法，有自己看问题的独特视角，这些人在一起互相切磋，很容易擦出思想的火花，产生新的发现，因为，人文社会学科尤其需要不同文化背景者相互启发，相互交流形成最具创新活力的文化基因。

（四）文理合璧的不同文化孕育创新源泉

创新是 21 世纪最重要的特征，推动学科交叉融合是获得高水平创新成果和培养卓越法治人才的重要途径。跨学科研究，从其他认知群体转移理论与方法，变得愈发频繁，这导致学科边界持续出现孔隙（porosity）。三大湾区高校法学院奉行学科交叉、知识碰撞是创造力的源泉，湾区一流大学法学院很重要的一点是打破学科之间的藩篱，促进交叉学科的发展。诚如斯坦福大学第十任校长约翰·亨尼斯所说，科学探索是没有止境的，学科之间是没有边界的，特别重视推动学科之间的协作与交叉。不同文化背景的法科学生可以从自己学科的角度来思考，提出不同的问题，有利于学科创新。世界知名法学院一般均会有意地招收一定比例的国际学生，这蕴含着重要的教育理念：让不同国家、不同文化背景的学生在一起学习，非常有利于法科大学生的成长和成才。

（五）课程设置上要注重交叉课程的配置

国际高层次法治人才的高素质在某种程度上强调学生在哲学、经济学、政治学和历史等方面具有雄厚的基础而生成的多元思维模型。随着粤港澳大湾区的发展，根据司法实践的需要增加一些由于经济、社会发展和科学技术进步而形成的新兴、交叉学科的课程，合理减少必修课比重，扩大以多样化学生的个性为核心的选修课的比重，为学生未来的职业发展和人生的历练，依据社会需要和自身基础、兴趣等实现个性化发展提供进一步提升的空间，在大学基础教育阶段除了要接受法律专业的系统和深入学习之外，也要重视非法学专业知识的学习，以此来满足国家对于应用复合型、应用型与国际型法治人才的刚性需求。我国的法学本科教育、法学硕士教育和法律硕士教育可以借鉴斯坦福大学法学院的法律双学位制经验，适当推广法学本科学生和研究生的双学位学习。同时，可以通过扩大我国已设立的法律硕士学位对于本科非法学专业考生的招生外，在课程设置上也可以借鉴日本东京湾区一桥大学的法学教育：在本科基础教育阶段接受法学专业课程学习之前先进行非法学专业（如自然科学方面、人文科学方面）知识的学习，并将其设置为与法律必修课占用同等学分的必修课程，也就是说须修够相应的学分才可以获得法学学士学位或者才可以参加法律职业资格考试。在法学专业选修课与必修课科目的分配上也要合理，各大院校可以在以通过法律职业资格考试所需重要科目为标准的基础上，结合本法学院校的优势与特点开设相应的重点学科教育。总而言之，在法学课程设置上要注重国际型、复合型与应用型等三型结合。

（六）培养高层次法治人才方法创新

美国的普通法体系以判例为基础，每节课前都需要阅读几十甚至上百页的案例并整理出案例简报（case brief），且需要落实到对案件事实细节的把握。真正课上的时间与课下自主学习的时间相比，实在是九牛一毛。法学院的学生们之所以如此积极地完成课前预习，与教授的教学方法是息息相关的。美国法学院的大多数教授都乐于采用"苏格拉底教学法"，即在与学生的问答过程中进行教学。同时，老师在授课过程中应注重与听课者的互动过程，引导大家积极发问并在提出问题前首先阐述自己对于相关理论的理解。在课下时间，可以设立诸如"法学沙龙""读书报告会"等活动加强师生之间的交流与学习，鼓励引导大家从不同的专业、不同的思维方式、不同的理论、不同的视角切入到法律实际问题的解决中去。要创新实践教学模式，打造虚拟教学平台，培养具有创新精神和实践能力的国际高层次法治人才。建议以体验式学习法、学生为中心的学习法和实践学习法等为主的多种教学法来进行课堂教学。

（七）创新理念渗透于法律教育与实践的全过程

法律教育与实践的创新引入学生的设计思维和团队合作原则，并向学生提出法律教育或法律实践创新的建议。课程从练习和教学开始，以创建有效的创新团队。然后，向学生介绍设计思维原则和工具，以提高他们创新的能力。教师的目标是了解什么是运作良好的团队，以及这些团队如何能够更快更有效地实现创新突破。其次，课程重点是在法律教育和法律实践方面的各种专家包括到哈佛国际律师协会的"实地考察"，以此就法律中发生的各种创新进行信息交流，以帮助提供背景。最后，随着学生对项目的关注度不断提高，教师将积极指导他们，并为他们提供学习如何建立和提出有效的创新方案。课程结束时的演讲将根据以下标准进行评判：创新性、实用性，影响和展示质量。学生还将收到关于他们想法的专业反馈，以及整个课程都有大量的反馈。课程的好处包括利用团队成员的优势和经验，与团队成员建立紧密的联系。斯坦福大学法学院的法律写作和研究计划是一系列练习，向学生介绍律师分析和整理诉讼法律立场，进行法律研究并以提出其法律意见的方式从事书面和口头辩论。学生可以通过准备初级课程来积极学习研究和写作技巧备忘录和摘要的最终草案，并熟悉获取印刷版和摘要版电子研究材料。

此外，在法科学生生源遴选政策方面，仔细分析后可以发现以上不同模式的共性变化在于：更多国家开始把毕业于数量相对恒定的法科院校列为法律职业的准入标准。简言之，就是除了通过法律职业资格考试，更加"前置性"地把经过筛选的法科院校作为准入法律职业的另一个门槛。

第五章

广东高校国际高层次法治人才培养模式

第一节　广东高校法治人才培养模式的历史回顾与现状分析

一、广东高校法治人才培养历史回顾和概况

我国历史上第一个官办的法律学堂——京师法律学堂，与北洋法政学堂等第一批官办法政学堂一起开创了中国近代法学教育的先河。广东高校法学教育在历史上一直走在全国的前列，源远流长。广东具有深厚历史积淀的法学院非中山大学法学院和暨南大学法学院莫属，其他高校的法学教育属于后起之秀，由于篇幅所限，本书主要以是否有博士点、硕士点和目前是否已在国际高层次法治人才培养模式方面迈出了实质性探索第一步作为遴选的依据。

（一）中山大学法学教育回眸和法治人才培养概况

要追溯广东近代法律教育的源头，最早源于19世纪中期的广州同文馆。当时，清末由于闭关锁国，既没有外交部门，也缺失与域外国家谈判交涉的外交人才和国际法律人才。清廷创设同文馆的目的就是为了培养能胜任对外交涉的熟悉国际法的外交官。因此，广州同文馆也开设了《万国公法》《公法会通》等有关国际法方面的法学课程。两广总督岑春煊和广东学政于式枚于1905年11月联合上奏朝廷，称"世变日亟，学术日繁，东西各国政治法律颇具深意，多为中国旧日未所有"，故而奏请成立广东法政学堂，以"造就广东全省司法行政官吏"。次年1月，奏折迅速得到朝廷的批准。于是，南粤第一所法政学堂随之成立。同年6月，广东官立法政学堂正式开学，这是继直隶法政学堂后中国第二所法政学堂，随后全国各地迅速建起了法政学堂。[1] 1919

---

〔1〕　赵青、钟庆："夏同龢创办广东官立法政学堂史实考辨"，载《教育文化论坛》2015年第1期，第119~127页。

年，北京大学法律学门正式更名为北京大学法律学系，开启中国近代法学教育之先河。1924 年 2 月，孙中山先生任大元帅时，以学校宜统一，令将广东省立法科大学、广东高等师范学校、广东省立农科专门学校和广东公立医学专门学校等合并为广东大学，派邹鲁为筹备主任。

广东法政学堂作为全国最早建立的法政教育机构之一，起点很高，一开始就跟国际接轨，当时专门聘请了日本的资深法学教师来华授课，学校使用的也是日本的法学与政治学教材，并开办了学制为四年的大学本科，后来又相继更名为广东公立法政学校、广东公立法科大学和广东大学法科学院，在当时为我国培养了一批活跃在社会各界的提倡自由、平等和科学，追求公平、正义和民主的法治人才。〔1〕作为南粤大地第一所法律专门教育机构，广东法政学堂的影响不容小觑。据相关资料记载，辛亥革命之后，广东各级地方绝大多数法院、检察院和律师事务所的法律人才，基本上均为广东法政学堂的毕业生。基于此，它为广东的法制近代化建设培养了第一批亟需的法律人才。辛亥革命后，广东法政学堂之后也更名为广东公立政法学校，揭开了崭新的一页。1925 年孙中山先生英年早逝后，国民政府为纪念中国伟大的革命先行者孙中山，于是将广东大学改名为中山大学，法科也随之成为中山大学法科，并于 1931 年发展为中山大学法学院。然而，世事变迁、连年征战及 20 世纪 50 年代的院系调整使得广东省的高等法学教育几乎陷入了瘫痪状态，中山大学法学院及法律系被撤销。中山大学只保留了文学院、理学院，"校-院-系"变成了"校-系"两层架构。直到改革开放后的 1979 年 7 月，在百废待兴和法治人才极度稀缺的历史背景下，经教育部批准，中山大学法律学系重新复办。随后，随着广东珠三角经济的腾飞，纷繁复杂的经济纠纷亟须大量高素质的法治人才，广东省的法学教育也迎来了法学专业发展的第二个"春天"，全省各地法律院校如雨后春笋般涌现出来，法律人才开始"大批量生产"。1993 年，中山大学的法律学系和社会学系、政治学、行政学系以及人口研究所组成一个新的学院——法政学院。2001 年 9 月，中山大学撤销法政学院，以法律学系为基础建立了法学院。〔2〕

---

〔1〕　侯虹斌："广东法政学堂：广东现代法制的起步"，载《南方都市报》2015 年 11 月 7 日。
〔2〕　参见中山大学法学院官网 http://law.sysu.edu.cn/，最后访问日期：2019 年 10 月 2 日。

（二）暨南大学法学教育和法治人才培养回溯和概况[1]

暨南大学法律系正式诞生于 1927 年秋天，这个学科从建设伊始就承担着特殊的使命。当时的暨南大学校长郑洪年希望，增设法律系，能让南洋华侨子弟熟悉国内、国际、南洋当地律法，让华侨能够利用法律保护自身权益，积极参政从政，改善华侨的待遇。暨南大学法学院于 1930 年夏正式成立，并增设外交领事系，增设了模拟法庭等实践性课程，以及到法院实习一年的要求，学生还可对学院授课方法提出建设性意见。20 世纪 30 年代，暨南大学法学院成立，当时法律系使用全英文授课的课程有 28 门，占总开设课程的40%，还聘用了一批拥有法律实务经验的法官、审判官、律师。抗战中期，上海多家高校校舍或被战争破坏殆尽，或被日军强行占领。当时政府决定筹设东南联合大学，而暨大法学院得以从 1942 年 9 月至 1943 年 6 月短暂复院，吸纳了来自东吴大学法学院、复旦大学、厦门大学等高校的学生。法学院当时共 6 名教师，却要讲授 20 门课程，平均每位教师每周要承担 10 个小时的课程讲授。早年的课程设置包括《商法》《刑事诉讼法》《英美法》《国际私法》等。在《国立暨南大学法律丛书》中，提到了 80 多年前便已出版了《破产法原论》《商标法释义》《国际劳工立法》等看上去颇为"新潮"的教科书。这时期设立的法学课程：一是与国际接轨，开设包括中国、英美、罗马及南洋通用诸法课程；二是面向社会需求、把握时代脉搏，像《劳动法》课程探讨的妇女劳动、工作时间、工资工会、劳资争执的解决至今仍是我们社会讨论的话题；三是面向侨胞，从教育上着力保护海外侨胞权益。1946 年 8 月，几经波折的法学院在上海复办。1949 年，暨大法学院并入复旦大学法学院，但暨大法学教育的"火种"没有熄灭，1987 年 9 月，暨南大学经济学院企业管理专业招收了第一届经济法和国际法方向的研究生。1990 年秋季，经济法专业正式招生；2001 年 4 月 5 日，时隔 52 年，法学院在广州完成重建。2004 年9 月，为填补广东省作为知识产权大省在知识产权人才培养上的空白，暨南大学成立了知识产权学院。2012 年该院和法学院合并，称为法学/知识产权学院。90 年来，来自全球各地的 6000 多名优秀法科学子从暨大走出。作为百年华侨最高学府，暨南大学在法学研究、法治人才培养、华侨权益保护等方面

---

[1] 参见暨南大学法学院官网 https://law.jnu.edu.cn/1179/list.htm，最后访问日期：2019 年 10月 3 日。

肩负着更重要的责任。

（三）广东外语外贸大学法学教育和法治人才培养概况〔1〕

广东外语外贸大学法学院的前身是 1996 年成立的国际法学系，2001 年改为现名。历经 20 多年的发展，法学院目前已经成为学科体系设置相对完整、专业特色鲜明、教学和科研水平在广东省知名的法学院。法学院设有完整的本科、硕士研究生、博士研究生人才培养体系。法学院现有法学四个本科专业方向，即国际经济法、民商法、知识产权法和法学方向。2004 年，国际法学获批为法学二级学科硕士学位授权点。2006 年，民商法学获批为法学二级学科硕士学位授权点。2009 年，法学院获得法律硕士（JM）专业学位授予权。2010 年，法学院获得法学一级学科硕士学位授予权。2012 年，法学院在学校的欧洲学二级学科博士学位点招收培养欧洲法律方向博士生。学院设有国际法学系、法律系、民商法学系、知识产权法系和法律硕士教育中心。法学学科现有 7 个省级研究或培训基地：广东省地方立法研究评估与咨询服务基地、区域一体化法治研究中心、党内法规研究中心、"走出去"战略下国际法律研究服务中心、中国-非洲法律研究中心（广州）、中国-非洲法律培训基地（广州）、华南国际知识产权研究院；1 个市级研究基地：广州绿色发展法治研究中心；此外，还设有土地法制研究院、教育法制研究所、中国信访法治与国家治理研究中心、智慧司法与司法改革研究中心等多个研究机构。

法学院近年来在学科建设、人才培养、科学研究、社会服务、国际合作交流等方面取得了长足的发展。2010 年，法学专业被广东省教育厅批准为广东省特色专业。2012 年，法学学科被广东省教育厅批准为广东省优势重点学科。2012 年，法学院获评为广东省综合改革试点单位和广东省实践教学示范中心。2014 年，法学院获评为广东省"卓越国际法律人才培养基地"。2016 年，法学院获评为广东省人才培养模式创新试验区。2018 年，学校入选广东省高水平大学重点学科建设高校名单，其中法学科被列为广东省高水平大学重点建设学科。法学院以培养具有国际视野的高层次法律人才为目标，拥有一支高水平的师资队伍，以"万人计划"哲学社会科学领军人才、百千万人才工程国家级人才、国务院政府特殊津贴专家、国家有突出贡献的中青年专

〔1〕　参见广东外语外贸大学法学院官网 https://fxy.gdufs.edu.cn/xygk/xyjj.htm，最后访问日期：2019 年 10 月 6 日。

家、教育部新世纪优秀人才、云山领军学者、云山杰出学者、"全国十大杰出中青年法学家"提名奖获得者、广东省和广州市"十大优秀中青年法学家"等为代表的高职称、高学历、高水平的师资队伍，教师队伍结构合理，学缘结构优化。法学院现有专任教师（含科研人员）68人，其中教授28人、副教授18人，具有博士学位的教师有50人，博士占有师资比为74%，且大多数具有律师或仲裁员资格，有丰富的法务实践经验。同时，法学院还聘请多位全国著名的法学专家担任客座教授，并聘任一大批精通实务与理论的实务部门专家作为校外兼职导师。近年来，法学教师科研成果丰硕，成功获得国家社科基金重大项目2项，教育部哲学社会科学研究重大课题攻关项目2项，国家社科基金重点项目、一般项目10余项，省部级课题近百项；在《中国社会科学》《中国法学》《法学研究》《中外法学》《法学》《法商研究》《法学评论》《法律科学》《法学家》《政法论坛》等刊物上发表学术论文60余篇。研究成果获教育部第七届高等学校科学研究优秀成果奖（人文社会科学）二等奖、广东省哲学社会科学优秀成果一等奖等奖励10余项。一批中青年学者崭露头角，在法学界发挥着学术引领作用。

20多年来，法学院为社会培养了大批高素质的国际法律人才。每年有相当比例的毕业生前往康奈尔大学、悉尼大学、香港大学、中国人民大学、清华大学、武汉大学、中国政法大学等境内外知名院校继续深造。就业主要分布在国内外律师事务所、司法机关以及知名外企等行业或单位。学院现有在校本科生近1000人，法学双学位学生200余人，硕士生320人，博士生10人。近年来，在国内外继续深造的学生占毕业总人数的27%以上；毕业生最终就业率高达99%，2014年、2016年、2018年荣获"学校就业工作先进集体"荣誉称号。法学院十分重视研究生教育，研究生人才培养质量稳步提升。截至2018年12月，教师中共有38人次荣获"研究生教学优秀奖"，7人次荣获"优秀研究生导师"称号，2人获"校级教学名师"称号，获得省级研究生教育创新计划项目12项；研究生中有多人获得优秀毕业生等荣誉，在2009届-2016届研究生中，法学院研究生在各类刊物上发表学术论文近360篇。法学专业研究生法律职业资格考试通过比例一直超过60%；研究生就业率高达100%。法学院践行"明德尚行，学贯中西"的校训，培养"双高"（思想素质高、专业水平高）、"两强"（跨文化交际能力强、实践创新能力强），具有国际视野，通晓国际规则，能参与国际事务的国际化卓越法律人才。法学院现已与澳大利亚昆士兰大学、美国佩珀代因大学、香港城市大学等境外高校建立并开展多种形式的国际交流合作。

法学院始终重视培养学生的创新能力、实践能力和敬业精神，不断拓展实习基地。许多单位通过与法学院的课题合作及设立奖学金等方式，给优秀学生提供各种实习机会。法学院与广州市中级人民法院、深圳市中级人民法院、佛山市人民检察院、广州海事法院、南沙区人民法院、白云区人民法院、海珠区人民法院、白云区人民检察院、广东国鼎律师事务所等40多个单位合作建立了校外教学实习基地等。作为广东省"国际卓越法律人才教育培养基地"，法学院在长期的教学实践中，经过多年的探索和发展，将外国语言文化、国内外法律制度和国际交往规则三大专业板块有机结合，形成"专业与外语"深度融合的国际化人才培养模式，强调中西法学知识的融合、跨文化专业交流能力的培养，注重国际化视野和法律职业实践，培养成效显著。法学院重视培养并资助学生参加各类国际性模拟比赛，而且频获国内大奖。例如，法学院学生代表队继2002年参加第三届"贸仲杯"（英语）国际商事模拟仲裁庭辩论赛荣获亚军后，又在2003年第四届"贸仲杯"（英语）国际商事模拟仲裁庭辩论赛中摘取了桂冠。学生代表队在杰赛普（Jessup）国际法模拟法庭中国第五届、第八届至第十三届、第十七届全国选拔赛中多次取得了二等奖的佳绩。2019年，学生代表队在获得首届"贸仲杯国际投资仲裁赛"团队一等奖后，再接再厉，获得国际刑事法院中文模拟法庭比赛中国区选拔赛第一名的优异成绩。

（四）华南理工大学法学教育和法治人才培养概况[1]

华南理工大学法学教育肇始于1993年学校人文社科系的法学专业，2004年7月法学院正式挂牌成立，同年11月学校与广东省知识产权局、广州市知识产权局合作共建知识产权学院，目前知识产权学院与法学院合署办公。今天的华南理工大学法学院，坐落在集教育、科研、旅游为一体的被珠江环绕着的小谷围岛上的华南理工大学大学城校区。在这里，年轻的华南理工大学法学院有一支同样年轻的风华正茂、意气风发的教师队伍：教师平均年龄40岁左右，95%具有博士学位，其中1名"中国十大杰出青年法学家"，3人在

---

[1]　参见华南理工大学法学官网 http://www2.scut.edu.cn/law/12390/list.htm，最后访问日期：2019年10月8日。

全国专业法学研究会担任副会长，多名教师担任常务理事或理事；在这里，法学院拥有自己相对独立的学院楼和 3 个模拟法庭，每位教师都配备有独立的办公室，具有良好的科研条件。在基础设施上，法学院拥有收藏 6 万余册图书、近百种中外学术期刊和两套中外数据库的独立专业图书馆，提供电子专业课室和阅览室，陈列上千册最新出版的法学期刊可供师生查阅与休憩的"法律人家"咖啡书屋。此外，学院还有自己的成果展览厅、法律职业技能演练室、案例演示室以及休闲庭院等。

华南理工大学法学院具有法学一级学科硕士学位授予权和法律硕士专业学位授予权，并设有法学博士后流动站。目前学院建有多个国家级、省部级和校级各类重点研究与培训基地，为支撑学科发展、凝聚学科特色和培养优秀人才提供了重要平台。近年来，法学院主持国家社科基金课题近 20 项，每年在法学主流期刊发表学术论文多篇，法学研究在全国的学术影响力逐步提升。学院现有法学与知识产权两个本科专业，同时也是首批全国卓越法律人才培养教育基地，每年录取全国优秀考生 30 名左右，实施"卓越法律人才培养专项计划"。

经过多年来的培养，一大批优秀学子奋战在法律实务界和法学教育界，有的已成为法律行业的精英。目前，学院已与广东省内 30 多个著名律师事务所、专利事务中心、政府职能部门、司法机构和知名企业建立了稳定的合作关系，共同致力于法律实务人才的培养。学院还与美国伊利诺伊大学法学院、纽约大学法学院、比利时新鲁汶大学法学院等境外高校建立了多种形式的合作关系，以此推动学院的国际化发展。华南理工大学法学院是一所年轻的法学院，也是充满活力的法学院。

（五）广东财经大学法学教育和法治人才培养简介[1]

法学院前身为广东商学院法律系，1993 年开始招收全日制本科生，在校本科学生 1752 人，研究生 379 人，至 2018 年，共向社会输送本科生 10 168 名，硕士研究生 1878 名；并与武汉大学、中南财经政法大学联合培养博士后 2 人。目前已成为广东省法学全日制本科在校生人数最多的法学院。法学院具有雄厚的师资力量，在广东省法学教育中占有重要地位。法学院现有专任教

---

[1] 参见广东财经大学法学院学院官网 http://law. gdufe. edu. cn/770/list. htm，最后访问日期：2019 年 10 月 9 日。

师 82 人，其中教授 34 人，副教授 30 人，有博士学位教师 51 人，博士生导师 3 人，硕士生导师 36 人，是广东高校中具有博士以上学历和高级职称教师人数最多的法学院。现有享受国务院特殊津贴专家 1 名、教育部法学科专业教学指导委员会委员 1 名、广东省教学名师 2 名、南粤优秀教师 1 名，广东省十大青年法学家 2 名、广州地区十大中青年法学家 2 名，30 余人次担任港澳法研究会、中国民事诉讼法研究会副会长等全国性学术研究会理事以上职务。具有美国、英国、日本等国访学、交流、学历教育经历的教师 20 余人，拥有省级教学团队 2 个，建有专兼职相结合的港澳法教学团队。法学院设立法学专业，开展法学本科、法学双学位、法学硕士、法律硕士［含在职法律硕士、全日制法律硕士（非法学）和法律硕士（法学）］教育。专业教育突出财经院校特色，以培养精商通法的复合型人才为目标，设立商法融合专项课程，注重实践能力的培养，开设专门实验实训课程。

法学专业拥有多个国家和省级教学和科研平台。2002 年法学专业获批广东省首个法学名牌专业，2008 年获批国家级特色专业建设点，2010 年获批广东省首家法学实验教学示范中心，2012 年法学专业获批国家卓越法律人才教育培养基地；2014 年法学院获批为广东省省级试点学院。2003 年法治与经济发展研究所获批广东省人文社科重点研究基地，2003 年宪法与行政法学、诉讼法学获学校首批硕士学位招生资格，2004 年开始招收硕士研究生；2007 年获法律硕士（JM）授权资格，2008 年开始招收全日制（非法学）法律硕士和在职法律硕士；2011 年法学一级学科获硕士学位授权资格，2012 年、2016 年法学一级学科获评广东省优势重点学科。现有宪法学与行政法学、诉讼法学、法学理论、民商法学、经济法学、刑法学、国际法学七个硕士研究生授权点和法律硕士专业（JM）授权点和一个博士后工作站。法学院、广东省人文社科重点研究基地"法治与经济发展研究所"和法律硕士教育中心是广东财经大学法律人才培养和法学研究的主体机构。

自 2010 年以来，学院共获各级各类课题 200 余项，其中国家级 7 项，省部级 100 余项。在《法学研究》《中国法学》《政治学研究》等期刊发表科研教研论文 900 多篇，出版学术专著 30 多部；获得科研教研奖励 50 多项，其中省部级 10 余项。为保障实验教学需要，学院建有省内领先的实验教学中心。目前已建成与现代信息技术相结合的各类实验室 9 个，实验室面积达 1460 平方米，实验仪器设备总价近千万元，构建了涵盖实务实训、模拟仿真、虚拟仿真三种实验手段的多种实验设施，开展实验项目 200 多个。中心设有法律诊所、法律大数据研究室、创客空间等实训机构，与法院、检察院等实务部门广泛合作，建立了 30 余个校外实践基地。

为落实国家卓越人才教育培养计划，广东财经大学建立卓越法律人才培养模式创新实验区，设有"粤港澳大湾区法务""企业法务"特色人才培养方向，开设两个实验班。企业法务方向以商法融合为理念，以协同培养为机制，以应用型、复合型法律人才培养为目标，开设系列法律实务课程和法商融合类课程，突出训练学生法律职业技能和培养学生复合型知识结构。实验班聘请资深法官、检察官、律师和企业法务人员承担法律实务课程教学。粤港澳大湾区法务方向根据粤港澳大湾区和"一带一路"建设对法治人才的需要，开设港澳法律制度课程、英美法课程，采取国（境）内外协同培养模式，选送学生到台湾东吴大学、澳门科技大学、香港大学等访学交流，开展学年交换、学期交换、暑期交流等项目，聘请台湾东吴大学、澳门科技大学等高校教师授课。实验班采取入学后考试遴选方式，动态管理，建立学生分流机制。广东财经大学与澳大利亚西澳大学合作办学，建立 3+1 本硕连读合作培养项目。

（六）深圳大学法学教育和法治人才培养简介[1]

深圳大学法学院（知识产权学院）前身法律系始建于 1983 年，与深圳大学同步创办，是国内较早设立的法学类院系之一。著名法学家高铭暄、李泽沛、董立坤曾担任院系领导。1983 年创办法学本科专业并获法学士学位授予权。1997 年法律系改建为法学院。1998 年 6 月，获得国际法学二级学科硕士学位授予权。35 年来已为深圳和国家输送了近七千余名法律等专业人才。目前作为深圳特区唯一的全日制大学法学院，在校本科生和各类研究生近 1800 余人。

2006 年以后，法学院的学科和学术平台建设发展迅猛。2006 年 1 月，获得经济法、刑法、宪法行政法学三个二级学科硕士学位授予权。2006 年 2 月，法学专业被评为广东省名牌专业。2007 年获在职法律硕士（JM）学位授予权。2007 年获法律硕士（非法学）学位授予权。2009 年获法律硕士（法学）

---

[1] 参见深圳大学法学院官网 https://law.szu.edu.cn/xygk.htm，最后访问日期：2019 年 10 月 11 日。

学位授予权。2011 年 1 月，获得法学一级学科硕士学位授予权。2011 年 6 月，法学专业被评为广东省首批特色专业建设点。2011 年 6 月，获得法学理论、民商法、诉讼法学三个二级学科硕士学位授予权。2011 年 12 月，获得知识产权法、劳动与社会保障法两个二级学科硕士学位授予权。2012 年 12 月，法学一级学科获评广东省优势重点学科。2014 年，在该校开办社会学专业 16 年之后首次获得社会工作专业硕士学位授予权。

2010 年，深圳大学、深圳市知识产权局、中兴、华为、腾讯、比亚迪、迈瑞等高科技企业合办共建"深圳大学知识产权学院"。2011 年 4 月，经最高人民法院批准设立"中国知识产权司法保护理论研究基地"。2012 年被广东省知识产权局和教育厅认定为广东省知识产权人才培养基地。2017 年 12 月，国家知识产权局同意在深圳大学设立"国家知识产权培训（广东）基地"。2019 年 6 月，广东省同意成立深圳大学创新发展法治研究中心并认定其为广东省法学会法治研究基地。

2015 年 3 月，深圳市人大常委会与深圳大学合办共建"深圳经济特区立法研究中心"。2016 年 3 月，深圳大学与汕尾市人大常委会合办共建的"汕尾市地方立法研究评估与咨询服务基地"揭牌成立和运作。2016 年 7 月，广东省政府台办和广东省台湾研究中心授牌深圳大学台湾法律研究所纳入省政府台办研究机构系列。法学院现有教职工 108 人，其中专职教师 87 人。专职教师中现有特聘教授 2 人、教授 21 人、副教授 30 人，博士生导师 3 人，硕士生导师 44 人。法学院先后产生两位全国十大杰出青年法学家，两位广东省十大杰出法学家。另有教育部新世纪优秀人才 1 人、全国知识产权领军人才 1 人。学院教师有多人担任中共深圳市委法律顾问、深圳市人大常委、省级人大和政府机构法律专家、深圳市政府法律专家咨询委员及市区各类党政机关、法院检察院、仲裁机构等专家顾问。

近五年招收各类硕士研究生 880 多人，考取北京大学、中国人民大学等名校博士近 30 人，招收培养日本、俄罗斯、韩国等外国博士、硕士留学生 14 人。近五年获国家社科重大项目、重点项目、教育部重大课题攻关项目 10 余项，省部级科研项目近 30 项。

国际法、经济法、知识产权法等学科方向特色和优势明显。其中国际法主要研究国际商事仲裁、国际投资和贸易法律冲突等，在省内较早获得省级重点学科和硕士学位授权；获首批广东省级优秀硕士学位论文奖，全国"第八届 Jessup 国际法模拟法庭辩论赛"冠军。经济法主要研究规制理论以及竞争法、消费者保护、食品安全法、社会法等;经济法方向立足特区、放眼全国,重点研究公权规制市场的法律,产生了一批创新性的学术成果,在《中国社会科学》《中国法学》发表高水平论文共 6 篇,主持国家社科基金重大和年度项目共 11 项;近三年与耶鲁大学法学院共同举办学术会议 5 次。知识产权方向已形成了"1+4"平台为核心和支撑的人才培养机制,即一个学院和三个基地+独立硕士点和博士联合培养,体现了"政、产、学与研"密切结合,"四位一体"的办学风格。

(七)汕头大学法学教育和法治人才培养简介[1]

汕头大学虽然不在粤港澳大湾区这个范畴,但是其目前作为粤港澳大湾区高校联盟的发起单位。汕头大学是 1981 年经国务院批准成立的广东省属"211 工程"重点建设综合性大学,是教育部、广东省、李嘉诚基金会三方共建的高等院校。1982 年秋开始筹备成立法律系。1983 年秋法律系法学专业开始招收本科生,1993 年开始招收行政管理专业本科生,至今已毕业本科学生达 3000 多名。1994 年秋,为落实"一国两制"方针,实施"澳人治澳",经国家教委和国务院港澳办批准,由新华社澳门分社澳门大专教育基金会资助,法律系承办法律专业澳门专门班。2000 年获行政管理专业硕士授予权。经教育部审核批准,汕头大学于 2017 年起招收法律硕士研究生,项目的依托单位是汕头大学法学院。学院重视实践特色教学和国际化发展,兼顾学生职业素质的培养和科学精神的提升,理论和实务教学水平不断提高。法学院秉承"以人为本,因材施教"的理念,立足中国,顺应当今世界潮流,放眼全球,融合中西法政精华;和谐敬业,传道授业解惑,承先启后,改革发展创新。努力培养具有良好道德品质,优秀专业水准,开阔社会视野,既能服务当代中国,又能参与世界竞争的法政人才。法学院倡导知行合一的学风,以"博学之、审问之、慎思之、明辨之、笃行之"的古训为座右铭,追求经世致用的教育目标,激励莘莘学子既立"修身、齐家、治国、平天下"之志向,又存"达则兼济天下,穷则独善其身"之气度,以天地之正气育英才,传法政之精神塑新人。

---

〔1〕 参见汕头大学法学院官网 https://law.stu.edu.cn/Default.aspx,最后访问日期:2019 年 10 月 12 日。

　　汕头大学法学院师资力量雄厚，全院现有教师 38 名，教师多数具有海外教育背景和博士学位，具有法学本科设有三个方向：英美法、日本法、非诉讼争议解决。这三个方向在全国法学院本科教育中均具有领先地位，填补了国内法学院本科教育在这三个领域的空白。学院聘请多位国际知名学者为顾问，并大力引进有国际经验的师资团队，60%以上教师开设全英、双语课程。鼓励并大力支持学生参加国内外竞赛活动，如巴黎国际商业调解比赛（是国内唯一参加的高校）、JESSUP 国际法模拟赛（获得二等奖）等，取得优异的成绩。学生作品在全国"挑战杯"大学生课外科技学术竞赛中获得过二、三等奖的好成绩。与境外多所大学建立合作关系，学生毕业后推荐到英国、澳大利亚、日本攻读研究生，2007 届法学专业有11%的毕业生被香港、澳大利亚、日本等地的大学录取攻读法学硕士学位；推荐学生到华南地区外资企业工作，近三年，法学院毕业生的就业率在98%以上。法学院学术氛围浓厚，四年来，邀请国内外著名专家学者开了一百多场精彩的学术讲座，开阔师生视野。学院通过举办亚太地区法学院院长联席会等国际学术研讨会，提高法学院知名度。注重学生实际应用能力的培训及实践锻炼。连续四年每年选派 10 名学生前往香港律师事务所实习，连续三年每年选派 10 多名学生前往北京法律机构实习。与龙湖区法院合作，由法院授权学生担任司法调查员进行未成年人犯罪背景调查，调查结果运用于法院判决。此外，法学院还设有金平区政府等十余处实习基地。

　　（八）广州大学法学教育和法治人才培养简介[1]

　　广州大学于 1984 年创办法学专业，2000 年正式组建法学院，2006 年获法学理论硕士学位授予权，2011 年获法学一级学科硕士学位授予权，在五个专业方向培养研究生。2012 年获批省"法学专业综合改革试点项目"，2013 年获批省校外大学生实践教学基地建设项目，2014 年获批法律硕士专业学位授予权。法学院师资力量较为雄厚。目前共有 18 位教授：其中 6 名博导，3 名二级教授，3 名享受国务院特殊政府津贴，1 名全国十大杰出青年法学家。法学院下设五个教研室和广州律师学院、公法研究中心、检察理论研究中心等机构。法学院与广州大学人权研究院联合进行法学研究与法学人才培养。

---

　　[1]　参见广州大学法学院官网 https://apps.eol.cn/2133/article/129012.html，最后访问日期：2019 年 10 月 16 日。

法学学科研究机构层级较高。一个国家基地：广州大学人权研究院于2011年被教育部确定为国家级人权教育与培训基地。三个省级研究基地：广州大学广东省地方立法研究评估与咨询服务基地（省人大常委会立法研究基地）、粤港澳大湾区法制研究中心（省社会科学研究基地）、广州大学人权研究中心（省人文社科重点研究基地）。法学院拥有优良的教学与科研条件。校图书馆设有法律分馆；学院建有法学实践教学中心、模拟法庭、法庭科学实验室；学院与广州市司法局法律援助中心合作建设有"广州大学法律援助站"。

二、广东国际高层次法治人才培养现状

目前，广东国际高层次法治人才培养面临的一个突出问题是，高等教育中对国际高层次法治人才培养起步晚，院校法学专业设置与国际化素养培养相脱离，具体而言，存在以下问题：

（一）人才培养层次偏低，国际高层次法治人才匮乏

广东印发了《贯彻落实〈粤港澳大湾区发展规划纲要〉的实施意见》，提出到2035年，大湾区全面建成宜居宜业宜游的国际一流湾区。粤港澳大湾区是经济的规划布局，法治建设至关重要；推进"一带一路"倡议和粤港澳大湾区建设，必须要有各行各业的国际化人才；粤港澳大湾区要建设成为世界一流湾区，必然要借助国际高层次法治人才的力量。粤港澳大湾区的高校应当成为全球优秀法治人才的培养基地，这是法学院责无旁贷的责任与使命。但是，现在粤港澳大湾区发展最直接的挑战就是大湾区内部法律体系碎片化，尤其是香港和内地，过往一直通过行政框架协议的形式推进合作。以法治推进粤港澳大湾区发展，是湾区城市群深度融合的现实选择。推动建设粤港澳大湾区，打造具有全球竞争力的营商环境，亟须高素质的国际高端法治人才。而目前广东国际高端法治人才却严重偏少，即广东高校法学专业教育近几年面临一个尴尬的局面，一方面粤港澳大湾区法治建设对高层次法治人才的需求旺盛，另一方面法科毕业生因为无法胜任涉外法律职业而导致很难就业，也就是中低端法治人才过剩，国际高层次法治人才却供不应求，涉外法律服务市场需求侧和广东高等法学教育供给侧呈现结构性抵牾，这种现状应该引起广东法学教育界的反思与检视，面对培养出来的"产品"很难适应市场需求这样的层次性和结构性矛盾问题，我们不得不反思广东目前的法学教育和法学人才培养模式。

（二）法学硕士点少且分布不均衡，法学博士点稀缺

我国，尤其是广东，除了普通高校法治人才培养层次偏低之外，更加让人震惊的是，法律专业教育在大专院校、成人教育、高职高专院校也遍地开花。与低层次法学教育的蓬勃发展相比，相较于北京、上海等，法学专业研究生教育在广东省一直未获得很好的发展。首先，在硕士研究生培养方面，除了中山大学法学院和暨南大学法学院以外，珠三角九市拥有法学一级学科硕士点的高校共有8所、法律硕士点共有9所，绝大多数集中于广州。参见表5-1，我们还可以看出，其他六所高校只有一个或至多两个法学硕士点，尚无一所高校取得法学硕士一级学科点资格。近年来，在作为法学专业研究生教育改革方向的法律硕士培养方面，与广东改革开放以来国内外经济、国际贸易和投资的高速发展相比，广东省法学硕士研究生教育显得尤为薄弱。

其次，博士点的设立是一个学科学术水平的重要标志，但广东省法学教育恰恰在法学博士研究生培养方面显得非常落后，法学博士研究生培养高校数量凤毛麟角。中山大学法学院比较晚才拥有法学博士学位一级学科授予权（设有10个专业方向），自2019年起，暨南大学正式招收法学博士生。为了"曲线救国"，广东省目前仅有2个挂靠招生的法学博士点。全国共有10个法律硕士专业学位的试点高校，但我省只有中山大学具有招生和培养资格。从硕士研究生培养规模来看，中山大学法学院招生规模最大，每年招收200名以上的研究生。招生人数比较多的还有暨南大学和广东财经大学。

表5-1 广东省高校法学研究生硕士、博士点概况

高校	所属城市	法学（法律）硕士招生情况	法学（方向）博士生招生情况
北京大学	深圳	美国法（JD学位）法律硕士学位JM学位	
中山大学	广州	法学硕士、法律硕士	法学一级学科博士点
暨南大学	广州	法学硕士、法律硕士	法学一级学科博士点
华南理工大学	广州	法学硕士、法律硕士	挂靠马克思主义学院马克思主义中国化研究专业、工商管理学院技术经济及管理专业招生

高校	所属城市	法学（法律）硕士招生情况	法学（方向）博士生招生情况
深圳大学	深圳	法学硕士、法律硕士	与中国社会科学院马克思主义学院、澳门大学、武汉大学联合培养
华南师范大学	广州	法学硕士、法律硕士	挂靠公共管理学院教育经济与管理专业、马克思主义学院思想政治教育专业等专业招生
广东外语外贸大学	广州	法学硕士、法律硕士	挂靠广东国际战略研究院文学专业招生［2019年前为欧洲学，2019年后为"国别和区域研究"（含政治与外交研究、法律研究、经济研究三个具体的方向）］
广州大学	广州	法学硕士、法律硕士	
广东财经大学	广州	法学硕士、法律硕士	
华南农业大学	广州	法律硕士	
汕头大学	汕头	法律硕士	

注：本表情况来源于广东各大高校研究生院近年来研究生招生简章及其目录。

（三）地域特色没有凸显出来，粤港澳大湾区特色的法学体系并不明显

几十年来，我国的法学教育在数量上取得了较大进步，全国大多数不同类别、层次的院校均设置了法学专业，在不到十年的时间里，全国的法律院校增至六百多所，在校学生七十多万人，这样的发展速度对我国高等法学教育而言确有一定的积极作用。广东省有资格招收法学本科生的高校有22所。粤港澳大湾区建设不仅仅是广东和香港、澳门的事情，在经济全球化和法律全球化的时代背景下，应置于国际竞争的视域下来考虑，因此，从宏观上而言，建设粤港澳大湾区和"一带一路"，必然伴随着各种各样的国际经贸、国际投资纠纷，如何防范和化解跨国经济争端？国际法律服务必须跟上，法学理论与法学实践探索也应有大湾区的特色，构建粤港澳大湾区三地三法域交融的多元化特色法学应该是不容置喙的事情。从表5-2可以知道，有港澳法研究机构的高校有5所，其中4所隶属于法学院。作为广东境内实力最强的

高校，中山大学法学院却并未设置专门的港澳法研究机构。

（四）跨学科知识融入的严重不足

一个国际高层次法治人才应该是复合型法律人才，要拓宽知识视野，不仅必须掌握世界地理、金融、会计、教育学、心理学等必备的交叉学科知识，而且需要熟悉哲学、历史学、政治学、经济学等重要专业知识，还应全面了解我国经济、政治、社会和文化等各领域的基本状况，做到不同学科领域知识的相互衔接与融会贯通。要创新知识载体，善于运用新技术新媒体来呈现教学内容，推进法学教育与信息技术的深度融合。但是，由于20世纪50年代的院系大幅调整，导致高校基本以单学科大学的面目出现，学科结构严重失衡，不同学科之间的水平差距过大，院系之间往往老死不相往来，隔行如隔山，使学科之间很难进行交叉和渗透，这种人才培养机制使高校缺少出色的具有跨学科背景的学科带头人和顶级专家。因为大学跨学科研究在理想愿景与现实利益之间存在诸多问题与冲突，面临着来自多方面利益的纠葛与挑战。从跨学科研究的内在性质来看，学科文化差异在跨越学科边界中存在较大的阻力，同时学科文化差异性也导致跨学科研究几乎很难有统一的范式，这是跨学科研究的一个内在矛盾性。从大学科的现实状态来看，在当前跨学科研究的组织结构与管理、资源配置以及评价对于跨学科研究而言是非常关键与突出的问题。[1]在法科人才培养方面，囿于法学曾经是绝密学科，无疑更难打破学科壁垒，所以法科学生交叉学科知识涉猎过少。

（五）国际化法学师资团队相对匮乏

世界正处在大发展大变革大调整时期，中国日益走近世界舞台中心和全球治理前沿，中国与世界的命运从来没有像今天这样紧密相连。在力推"一带一路"倡议和粤港澳大湾区建设这一背景下，青少年法科学生对世界变局和中国角色的关注前所未有，对国际知识和全球素养的需求前所未有。为回应法科学生对国际法、外国法与比较法知识的强烈渴求，要求法学教师必须拥有宽广的国际视野与全球眼界，有能力引导与启发学生在更宏大的国内外环境中确立起对中国特色社会主义事业的高度认同，大多数高校法学院有海外学术背景、受异国跨文化影响较多的法科教师并不多。目前，从广东开设法学本科以上的高校中，已经或能够开设除三国法之外的国际法律制度、外

---

〔1〕　周朝成：《当代大学中的跨学科研究》，中国社会科学出版社2009年版，第62页。

国法与比较法课程模块的高校法学院系为数不多，囿于法科教师本身的外语能力和缺少国际视野，这势必严重制约学生的国际思维。

（六）全球性思维和国际化视野不足

在经济全球化的新时代背景下，尤其是国家提倡"一带一路"和建设粤港澳大湾区的语境下，拥有国际视野和跨文化素养是未来顶尖法律人才必备的条件。法学教育的国际化可以回溯至 20 世纪 50 年代模仿苏联之伊始，主要涵盖多层分级的学科建制、倾向欧陆化的课程体系、意识形态的法科教材等诸多方面。其主要目标是满足与苏联政治意识形态的学习和经贸交往的现实需要。改革开放以来，随着又一次大规模"西学东渐"，老牌法科院校相当程度上经历了国际化办学理念、学习样板、改革举措等多方面的更新。[1]但是，长期以来，由于欧美国家经济发达生活水平偏高而我国大多数家庭生活尚未达到富足水准和部分学生家庭经济困难，当然也有学校不太重视或办学经费经常紧张等诸多缘由，多数法科生没有或很少能拥有机会出国留学进一步攻读域外法学硕士（LLM）或法律职业博士（JD），去国外法学院做交换生，赴海外暑期游学等跨文化交流也不是每个法科生都能获得的机遇，国际化视野的拓展和外语交流能力的提高均需要大力推进，由此导致多数法科生的国际视野有待于开阔。

三、广东高校国际高层次法治人才培养存在的问题

通过对广东法学教育史的回顾与检视，法学教育在取得骄人业绩的同时，也应理性地意识到，其还面临着不少迫切需要解决的结构性问题。

（一）法治人才培养目标定位同质化倾向与认知上的偏差

人才培养目标是人才培养的核心要素。目前我国几乎所有法学院校，基本上都以培养法官、检察官、律师、企业法律工作人员及法律研究人员等法律工作者为目标，由此造成各个法学院在人才培养定位、培养模式和课程设置等方面千篇一律，毫无特色可言。几乎所有的法科毕业生用同一模板刻制，既不能体现人才培养的特色，又不能突出个人能力方面的特点，无法适应和应对多样化的生活实践。但一名高层次法律人才不仅要掌握法律专业知识，还要具备其他相关学科的基础知识，这样才有可能处理好不同专业领域的案

---

〔1〕 杨力：《中国法学教育的"系统集成"改革》，上海人民出版社 2016 年版，第 121 页。

件；同时还应该具备较好的逻辑思维能力及较高的职业道德操守。这些专业知识与实际能力的具备需要日积月累、反复实践，还需要经验丰富的导师和足够的教学资源。美国纽约湾区和旧金山湾区法学院则以研究生教育为法学教育的起点，因为他们认为法律工作者承担更多的是社会责任，必须具备丰富的跨学知识和较高的法律职业操守。反观我国法学教育在指导思想上，重视法学知识的简单传授，忽视或轻视法律技能的培养。由此可见，法学教育认知上的偏差导致法律人才培养目标的同质化。

（二）法学学科体系结构性缺陷

从经济学和教育学规律来看，高校任何专业与学科的设置均应该以市场经济的需求为导向。但是，20世纪50年代的院系调整，政法院校以单科大学出现，我国法学专业的设置基本上是在行政主导、意识形态和计划经济影响下的派生产物。广东高校法学院也和全国其他法学院并无区别，在法学本科生、硕士生乃至博士生课程设置上同出一辙，在教学内容上充盈着过多理论教条，知识结构上较为僵化，脱离经济与社会发展的需求变化，无法适应法律职业市场需求。目前，我国法学科建设中主要存在两个问题，其一是基本要素问题，几乎可以说，过于偏重法学理论教学，有的过于着重教材体系；其二是学科设计的科学性问题，法学学科过于单一，法学交叉学科、实践性强的学科没有得到很好的发展。目前，法学学科结构性缺陷主要表现是：我们的法学教育实行的是粗放式规模经营，法学人才培养专业过于单一、范围过于狭窄，国际法学、外国法和比较法学研究较为薄弱。虽然有一些港澳法学研究机构，但融合法系研究有待于深入拓展，法域融合培养法学科生几乎还是空白，参见表5-2。学科之间很难交叉和渗透，法学科理论建设滞后于实践，法律解释和回应现实问题的能力不足。

表5-2　珠三角九市港澳法学研究机构一览表

高校	学院	层次	港澳法学研究机构	博士后流动站
中山大学	法学院 （知识产权学院）	985、211	港珠澳三角研究中心 粤港澳发展研究院	有
暨南大学	法学院 （知识产权学院）	211	港澳基本法研究中心	无

高校	学院	层次	港澳法学研究机构	博士后流动站
广州大学	法学院	本科	粤港澳大湾区法制研究中心、澳门法制研究中心	无
深圳大学	法学院	本科	港澳基本法研究中心	无
北师大珠海分校	法律与行政学院	本科	中国经济特区立法研究所	无

（三）法科毕业生跨界能力基本缺位

随着经济全球化和市场经济的发展，推进"一带一路"和粤港澳大湾区建设必然伴随着国际法律服务业，跨国经贸法律关系同时夹杂着外国的法律政策风险，由此要求涉外律师等具有相应高素质的职业技能。在当下的粤港澳大湾区，如广东珠三角地区，已经出现许多以往鲜见的跨越数个领域或学科的两栖职业，如不良资产投资与处置是一个典型的靠专业和智慧生存的行业，对从业者的综合素养要求极高，从业者必须具有跨界能力，不仅必须精通法律专业和金融学等交叉学科知识，而且需要各种沟通、协调能力以及不可或缺的整合能力。作为一个法科学生，从刚一迈入大学起，就既要培养自己敏锐的观察力，缜密的逻辑思维能力，又要有足够的细致和耐心，去应对错综复杂的社会现实。[1]但是，一般而言，由于法律学科建设和法学课程设置仍然停留在学科内部，对新型学科和交叉学科重视不够，法学教育与法律人才耦合关系错位；按照过于单一法学科画地为牢的法学教育模式培养的法科学生，不具备跨学科甚至法学内部交叉知识背景，法科生缺少交叉思维和批判性思维，无法应对纷繁复杂的经济与社会需求。可见，跨学科交叉滞后导致法科毕业生基本上缺失跨界思维，也没有跨界能力，进而也就无法胜任复杂的法律职业。

（四）创新思维和原创性欠缺

发展粤港澳湾区经济，离不开法治建设，也不能缺少国际高端法治人才。国际高层次法治人才必须要创新思维。文化多元化对于打破思维的联想壁垒是非常有效的。创新者通常具有广博的学识，在一个特定的领域里极其出色，

---

〔1〕"习近平在中国政法大学考察"，载《人民日报》2017年5月4日。

同时在另外一个领域里也具有深厚的知识。在一定意义上，构建学科整合的规则就是要形成"学科交叉"，批判性的学科交叉提供了实现更为重大变革的机会，为学生的心智自由提供了意义重大的广阔前景。[1]中华人民共和国成立初期的政法院系调整完全沿袭苏联法学专业教育的影响，以至于长期以来，单科性政法学院法学科过于孤立，学科各自孤立导致的结果是致命的，每个教师（从幼儿园到博士生人生全程教育的教育工作者）并不了解其他学科的思维模型，将其他学科和他自己的学科融会贯通就更别提了，导致法科学生囿于专业视野狭窄与原创性不足无法获得创新能力、独立思考能力以及跨文化创造力。因此，法科毕业生创新思维和创新能力基本缺位。

（五）法律职业素养教育缺乏

我国的法律发展历史在近代最大的特点就是外源型的发展，并不是本土内在的自发的发展类型，所以在某种程度上法律文化和法律精神是有所欠缺的。虽然几十年来法律文化的发展已经有很大进步，但因为欠缺而导致的问题始终还在，比如当前法学教育过于重视法律知识和法条的训练，却忽视法律职业素养，更不用说对学生独立思考能力和批判性思维精神的培养，导致许多法学专业学生毕业之时只略知法律条文，不知法律文化和法律背后的法理精神，更无法理解法律背后暗含的渊源和价值。这样的结果不太理想，虽然随着国内外经济政治等外在环境的变化，法律条文的解释也会不断修改更新，但不变的就是法律背后的东西，比如法律精神与法律文化，还有法律价值等；同时法律也不是孤独的学科，必须也只能与其他学科结合起来，才能真正对法律融会贯通，也才能真正完成法律工作者的使命，发挥法律的作用。目前我国法学教育中职业素养的缺失，导致学生的学习目的太过功利性，仅将法律作为工具和手段，缺乏对法律价值的追求和法律人应有的职业伦理与法律良知。这种教育环境培养的是以法律为工具的投机者、冒险家，而不是法律至上的正义使者。

---

[1] 卓泽林、黄兆信、庄兴忠："美国高校创新创业型人才培养的机制与路径研究——以威廉康辛大学麦迪逊分校为例"，载《浙江社会科学》2018年第11期，第80页。

第二节　广东国际高层次法治人才培养模式改革与探索

一、广东国际法治人才教育培养基地建设现状

数据显示，1978 年以来，广东地区生产总值增长了 482.7 倍，成为中国内地经济总量最大的省份。2018 年深圳市 GDP 为 24 221.98 亿元，按人民币比较，高出香港 221 亿元左右，一跃成为粤港澳大湾区城市经济总量第一的城市。[1]广东地区生产总值连续 30 年居全国首位。经济社会的发展、企业"走出去"和"引进来"，都需要法律保驾护航。美国斯坦福大学李国鼎经济发展讲座荣休教授和香港中文大学刘遵义校长认为，粤港澳大湾区如何能够成为经济可持续发展的创新枢纽？这取决于它能否在自我内生的条件下，持续不断创造与产生原创的基础概念。因此，创新枢纽必须拥有世界一流的、从事基础研究的综合研究型大学。[2]推动粤港澳三地人才的培育和发展，打造创新人才的栖息地。北京大学副校长海闻教授认为，粤港澳大湾区建立大学容不得任何等待，广东亟须办更多培养高端人才的大学和继续教育机构；而且，推动教育改革，广东地区培养的学生要具有全球视野和广阔的眼界，这对于粤港澳大湾区尤为重要。[3]由此可见，粤港澳大湾区建设亟须复合型的国际高层次法治人才。2012 年，教育部公布全国共将建立 60 个应用型、复合型法律职业人才教育培养基地，22 个涉外卓越法律人才教育培养基地和 12 个西部基层法律人才教育培养基地，广东的中山大学、华南理工大学、暨南大学、广东商学院（现广东财经大学）入选应用型、复合型法律职业人才教育培养基地。但是，遗憾的是首届 22 个涉外卓越法律人才教育培养基地竟然没有一所广东高校入围，广东高校在培养国际高层次法治人才方面，未获得国家层面的政策保障，广东省有法学教育实力较强的高校均没有国际高层次法治人才培养基地，意味着国际高层次法治人才均由外省市高校来完成与培

---

〔1〕 崔兴毅、吴春燕、王忠耀："以文聚力，粤港澳大湾区破浪前行"，载 http://cpc.people.com.cn/n1/2019/0519/c415067-31092083.html，最后访问日期：2019 年 11 月 25 日。

〔2〕 马化腾等：《粤港澳大湾区——数字化革命开启中国湾区时代》，中信出版社 2018 年版，第 166 页。

〔3〕 马化腾等：《粤港澳大湾区——数字化革命开启中国湾区时代》，中信出版社 2018 年版，第 168 页。

养。2017 年 12 月，教育部学位与研究生教育发展中心公布全国第四轮学科评估结果，其中在法学科高校排名中，中山大学是 B+，暨南大学、华南理工大学、深圳大学、广东财经大学是 B−，广州大学、广东外语外贸大学是 C+、华南师范大学是 C−。也就是说，教育部于 2017 年对全国高校法学学科水平的整体排位中，广东也没有一所入围 A 类三档的高水平法学科。

广东面临粤港澳大湾区建设、广东自贸区建设等重大机遇，而且在"一带一路"建设中也处于举足轻重的地位。实现粤港澳大湾区的创新发展，法治建设是不可缺少的部分。围绕大湾区法治建设，加强大湾区法学教育交流合作和提高法学专业人才的培养质量，一直是区内高校服务大湾区发展的职责所在。随着"一带一路"的推行，在未来的法律纠纷中，国家对复合型高端国际法律人才团队及储备的需求也将越来越大。

二、广东高校国际高层次法治人才培养模式改革与探索

广东一些高校法学院在没有国家政策保证与经费支持的情况下，依靠各自高校的鼎力支持和法学院的实力对培养国际高层次法治人才进行了卓有成效的积极探索。以下仅简单描述几个完全依靠法学院自身特色去培养国际高层次法治人才的模式，大致可分为四种类型：全英法学教学试验班或特色班模式，如中山大学和汕头大学；粤港澳跨境合作培养高层次法治人才培养模式，如暨南大学；复合型人才培养模式，如华南理工大学和广东外语外贸大学；中外联合培养项目模式，如广东财经大学和广东金融学院等。此外，非常值得一提的是，北京大学国际法学院（深圳）提供中国法和美国 JD 双硕士学位教育。

（一）全英法学教学试验班或特色班

1. 中山大学："英美法全英教学实验班"〔1〕

中山大学法学院有百年法科教育传统、雄厚的师资和高水平的科研条件、综合性大学得天独厚的跨学科优势、国际化的视野和交流平台、毗邻港澳的地缘优势。法学院肇始于 1905 年成立的广东法政学堂。1979 年，中山大学复办法律学系，原最高人民法院副院长、海牙常设仲裁法院仲裁员端木正教授

---

〔1〕　根据中山大学法学院网站资料整理而成，资料来源：http://law.sysu.edu.cn/，最后访问日期：2019 年 10 月 12 日。

任首任系主任。1994 年 9 月，在澳门大专教育基金会的积极倡议下，中山大学法律学系开办法律学澳门班，为澳门培养高层次法治人才，1998 年澳门法律本科班毕业，成为港澳地区学生首次集体到内地高校参加正规本科教学的毕业生。[1]

2001 年 9 月，中山大学复建法学院。中山大学法学院与中山大学知识产权学院、中山大学中英国际海事法学院为三个机构、一套人马。法学院目前有专业教师 55 人，其中教授 26 名，副教授 26 名，讲师 3 名，专职科研人员 6 人，博士后研究人员 14 人。所有教授、副教授均为本科生授课，本科生阶段实行全程导师制。法学院是国家"卓越法律人才培养计划"的建设单位，拥有教育部国家级实验教学示范中心和教育部应用型、复合型法律职业人才教育培养基地，法律诊所被评为全国优秀诊所课程教学管理单位。

法学院从一年级起推行"英美法全英教学实验班"，开设 12 门限选全英课程及其他任选全英课程，参加该项目的学生有望提前进入香港城市大学等国际知名高校攻读 JD 学位。本专业同时参与中山大学"卓越法政人才计划"和"博雅教育计划"，学生可修读政治与公共事务管理学院 6 门必修课程及其他人文社科课程。法学院已与南安普顿大学、大阪经济法科大学、台湾大学、香港城市大学等著名高校合作实施本科交换生项目。此外，与美国华盛顿大学（圣路易斯）、法国巴黎第十大学、德国科隆大学、瑞士弗里堡大学等 11 个国家和地区的多所知名高校和机构建立了良好的合作关系。2017 年 5 月，学院成立中英国际海事法学院。2018 年 5 月，最高人民法院国际海事法律研究基地暨中山大学中英国际海事法学院揭牌。中英国际海事法学院将继续与英国南安普敦大学法学院在硕士研究生联合培养等方面深化合作交流。

中山大学法学院为促进国际化教学水平，提高本科生培养质量，对本科生实行分类个性化培养。自 2013 年春季以来，连续开展针对少数优秀本科生试用普通法全英教学实验班项目，着重培养具有国际视野的复合型卓越法律人才普通法全英教学实验班，通过全英面试择优招录学生，要求学生具有良好的英语能力，能够熟练地用英语进行听、说、读、写，能适应全英教学的要求。此外，其国际化办学方式除各类校级境外交流项目外，院级境外交换

---

〔1〕 何志辉："从文化殖民到本地化发展：澳门法律教育之变迁"，载《外国法制史研究》2013 年第 1 期，第 354~355 页。

生项目包括：兰开夏大学、台湾大学、香港城市大学、大阪经济法科大学、东吴大学等。其中，兰开夏大学和大阪经济法科大学为国家留学基金委资助项目。在校本科生中，具有海外交流学习经历的本科生有 119 人，占本专业在校生总人数的 13%。中山大学法学院与英国南安普顿大学法学院签署了"3+1+1"合作协议，主要学习海商法专业。与美国华盛顿大学法学院、瑞士弗里堡大学法学院旨在加强双方在教学和学术等方面的交流与合作，主要内容包括硕士生交换和教师交流等。

2. 汕头大学：境外实践英语特色班[1]

汕头大学法学院秉承"以人为本，因材施教"的理念，立足中国，顺应当今世界潮流，放眼全球，融合中西法政精华；和谐敬业，传道授业解惑，承先启后，改革发展创新。努力培养具有良好道德品质，优秀专业水准，开阔社会视野，既能服务当代中国，又能参与世界竞争的法政人才。重视实践特色教学和国际化发展，兼顾学生职业素质的培养和科学精神的提升，理论和实务教学水平不断提高，建立可适应性专业培养及一体化人才培养模式，注重培养学生的实践能力及科研精神。

培养目标是利用汕头大学独特的国际背景、师资及多元化的国际培养平台，培养具有国际视野的精英法律人才。专业特色是除 17 门专业核心课程外，可兼修国际法、比较法、外国法与港、澳、台法，部分课程采用双语和全英教学，学生可到与汕头大学签订协议的国外（境外）大学修读交换学分，到国外（境外）参加实习实践，且有大量参加国际比赛的机会。香港实习基地有何耀棣律师事务所、香港社会服务联会，中国国际贸易促进委员会。从 2004 年起，汕头大学法学院就陆续启动了"香港暑期实习奖学金""北京暑期实习奖学金"，每年资助数十名优秀学生前往香港、北京国际法律单位实习。汕头大学法学院学生陆续在国际法律竞赛中崭露头角：14 届中贸杯全国一等奖、15 届和 17 届 JESSUP（杰赛普）竞赛全国一等奖。

（二）暨南大学：跨境合作培养法律人才[2]

暨南大学是我国华侨最高学府，生源来自五洲四海。针对生源的多元性

---

〔1〕 "汕头大学法学院法学学科概览"，载《汕头大学学报（人文社会科学版）》2010 年第 5 期，第 2 页。

〔2〕 根据暨南大学及暨南大学法学院网站整理而成，资料来源：https://law.jnu.edu.cn/1189/list.htm，最后访问日期：2019 年 10 月 13 日。

和国际性，法学院为培养我国法治建设所需要的卓越法律人才以及适应粤港澳台合作和"一国两制"所需要的跨境法律人才，进行了不懈的探索与实践，已初步形成了基于分类培养和因材施教的内外招学生不同的人才培养体系和模式；硕士研究生培养全日制教育与非全日制教育并举，对港澳台侨及留学生则实行春秋两季招生；在港澳设有多个本科和硕士研究生教育的面授点，在港澳建立境外实践教学基地，聘请港澳法律机构和法律院校专家担任兼职教授和导师；率先成立了暨南大学香港法学同学会及澳门法学同学会，为区域法律文化交融以及港澳地区的繁荣和稳定贡献力量；率先在国内推出中国法的全英教材系列，传播中华法律文化；积极推动双语和全英教学，国际化与本土化有机结合；学院积极推动与英国伯明翰大学共建的国际商法研究生教育项目，探索内地法律人才与港澳法律职业的对接机制，另外还与英国、美国、法国、加拿大、澳大利亚、俄罗斯、新加坡、荷兰等国家的数十所高校建立有广泛的国际合作与交流渠道。2018 年，暨南大学法学学科获批博士学位一级学科授权点，这表明暨南大学法学学科建设取得了重大突破。

（三）华南理工大学：外语+法学模式辅修双学位[1]

华南理工大学法学院采用辅修双学位外语+法学模式，身为外语专业的学生，具备得天独厚的"第二语言"优势，但是社会需要的不再是所谓的"单一型英语人才"，而是精通专业知识、通晓多个领域的"复合型英语精英"。从单纯的英语学习到熟练的外交部高翻，博览群书，知识渊博，涉足领域广泛，是他们的制胜法宝。而法学是一个涉足领域极为广泛，能够极大扩展知识量以及专业度的学科，法学与外语的联姻将是学生踏入外交部高级翻译、500 强企业主管、国际法律高级翻译的敲门砖。同时，华南理工大学法学院一直高度重视与国外法学研究机构和国际知名大学法学院的交流与合作，目前该法学院已与美国、加拿大、英国、德国、比利时、瑞士、挪威、瑞典、日本、泰国、印度、马来西亚等国家知名大学法学院以及港澳台高校建立了良好合作关系，并建立了教师定期互访、学生互换、学术交流的良性互动机制。目前法学院每年推荐本科生到香港城市大学法律学院学习一学期和推荐硕士、博士研究生到美国伊利诺伊大学法学院和宾夕法尼亚州立大学法学院攻读

---

[1] 根据华南理工大学法学院资料整理而成，资料来源：http://www2. scut. edu. cn/law/12375/list. htm，最后访问日期：2019 年 10 月 15 日。

LLM 学位；选拔优秀本科生和研究生交换到英国兰卡斯特大学、美国圣托马斯大学、加拿大不列颠哥伦比亚大学、印度德里国家法律大学等法学院学习。近年来，法学院还选派教师前往英国牛津大学、美国斯坦福大学、加州伯克利大学、罗格斯大学、挪威奥斯陆大学、香港大学、香港中文大学等知名法学院担任访问学者和攻读博士学位；选派法学研究生和本科生前往高雄第一科技大学、香港城市大学、澳门大学参加学术夏令营。此外，学院师生还前往美国、加拿大、瑞士、印度、澳大利亚、新加坡、英国、西班牙、泰国、日本、俄罗斯等高校法学院参加国际会议进行学术交流。

表 5-3　广东高校 国际高层次法治人才培养探索模式一览表

高校	法治人才培养模式	特色
中山大学	英美法全英教学实验班	全英文教学
汕头大学	境外实践英语特色班	境外实习
华南理工大学	外语+法学模式	辅修双学位
广东外语外贸大学	"外语+ 法学"或"法学+外语"的复合型人才培养模式	复合型
广东财经大学	3+1 联合培养项目模式；粤港澳大湾区法务	3+1 本硕连读实验班
北京大学国际法学院	联合双学位法律硕士（JM&JD）双学位项目课程	唯一一个在中国培养跨国律师的法学院

（四）广东外语外贸大学："外语+ 法学"的复合型人才培养模式

广东外语外贸大学依托广东省涉外法治人才培养基地等多个省市学科平台。顺应经济全球化和高等教育国际化大趋势，利用广州地处改革开放前沿和毗邻港澳的条件，对接珠三角区域一体化的发展、中国（广东）自由贸易实验区的建设、国家"一带一路"战略的实施对法学理论研究及国际高层次法治人才培养的需求，坚持差异竞争和特色发展，设置了区域法治、低碳经济与环境能源法、国际法与国际经济法、民商法与知识产权法、地方立法等学科方向，努力将法学科建设成为国际化特色鲜明的高水平学科。同时，广东外语外贸大学的国际高层次法治人才培养实践始于其 1996 年成立的国际法学系。在近 20 年的办学实践中，形成了"外语+ 法学"和"法学+ 外语"两种复合型人才培养模式。[1]"外语+法学"的人才培养模式主要表现为：该学科秉承"明德尚行、学贯中西"的校训精神，坚持"厚德明法，博稽中西"的人才培养理念，立德树人，着力培养双高（思想素质高、专业水平高）、两强（跨文化交际沟通能力强、实践创新能力强），具有国际视野和创新精神，通晓国际规则，能够直接处理国际法律事务，具有高度社会责任感的复合型、国际型法治人才。2019年，法学人才培养方案有法学（国际经济法）专业，本专业方向旨在培养具有良好政治素质和道德修养，掌握扎实的法学基础理论和国际经贸法律知识，能熟练使用英语，通晓国际规则，具有开阔的国际视野，胜任政法部门、律师事务所、公司及其他企事业单位国际法律工作的复合型法律人才。2019年11月13日，广东涉外法治人才培养基地应运而生，该培养基地由广东省司法厅与广东外语外贸大学合作共建，旨在发展壮大广东省涉外法治人才队伍，切实提升我省涉外法治人才的专业化、职业化水平，打造广东涉外法治人才高地，率先形成具有国际竞争力的涉外法治人才制度优势，为广东省经济高质量发展和构建全方位对外开放新格局提供人才支撑和智力保障。广东涉外法治人才培养基地的成立，对于提升广东国际法治建设水平，加强广东省国际高素质法治人才队伍建设，打造国际高层次法治人才培养高地，具有重要意义。

（五）广东财经大学：中外联合培养项目和粤港澳大湾区法务两个方向[2]

1. 法学专业（中外联合培养项目）

法学专业（中外联合培养项目）介绍：法学专业（中外联合培养项目）是广东财经大学与"世界百强大学"西澳大学法学院合作开办的本硕连读学历教育项目，按照3+1模式联合培养，广东财经大学负责执行第一、二、三学年的本科教学计划，西澳大学负责执行第四学年的硕士教学计划。

培养目标是坚持立德树人、德法兼修，根据新时代中国特色社会主义法治体系构建和粤港澳大湾区建设的实际需要，培养具有深厚的法学专业知识

---

〔1〕 石佑启、韩永红："论涉外法治人才的培养——基于广东外语外贸大学办学实践的考察"，载《广东外语外贸大学学报》2015年第3期，第100页。杜承铭、柯静嘉："论涉外法治人才国际化培养模式之创新"，载《现代大学教育》2017年第1期，第86页。

〔2〕 根据广东财经大学法学院网站整理而成，资料来源：http://law.gdufe.edu.cn/zs/list.htm，最后访问日期：2019年10月18日。

功底、熟练的职业技能、合理的知识结构，具备依法执政、科学立法、公正司法、高效高质量法律服务能力与创新创业能力，熟悉中国特色社会主义法治体系，尤其是熟悉港澳基本法律体系和粤港澳大湾区相关法律和政策，能够在国家机关、企事业单位、社会团体、仲裁机构和法律服务机构从事法律工作，能够满足粤港澳大湾区建设对法治人才需求的应用型、复合型、创新型、国际化高级法律人才。

国际高层次法治人才培养模式是：标准修业年限四学年。按照3+1模式，学生先在广东财经大学广州校区学习三个学年，完成规定的课程和学分，并取得雅思成绩［总分至少7.0，且各单项不低于6.5（必须包括学术阅读和写作模块）］，或者新托福-网考（TOEFL-iBT）成绩（总分至少100分，且各单项至少达到写作26分、口语28分、听力26分、阅读26分）；第四学年在西澳大学法学对接学习，选择以下一个法律类专业修读规定的硕士学位课程：国际商法，国际法，税法，商业与资源法，采矿与能源法，法律、政策与政府。同时达到两校毕业与学位授予条件的学生，将获得广东财经大学的法学士学位和西澳大学法学的法律硕士学位。

2. 法学（粤港澳大湾区法务）专业

粤港澳大湾区法务专业培养目标是坚持立德树人、德法兼修，适应建设中国特色社会主义法治体系，建设社会主义法治国家，适应将粤港澳大湾区建设成国际一流湾区和世界级城市群的实际需要。培养具有深厚的法学专业知识功底和熟练的职业技能、合理的知识结构，具备依法执政、科学立法、依法行政、公正司法、高效高质量法律服务能力与创新创业能力，熟悉和坚持中国特色社会主义法治体系，熟悉党的相关政策，特别是熟悉粤港澳大湾区相关法律和政策，熟悉港澳基本法律体系，具有国际视野，能在国家机关、企事业单位、社会团体、仲裁机构和法律服务机构从事法律工作，特别是满足粤港澳大湾区建设对法治人才需求的应用型、复合型、创新型高级法律人才。粤港澳大湾区法务方向根据粤港澳大湾区和"一带一路"建设对法治人才的需要，开设港澳法律制度课程、英美法课程，采取国（境）内外协同培养模式，选送学生到台湾东吴大学、澳门科技大学、香港大学等访学交流，开展学年交换、学期交换、暑期交流等项目，聘请东吴大学、澳门科技大学等高校教师授课。实验班采取入学后考试遴选方式，动态管理，建立学生分流机制。

培养要求是本专业毕业生应达到下列知识、能力、素质结构要求：①知识要求：学生应科学地构建以法律为基础，管理学、经济学与法学相结合，宽口径的T字型知识体系；牢固掌握本专业的基本知识和基本理论，并形成合理的整体性知识结构。了解法学理论前沿和法制建设现状及发展趋势；熟悉我国法律法规和相关政策，同时了解粤港澳大湾区不同法域的相关法律制度，并了解人文社会科学和自然科学基础知识，了解与法学相关的管理学、经济学基础知识，做到精法律、通管理、懂经济。②能力要求：具备独立自主地获取、更新本专业相关知识的学习能力，能够进行中外文法律文献检索；具备将所学的专业理论与知识融会贯通，灵活地综合应用于专业实务之中的基本技能；具有一定的企业法律实务和司法法律实务操作能力；基本具备协调和处理粤港澳大湾区法律实务的能力；具备利用创造性思维方法开展科学研究工作和创新创业实践的能力；具备较高的计算机操作和外语能力；具备正确运用文献检索、资料查询等方法分析和研究问题的能力。

（六）北京大学国际法学院（深圳）[1]

上一个采用中国法和美国法结合培养的法学院，还是100年前的东吴大学法学院。2008年年末，在金融危机的一片哀号中，北京大学国际法学院在深圳成立。北京大学国际法学院（Peking University School of Transnational Law，STL）创立于2008年，是中国也是全世界范围内，唯一将美国法律培养模式（JD）和我国传统的法律硕士培养模式（JM）相结合培养法律人才的法学院。前院长为美国康奈尔大学前校长、上海纽约大学常务副校长、2011年中国政府"友谊奖"获得者、改革开放40周年40位最具影响力的外国专家之一Jeffrey Lehman教授。现任院长Philip McConnaughay历任宾夕法尼亚州立大学法学院院长和国际关系学院院长、伊利诺伊大学法学院教授，并曾任顶级跨国律所美富律师事务所的合伙人。北京大学国际法学院法律硕士（非法学/法学）JD项目学制为四年。严谨的教学、中英双语法学教育模式能够让学生更好地适应经济全球化背景下日益显著的普通法系、大陆法系以及中国法律传统之间的交融。STL的使命是促进中国法律行业的成长，使该行业能够向中国先进的、国际化的经济体和市民提供成熟的法律服务，并且能够成

---

[1] 根据北京大学国际法学院资料整理而成，资料来源：http://stl.pku.edu.cn/zh-hans，最后访问日期：2019年10月19日。

功在与目前主导该项工作的跨国律师事务所的竞争中获胜。STL 获得成功的关键要素是将优秀的国际化师资所讲授的包括中国、美国、欧洲法律的 JD/JM 课程与严格的案例分析和苏格拉底互动式提问教学方法相结合。北京大学国际法学院招生本科专业不限。入学方式有三种：①国内重点高校取得保研资格的本科毕业生可以通过推荐免试方式保送到该院法律硕士 JD 双学位项目；②中国籍学生还可以通过全国法硕联考方式报考该院；③港澳台和国际留学生可以通过申请-审核制入读该院。北京大学国际法学院是一所相对年轻的法学院，迄今为止仅有八届毕业生。这些毕业生任职于世界一流的律师事务所、公司、政府机构以及非政府组织，就业率接近 100%。除此之外，每年都会有部分毕业生选择去世界顶尖学府继续深造。

北京大学国际法学院广泛聘请世界顶尖学者，成功组建了卓越的国际化师资队伍。STL 的全职常驻师资队伍包括在国际贸易法、食品安全政策、国际公法和民商事争端解决等领域享誉全球的学者以及在投资协议仲裁、资本市场、证券法规、比较公司治理、中国法制史与法哲学、中国环境法与行政法、中国民法等重要法律领域领先的学者与学术新星。STL 的常驻教授曾任教于伦敦大学、伊拉斯谟大学、香港大学、北京大学（北京）、马克斯·普朗克研究所、艾克斯-马赛大学等世界一流学府。STL 的定期客座教授包括来自哈佛大学、斯坦福大学、纽约大学、伦敦国王学院、乔治香港城市大学等顶尖研究型大学的知名学者，还有许多来自世界各地的杰出法官和律师。

三、多位人大代表和政协委员建议创办华南政法大学

近年来，全国人大代表、广东省人大代表、广东省政协委员纷纷提出，建议创办华南政法大学。例如，2019 年 1 月的广东省两会期间，陈少波等广东省人大代表在广东省十三届人大二次会议期间建议在深圳创办华南政法大学，以及广东省政协委员李震霄提交了一份《关于广东应创办华南政法大学的建议》，提出应创办"华南政法大学"，培养高水平复合型的法治人才。同年 3 月 12 日，全国人大代表李铁在全国两会上也建议在深圳创办华南政法大学，培养熟悉粤港澳三地不同法律体系的复合型法治人才，助力大湾区建设。经过大量的调研，广东的高校不少，可是政法类高等教育不强，与该省的经济社会发展水平和地位极不相称。在 2019 年两会期间，李铁他带来了两组数据。第一组，广东现有 40 多所本科高校设置了二级法学院（系），但还没有

一所进入国内高水平法学学科行列。教育部于 2017 年 12 月对全国高校法学学科水平的整体排位中，广东没有一所入围 A 类三档的高水平法学科，"可谓'只有星星，没有月亮'"。第二组，从高层次人才培养上看，全国具有法学博士授予权的院系有 49 所，广东仅有 2 所；具有法律硕士专业学位授予权的院系有 243 所，广东仅 11 所。站在改革开放 40 年的新起点上，广东要打造一流营商环境，法治建设最为重要。单靠传统的普通法学院系已不能满足广东培养一大批高素质、复合型法治人才的需求，广东需要创办一所高水平的新型政法大学。[1] 对这些建议，广东省教育厅经综合省发展改革委、省委政法委的意见，做出了答复：目前，广东共有中山大学、华南理工大学、汕头大学、华南农业大学等 43 所本科高校开设了法学门类专业，包括 6 个专业类、17 种专业、106 个专业布点，在校本科生人数 43 839 人。广东在法学领域实施卓越法律人才培养计划中，中山大学、华南理工大学、暨南大学、广东财经大学等四所高校获批成为国家卓越法律人才培养基地。广东还成立了广东省法学专业教学指导委员会，在全省范围内对新办法学专业办学情况和教学水平开展检查。答复还称，在研究生培养方面，广东省目前有法学门类的博士授权一级学科学位点 2 个，博士授权二级学科学位点 9 个，硕士授权一级学科学位点 21 个，硕士授权二级学科学位点 4 个，包括 14 所高校和 2 个科研机构。目前在校研究生中，有法学门类博士研究生约 650 名，硕士研究生约 4500 名。答复还指出："虽然我省在法学人才培养方面取得了一定成绩，但也正如代表在建议中所提出的，我省法学教育人才培养工作也还存在不少薄弱环节，如法学科基础与办学实力整体薄弱，法学专业设置、课程设置以及人才培养模式高度同质化等，这些问题需要我们加强法学教育改革，加大法学类人才培养力度。"广东省教育厅在答复中表示，4 月 9 日，省教育厅印发了《广东省教育厅关于开展〈广东省高等学校设置"十三五"规划〉中期调整工作的函》，4 月 19 日，收到广东财经大学更名为"广东财经政法大学"的申报材料。4 月 28 日，召开了申请纳入"十三五"高校评议会，对申请纳入的所有项目进行了材料审核和评议。省教育厅争取按程序将"广东财经政法大学"纳入广东院校设置"十三五"规划。此外，答复中介绍：广东财经大

---

〔1〕 "在粤全国人大代表李铁：建议在深圳创办华南政法大学"，资料来源：https://cnews.chinadaily. com. cn/a/201903/13/WS5c884bcda31010568bdcf205.html，最后访问日期：2019 年 9 月 21 日。

学建校于 1983 年，前身为广东商学院，专业以经济学、管理学、法学类为主，拥有法学、财政学、金融学、会计学、市场营销等 5 个国家级特色专业，法学、工商管理学、应用经济学等 3 门广东省优势重点学科及 1 门广东省特色重点学科，具有较为深厚的办学基础，是广东和华南地区重要的经、管、法人才培养基地和科研、社会服务基地，在全国同类院校中具有较高的知名度和影响力。广东财经大学"商法融合、粤港澳融合、产教融合"的"三融合"办学特色，有利于培养"精商通法"的商科人才和"精法通商"的法律人才，符合粤港澳大湾区的特殊地域需求。该校具有申办"法商结合"综合类政法大学的经历和经验。1992 年 12 月，广东省人民政府常务会议决定将广东商学院改办为广东法商大学，并于 1993 年 9 月向原国家教委发出《关于将广东商学院改为广东法商大学的函》。1997 年，广东省人民政府与国家司法部正式签署《共同建设广东商学院（广东财经政法大学）协议书》。

综上，广东省教育厅建议以广东财经大学为基础建设广东财经政法大学，通过加大投入、强化师资、优化管理，将其建设成为一所国内一流、具有一定国际影响力的高水平财经政法大学，推动该校为广东经济社会发展和粤港澳大湾区建设提供高素质政法类人才和高层次智力支撑。[1]以上广东省教育厅回应多位人大代表、政协委员的答复已经介绍了该省法学教育的基本情况。

---

〔1〕 "广东财经政法大学要来了？省教育厅建议以广财为基础进行建设"，载 http://www.sohu.com/a/328237198_ 175649，最后访问日期：2019 年 9 月 23 日。

第六章

港澳高校国际高层次法治人才培养模式

第一节　香港国际高层次法治人才培养模式

香港作为粤港澳大湾区建设中的核心城市，在大湾区三法域中是唯一的普通法法系的角色，在粤港澳大湾区建设中必将承担非常特殊的使命。英国在香港进行殖民统治，香港继承了英国的法律制度。香港的法学教育基本上沿袭英国式法学教育的架构。

一、香港国际高层次法治人才培养历程

香港大学法律系的历史在许多方面都是近代香港法律史。香港大学法学院的渊源是 1969 年社会科学系设立的法律系。该系教授三年制法学士学位，从 1972 年起，教授一年制法学研究生证书（PCLL）。该系是香港第一所法学院，其法学院最早获得香港法律认可。香港大学法学院从 1969 年由 3 名教师和 40 名学生组成的教学部门，到如今拥有约 2500 名学生和来自 17 个司法管辖区的 70 多名全职学术人员的法律系，一直都是许多杰出法律人才的培训基地。一代又一代的律师毕业后，成为香港法治的骨干力量，这对该地区的成功至关重要。以前，所有大律师和大多数律师都在英格兰联合王国接受过培训并取得了资格。香港大学在 20 世纪 20 年代和 30 年代教授法律，但只是作为基础广泛的艺术课程的一部分。香港大学法学院的目的是增加律师的供应，培训香港法律中的律师，而不仅仅是英国法律，并在没有学生出国的情况下进行正规的法律教育。1978 年，法律系从社会科学系分离出来，成为法律学院，拥有一个独立的研究委员会。1984 年，该校正式成为一所法律系，设有两个系：法律系和专业法律教育系。20 世纪 70 年代和 80 年代，随着经济的日益繁荣和法律的日益复杂对律师的需求激增，学生人数迅速增加。香港大

学举办高等法律教育近二十年取得了骄人的业绩之后，香港政府、社会各界意识到香港高校完全有能力独立培养高端法学人才。当时，香港以金融业、国际贸易和航运业等为主的经济飞速发展对高端法治人才的需求日益增长，仅仅靠香港大学法律学院一所学校开展法律教育，培养法律人才已供不应求。因此，香港其他高校在香港大学法律学院成功经验的基础上，为了满足香港地区社会发展对更多法律专业人才的需求，香港城市大学于 1987 年成立了法律系，并以 1992 年成立了专业法律教育学系和 1993 年 3 月成立法律学院为标志，使得法律学院的法律教育和科研取得了有目共睹的高速发展。香港从 1997 年 7 月 1 日起成为中华人民共和国的特别行政区。香港在开放经济和改革其法律制度、宪法、人权和双语法律的同时，增加了对中国法律的学习。香港大学法学院于 1986 年引进法学硕士学位，最初侧重于中国和国际贸易法，后来包括各种专业课程。1997 年，香港引入了一个普通法硕士学位，专为来自非普通法管辖区，特别是中国内地的毕业生而设。法律学士课程逐渐从最初的职业资格转变为广泛的法律培训和自由教育课程。与其他院系的联合学位始于 20 世纪 90 年代末，2004 年引入了现在的四年制法学学士学位。香港大学法学院从一开始就通过师生交流和其他合作项目，与普通法世界和亚太地区的法学院建立了广泛的联系。从组成和前景来看，该学院目前拥有来自世界各地的 60 多名专职学术人员，约有 2500 名学生，其中许多来自香港以外的地区。多年来，教职人员在政治和社会变革的基本时期确立了香港法律作为研究领域，并在香港从被殖民统治到特别行政区的历史性转变中做出了广泛的法律改革。该学院是一个国际公认的法律研究中心，研究领域包括公法、比较中国法、商法和金融法、知识产权和信息技术法以及国际经济法。香港大学法律系毕业生占香港法律专业的很大一部分，占其司法机构的一半以上，毕业生在政府、政治、新闻等领域也做出了重大贡献。

成立于 2004 年的香港中文大学法学院（CUHK LAW），是香港三大法学教育机构中最年轻的法学院。香港中文大学法学院自成立以来不断壮大，教学计划的卓越质量在世界范围内得到认可，并与世界上许多领先的法学院合作证明了这一点。来自 20 个不同司法管辖区的教授和背景相同的研究学生进行的前沿研究产生了重大影响。香港中文大学法学院不仅吸引着最杰出的年轻学生，而且还拥有世界一流研究人员，并且与法律专业人士紧密合作，因此，法学院不仅仅是希望应对现有的挑战，而是将它们视为激发热情和积极参与以实现我们共同目标的灵感，即在教学和研究方面精益求精，为学生和整个社会造福。法学院为成为香港中文大学大家庭的一员而感到自豪，并为成为世界上最迷人的城市香港的一部分而感到自豪。在法治几乎到处都受到不同角度挑战的时代，法学院将继续运用其知识和技能来保护这一重要的社会基石。

表 6-1　香港特区开设法学本科以上专业的院校表

高校	学院	法治人才培养层次（本科、硕士、博士学位）
香港大学	法律学院(学院分为两个系,即法律系和专业法律教育系)	法学士（LLB）
		法律博士（JD）（两年的全日制法律学位）
		法律学位（BBA）
		政府与法律（BSocSc）学位
		法律与文学（BA&LLB）
		法律硕士（LLM）
		仲裁和争议解决法律硕士 LLM（Arb&DR）
		公司法和金融法硕士［LLM（CFL）］
		中国法学硕士［LLM（Chinese Law）］
		法律法规硕士［LLM（CR）］
		人权法律硕士［LLM（HR）］
		医学伦理与法律硕士［LLM（MEL）］
		科技和知识产权法律硕士［LLM（T&IPL）］
		法律硕士［JD］
		法学专业证书课程［PCLL］课程
		香港大学法学院和北京大学法学院法学双硕士学位课程
		香港大学-北京大学法律双学位课程（五年制）
		香港大学-加州大学洛杉矶分校法律双学位课程
		香港大学法学院和宾夕法尼亚大学法学院法律博士学位/法学硕士联合学位

续表

高校	学院	法治人才培养层次（本科、硕士、博士学位）
香港大学	法律学院（学院分为两个系，即法律系和专业法律教育系）	香港大学（HKU）和英属哥伦比亚大学（UBC）联合法律教育项目
		香港大学法学院和苏黎世大学法学士/法学双学位课程
		香港大学法学院和伦敦国王学院（KCL）的衔接课程
		联合国教科文组织和香港大学推出新的硕士课程计划
		悉尼新南威尔士大学与香港大学（HKU）之间的法律硕士课程
		哲学硕士学位 MPhil［2 年制］［含公法和人权，中国比较法，商业、公司和金融法，知识产权和信息技术法，WTO 与国际经济法，仲裁和争议解决］
		法学博士学位 SJD［3 年制］［含公法和人权，中国比较法，商业、公司和金融法，知识产权和信息技术法，WTO 与国际经济法，仲裁和争议解决］
		研究学位 PhD［四年制］［含公法和人权，中国比较法，商业、公司和金融法，知识产权和信息技术法，WTO 与国际经济法，仲裁和争议解决］
香港城市大学	法律学院	法学士（LLB）
		法律博士（JD）
		仲裁和争议解决法律硕士（LLMArbDR）
		法律硕士（LLM）
		法学硕士（获中国人民大学奖）
		法律研究生证书（PCLL）（为学生进入法律行业做准备）
		法学博士（JSD）
		哲学硕士（MPhil）2 年制
		哲学博士（PhD）4 年制
香港中文大学	法律学院	法学士（LLB）
		法律博士（JD）
		香港中文大学法律学院与伦敦国王学院狄克逊潘法学院（LCL）联合法学士学位和法学博士学位双重学位课程
		工商管理学士学位（综合 BBA 计划）和法学博士（JD）双学位计划（BBA-JD）

续表

高校	学院	法治人才培养层次（本科、硕士、博士学位）
香港中文大学	法律学院	JD-MBA 双学位
		法律研究生证书（PCLL）
		中国商法硕士
		能源与环境法学硕士
		国际经济法法学硕士
		法学哲学硕士（MPhil）
		法学哲学博士（PhD）

二、香港特区国际高层次法治人才培养体系

（一）人才培养目标比较

香港的法律教育和英国一样以培养具有法律实践能力的律师为宗旨。由于香港在鸦片战争之后，处于中西文化交融之地以及国际金融中心之地位，始终面临着与美英律师事务所的竞争与交锋，香港法律人才若没有跨文化交流能力，缺少国际视野，不了解国际贸易规则，那就无法胜任国际法律业务，无法与国际律师事务所分一杯羹。因此，香港三大高校法律学院法治人才培养目标大同小异，均旨在培养拥有国际视野，通晓国际规则和复合型的国际高端法治人才。作为国际上最负盛名的法学院之一，香港大学法学院开办伊始便强调高质量的法律教学和学生的高效学习、互动参与和国际视野。面对经济全球化与法律全球化的严峻挑战，香港城市大学法律学院以普通法教育为本，着重拓展学生的国际视野，掌握全球化所需要的法律知识和技能。为此，香港城市大学法律学院加强对外合作，提供多元化的学习渠道：成立"国际顾问委员会"，成员包括哈佛、耶鲁和牛津等著名大学的顶尖法学教授和法律界著名人士；积极推动学生交流活动，让学生有机会到美国、澳洲及内地等地的大学，进行交流学习。香港中文大学法学院教育体系着重多元性，以学术性教学为导向。其独立的研究与运作可以保证最先进的法学观念的传播，更利于培养学生的独立思维技能，激发他们的潜质。在表6-2中，我们可以发现，在法律全球化的时代背景下，香港三大高校法律教育紧跟全球化

发展趋势，迅速回应国际法律职业的需求。

表6-2　香港三大高校法律学院培养目标及其使命对比

高校	培养目标	使命	特色
香港大学法律学院	高质量的研究和通才教育。我们的方案强调高质量的教学，学生学习，互动参与和国际视野。鼓励学生参加各种国际交流活动。	香港大学的法律教育是一项具有挑战性、趣味性和有益的经验——一种为将来在香港、内地和国际上的法律职业或其他能力提供的装备。	致力于培养学生的批判推理能力，鼓励他们建立灵活的解决问题的方法，而不仅仅是在法律领域。
香港城市大学法律学院	为学生提供优质的法律教育，并为知识的发展做出贡献。通过与其他法学院和专业组织的跨越院系的合作，旨在营造一个跨学科学习环境，使学生和教职员工都能发展和利用其法律知识、专业技能和专业知识，从而造福整个香港。	为学生提供优质的法律教育。面对全球化的挑战，香港城市大学法律学院以普通法教育为本，着重拓展学生的国际视野，掌握全球化所需要的法律知识和技能。	
香港中文大学法律学院	法律学院也与其他学院合办双学位课程，并鼓励学生对法学实务和理论培养透彻理解。毕业生亦学以致用，并恪守专业道德，从而成为未来的社会领袖。	法律学院与国际专业组织和学府联系紧密。学院把普通法和中国法制与其他法律传统结合，以促进公义，并维护法治。	学院的创新课程参考了杰出学者和法律界资深人士的意见而设计。

（二）培养层次与课程体系设置

香港三大法学院能够培养各种国际高层次法治人才，不同层次的法治人才的课程体系也不一样，法律学士（LLB）课程和双学位课程均位列香港大学的顶级本科课程。2009年推出的极具竞争力的法律博士（JD）课程也是如此。香港大学法律硕士课程是一门富有魅力的课程，对于那些在世界一流大学学习第一个法学位的学生来说，这是一门非常有竞争力的课程。许多人来到这个项目时已经有了非凡的法律经验和研究生学位。所有人都能流利地说英语，许多人能流利地说其他语言。该课程为学生在友好、活跃和国际环境中培养他们的法律利益和专业知识提供了最大限度的灵活性。

法律博士（JD）项目是一个全日制的两年学制法律学位，为没有法律背景的学生提供全面和深入的法律教育。该教学方案的重点不是死记硬背地学习法律规则，而是批判性地理解和评估这些规则的基础，并以其小班级规模而与众不同。法律博士（JD）项目学生将作为一个大约40名学生组成的单独小组授课。一个亲密的环境将促进互动，提高学习经验和学习效率。该计划将为学生提供传统习惯法学科的坚实基础，这是香港法律体系的基石。此外，该课程还将向学生介绍新的法律思维方式。法律跨学科和理论方法课程是该方案的一个必要组成部分。这些课程不仅要求学生理解法律是什么，而且要求他们思考法律应该是什么。该课程还包括广泛的选修课，让学生探索自己的学术兴趣和发展专业。在一篇实质性的论文中体现探索和专业化学习，在这篇论文中，学生们将参与并推进法律前沿领域的学术研究。

法律博士（JD）项目课程提供法律研究生证书课程（PCLL）入学所需的所有课程。选修这些课程的毕业生将有资格申请 PCLL，并最终在香港为执业律师。法律博士（JD）项目课程的学习将不局限于课堂。法律系是一个严肃的研究和学术团体，作为亚洲领先的法律研究中心，法学院为学生提供了一个从世界各地源源不断的访问学者中受益的机会。最近的来访者包括牛津大学、哈佛法学院、耶鲁法学院等机构的知名学者。学院经常举办讲座和研讨会，并参加许多国际辩论赛，这是学生磨炼研究、写作和演讲技能的绝佳机会。

自1989年以来，法律硕士课程一直提供专业、前沿的法律课程，以满足迅速变化的全球环境的需要。普通法硕士课程自1997年起，已训练逾350名内地法官及政府官员学习普通法。现以香港大学法学院法律博士（JD）为例来分析其课程设置，参见表6-3。

表 6-3　香港大学法学院 JD 项目 2019-2020 课程设置[1]

类别	课程名单
必修课（核心课）	合同法 I&II，侵权法 I&II，香港特别行政区的法律制度，法律与社会，法律研究与写作，宪法，刑法 I&II，中国法学概论，商法，土地法 I&II，法学理论概论，商业协会，行政法，权益与信托 I&II，辩论和争端解决

〔1〕 根据香港大学法学院资料整理而成，资料来源：https://www.law.hku.hk/course/jd-electives/，最后访问日期：2019 年 10 月 2 日。

类别		课程名单
选修课	商业和贸易法课程模块	信用担保法，中华人民共和国民法商法，银行法，中华人民共和国公司法与证券管理法，证券法 1、证券法 2，香港证券业的合规性，竞争、合并和收购，公司治理和股东救济，新兴市场：金融和投资，金融市场监管，商业合同法，香港保险法律、法规和合规，中国投资法，并购，私人银行和财富管理的法律法规，当前金融法问题，海上货物运输法，金融衍生品和结构性产品法，税法：原则和实践，遗产法，能源法
	科学、科技、知识产权法课程模块	香港知识产权法，隐私和数据保护，知识产权与信息技术，人工智能与法律概论，通讯法，商标法专题，中国知识产权保护：法律、政治与文化，专利法，电子金融：法律、合规和技术挑战，知识产权和法律冲突，知识产权、创新与发展，计算机程序设计、数据挖掘和法律，娱乐法，全球信息技术法律与实践，奢侈品牌和商标法
	国际法、比较法和外国法课程模块	国际刑法、国际环境法，比较公司法，国际公司治理，国际金融法 1、国际金融法 2，国际证券法，国际税收与税收筹划，国际商事仲裁，国际保护难民和流离失所者，跨国界破产法，国际公法，国际贸易法 I，国际比较知识产权法，跨国公司融资：问题与技术，比较家庭法，金融纠纷解决：香港与国际视角，跨国公司破产：问题与对策，亚洲的法律、治理与发展，投资条约仲裁的法律与实践，竞争法 II（香港及欧盟竞争法），国际组织，国家豁免和主权债务法，比较宪法，跨国公司破产：问题和解决方案，全球移民法律诊所，比较家族法
	人权法课程模块	人权与网络空间，实践中的人权，当前人权问题，平等和不歧视，种族、人权和民主，人权：历史、理论和政治，全球健康与发展的法律基础，精神残疾与法律，生命的开始和结束，生命伦理学基础，医患关系，中国的人权，国际国内法中的儿童权利
	跨学科课程模块	中国资本主义的法经济学，生物医学研究的规律，临床法学教育，先进的研究方法，法律和电影，多元文化主义和法律，法律与社会公正交叉点：性别、种族、宗教和性，英国法律和文学的开端，法律、理论和文化中的主权
	内地法课程模块	中国竞争法与竞争政策，中华人民共和国税收法律政策，中华人民共和国航运法（普通话），中国法律制度概论，内地与香港的跨境法律关系（以普通话授课），法律中的汉语用法，中国信息技术与电子商务法

类别		课程名单
选修课	程序法	仲裁法，竞争法 1，谈判：解决和倡导，家庭调解，法庭，白领犯罪的法律问题，替代争端解决法，谈判理论与实践导论，公共利益道德律师
	法律与创新创业	法律、创新、技术和创业（LITE），法律、创新、技术和创业（LITE）实验室，创新，全球化法律实践的创新与伦理

法律博士（JD）项目学位是一项其他非法学专业本科毕业后的法学硕士学位研究计划，包括具有课程作业成分的研究论文。它主要面向对法学领域感兴趣的学生，并且希望从结构更完善的研究计划中受益，以帮助他们撰写博士学位论文。它以澳大利亚大学的新发展为蓝本，而这些发展又是从美国法学院借鉴来的。要求学生修读一门有关高级研究方法论的课程，而其他课程则从该学院提供的研究生法学硕士课程中选修。在特殊情况下，可能会允许学生从该学院教授的本科课程或该大学其他学院提供的课程中选修某些课程。选择课程的一个因素必须是为学生的研究领域做准备。通过对课程设计的精心策划和世界各地知名学者的招聘，香港大学法学院拥有六大研究优势：公法与人权，中国比较法，商业、公司和金融法，知识产权和信息技术法，WTO 与国际经济法，仲裁和争议解决。即主要研究领域如下：

（1）公法和人权。这是该学院最强大的领域之一。教授等工作人员积极参与当代关于比较宪法、人权、法治和性别问题的辩论，并对这些领域进行了大量研究。自 1999 年以来，该学院提供了一个开创性的区域人权法律硕士，这是亚洲唯一一个以亚洲为重点的人权法方案。该课程的毕业生包括亚洲及世界其他地区超过 17 个国家的法官、律师和辩护律师、政府律师和检察官、学者和人权活动家。公法研究得到了比较法和公法中心（CCPL）的支持。法学院的许多教师都获得了各种研究奖项。优秀的人权奖学金发表在《亚太人权与法律》杂志上，这是一份由中国国际人权委员会编辑、布里尔出版的 Scopus 索引期刊。

（2）中国比较法。法学院拥有中国内陆以外最广泛的中国法律专业知识。法律博士（JD）项目的专业范围从刑法、公法、证券监管和金融、知识产权到跨境问题以及法律理论和法学。加上在普通法方面的实力，法学院在提供比较法研究以及关于民法和普通法的教学方面处于非常有利的地位。由于香港和法学院的独特地位，比较法的研究在国际学术期刊中屡屡被引用，法学硕士课程已经吸引了世界各国对中国法律发展感兴趣的学生及其与西方世界的交流。

（3）商业、公司和金融法。香港大学法学院在商法领域拥有丰富的专业知识，包括合同、侵权行为、财产、股权、税务、信贷和证券、并购、上市、银行、金融、商业计划起草等核心普通法学科，以及金融技术、监管技术、国际私法和国际贸易经济法。这是一个非常多元化的领域，但对于法律教育来说是一个最重要的领域。亚洲国际金融法研究所一直是该学院研究公司法和金融法的重点，并吸引了许多杰出的学者来港参加公开演讲和学术会议。

（4）知识产权和信息技术法。这是法学院重要的新兴领域。在《信息技术法》方面，法律和技术中心产生了相当可观的研究成果，在香港政府的大力资助下，开发了非常成功的社区法律信息中心项目，向公众传播法律知识。该中心还设有香港法律信息学院，该学院为公众免费提供有关香港法律资料的最佳电子数据库之一，从而有助于人们更好地利用法律。香港大学的知识产权学者在生物医学开发和药品领域以及域名争议和政策研究领域进行前沿研究。

（5）WTO与国际经济法。贸易和国际经济法是法学院的一个既定领域。东亚国际经济法（EAIEL）计划是该领域培训和研究的重点。香港大学已连续三年被世界贸易组织（WTO）指定为亚太地区中心，为来自亚太地区30多个发展中国家的政府官员举办第一届区域贸易政策课程（RTPC）。香港大学许多知名学者正在积极参与当前关于跨太平洋伙伴关系协定、中国新自由贸易协定、中国"一带一路"倡议和世贸组织贸易争端的辩论。EAIEL还一直在中国和东南亚从事有关WTO事务的能力建设和人员培训。它还与联合国各机构合作，组织了高级别的国际会议，包括贸易专题讨论会以及2005年12月在香港举行的第六届WTO部长级会议。EAIEL计划的访问学者计划也吸引了区域和国际专家参加。

（6）仲裁和争议解决。法学院还积极发展仲裁和争议解决的跨学科领域，包括法律、商业、政府、心理学、经济学、人类学和教育学。在解决争端方面拥有英美和中国内陆背景的专业知识，目的是在严谨的研究和学术与这一极具潜力领域的实践竞争优势之间建立富有成效的对话。由于谈判和解决争端也与文化和价值观有关，香港大学正在制定一项重大的解决争端和谈判方案，在这一地区，对这些问题有着独特的文化处理办法。

从表 6-3 香港大学法学院 JD2019-2020 年课程设置里，我们可以发现香港大学法学院 JD 法学课程设置富有特色，有以下几个特点：

一是法律与人文跨学科交叉。该学院对法学与人文学科交叉点的研究特别感兴趣，有许多学者从事法律理论、法律与电影、法律与语言、法律史、法律与文学以及相关领域的研究。研究采用一系列跨学科方法，并通过与国际和更广泛社区的学者合作进行。该学院提供三种类型的研究学位，即 MPhil、PhD 和 SJD。成功的 MPhil 论文应代表候选人的研究结果，该研究结果应具有一定的独创性，并表明对研究领域和适当的研究方法有深刻的理解。候选人将在至少一名教职员工的监督下进行研究工作。

二是专精于商法和国际贸易法领域。新课程提供了专门研究某一特定法律领域的可能性，例如商法、中国法律、国际贸易和经济法，这样香港大学法学院的毕业生将比其他受过一般法律培训的法律毕业生更有优势。该方案还提供了在大学提供的非法律学科做未成年人的可能性。其他院系提供给本校的未成年学生。

三是以问题为基础，以学生为中心的学习。香港大学法学院新课程的教学将主要以问题研讨为基础，在以学生为中心的小组环境中进行讨论。除法律知识外，课程还将侧重于交流技能、分析技能、研究技能和解决问题技能等可转移技能。这些技能未来在法律职业中将会使学生终身受益匪浅。

四是与国外大学交流，拓展国际视野。在全球化时代为中国培养具有国际视野和全球竞争力的跨国法律人才；搭建高层次的国际性学术交流平台，增进中美以及国际法律、政治、经济和文化等领域深层次的沟通和交流。三年级和四年级的学生将有机会与合作大学进行海外交流。该校已与全球 150 多所顶尖大学签订了交流协议，教师也与其他顶尖大学签订了专门针对教师的交流协议。学生可以用奖学金在这些大学中的一所渡过一个学期或一个学年。

五是诊所法学教育方案。学生将有机会参加各种诊所课程和讲习班，以处理现实生活中的案例。学生也将有机会参加国际辩论赛。法律与社会科学课程的目的是使学生学习法律和社会科学课程，后者主要来自政治和公共行政部门，以便为毕业生提供更广泛的教育和更大的职业选择和发展灵活性，包括政府、政界、新闻界和法律界的人士。学习三年后获得 BSocSc（政府与法律）学位的学生，如果他们愿意，可以在法律学院与 BSocSc（政府与法律）联合学习两年（第四年和第五年），其中法律课程 111 学分，政治与公共管理课程 12 学分。在完成第四年的法律学士课程后，他们可以申请进入一年的法律学士课程。

三、香港国际高层次法治人才培养方法

由于在粤港澳大湾区以及大中华地区和亚洲的独特地位，香港三大高校法律学院富有非常明显的国际化特色，广泛而强大的本地和全球网络以及为社会服务的决心，将使香港三大高校法律学院能够继续教育未来的法律领袖并为香港、中国乃至世界开展开拓性研究。

（一）法律模拟比赛

各种模拟竞赛已经牢固地确立为法学院课程的一部分。香港三大高校法律学院所有课程的学生都热衷于参与模拟法律竞赛。他们重视模拟发展起来的技能，并渴望参加国际比赛。学院在模拟比赛发展方面的成功很大程度上是基于学生对模拟竞赛的热情。法律学院学生参加模拟辩论，可以极大地提高他们的辩护技巧和对未来走上法庭等环境的信心，并在学院的支持下每年参加本地、区域和国际比赛。"模拟"是一种模拟的法律程序，在其中，作为法律学院的学生在专门设计的案件中进行辩论，以挑战和发展学生的口头和书面辩护技巧。如果希望成为一名优秀的律师，那么模拟辩论便是必不可少的，而比赛为法科生提供了一种很好的手段和机会，使法科生可以体会到在现实生活中出庭作律师的感觉。这是提高法科生的法律研究、法律推理、辩护、沟通和案件分析能力以及快速思考自己的壮举和自信的能力的一种激励方式。对于每个模拟辩论，将任命一名教师作为团队的顾问，并监督他们的准备和参与。在某些情况下，参加某些模拟团队可能会被认为是完成学位课程的一部分。年度 Philip C. Jessup 国际法模拟法庭比赛，是世界上最大、最负盛名的模拟辩论比赛。年度 Willem C. Vis／Vis（东部）国际商业仲裁模拟辩论是为学生举办的杰出的全球模拟辩论赛之一。拟议辩论的目的是通过为学生提供对涉及这些领域可能出现的实际问题的案件进行辩论的机会，从而培养学生的兴趣并参与国际商事仲裁和商法。年度红十字会国际人道主义法辩论旨在提高人们对国际人道主义和社会问题的认识。根据其宣传技巧和国际人道法知识对选手进行评判。联合大学模拟竞赛是由香港大学学生会的倡导

与模拟协会组织的。2009 年 3 月，来自香港中文大学法学学士课程的法学生团队赢得了这项比赛。该团队得到了本科生法律学会和学院成员的支持。

（二）学生社团和学会

香港大学拥有逾百个不同种类的学生团体，包括各学院学生会、学术团体、舍堂学生会、学社联会属会、文化联会属会、体育联会属会等。学生只要有心参与，一定能在这里找到兴趣所在。通过参加社团活动，学生可以锻炼自己团队合作的能力和沟通技巧，为未来职业发展做好准备。香港中文大学法学院杨天良爵士协会安排一系列活动和社交活动，协助学生在学业和专业发展方面取得进展。学会每年举办多项活动，包括：杰出专业导师周年酒会及高桌晚宴；每名工商管理学学生与杰出的专业导师及学术顾问配对；就业讲座、工作面试技巧提供意见以及协助学生准备简历；就感兴趣的课题举办客座讲座；参观本港的法院、审裁处、委员会及惩教设施。学会亦鼓励及支持学生参与辩论、辩论、面试及谈判比赛，以及戏剧及音乐活动。暑期游学计划：香港大学会为每名申请学士学位的学生在修读课程期间提供最高达港币 10 000 元的旅游奖学金，作为参加暑期游学计划的费用。学生分组旅行，参加由主办机构举办的讲座和研讨会，包括参观访问国家的法律制度和文化。此外，成立和发起了不同的学生社团和俱乐部，包括学生社团、音乐社团和课外社团，以补充他们的法律教育。如香港中文大学法律系学生社团于 2008 年成立，作为法律系学生的官方学生代表团体。执行委员会致力于加强社会成员、教职工和法律界之间的团结。

（三）国际交流和合作计划

近年来，香港大学法学院与世界上一些最著名的法学院合作，包括与美国伦比亚大学、宾夕法尼亚大学、伦敦大学院、苏黎世大学和北京大学的双学位课程；与伦敦大学院的研究项目和联合会议，剑桥大学、新南威尔士大学和新加坡国立大学。学院致力于学术和专业上的卓越，以应对快速变化的环境的挑战。尽管该学院自 1969 年成立以来取得了长足的进步，但它仍在国际推广、加强与中国内陆的联系以及提高法律教育质量方面不懈努力，以期不仅培养优秀的律师，而且培养有热情服务的领导人。

在教职员工和大学层面，香港三大高校与世界各地的机构都有合作协议，包括与美国、加拿大、南美、欧洲、南非、亚洲、澳大利亚和新西兰的主要机构的关系。在某些情况下，在交换课程中完成的学习可能会计入学生学位的完成中。作为学院和大学努力提高学生的学术和社会经验的一部分，为符合条件的学生提供在合作院校之一出国学习的机会。这些为学习新语言，结交新朋友和开阔视野提供了绝佳的机会。如符合某些要求的香港中文大学学生可根据香港中文大学学生交流资助和奖学金计划（FASS）申请经济支持。

（四）赴海外留学课程

香港中文大学暑期海外学习计划（SSAP）成立于 2006 年，得到了杨天良爵士协会的慷慨资助。杨天良爵士协会为每位法学学士课程的学生提供 10 000 港元的助学金，用以支付参加 SSAP 的部分费用。该计划旨在鼓励香港中文大学的学生不仅学习香港的法律和法律制度，而且还可以进行广泛而多样的法律教育，并接触不同的文化和法律制度。学生成群旅行，并接受东道机构提供的讲座、研讨会和辅导，并访问法院、立法机构、律师事务所和其他法律机构。主办机构还组织文化活动和旅行，使学生对当地文化有更好的了解，并且学生还有大量的空闲时间，可以自由地探索主办城市。每个 SSAP 通常持续三周，并在 6 月到 8 月之间的某个时间运行，具体取决于位置。在过去的几年中，香港中文大学为清华大学、澳大利亚悉尼大学和多伦多奥斯古德·霍尔法学院提供了 SSAP 之旅。法学院正在探索法学士课程学生为该计划访问海外高等教育机构的可能机会，并且正在与英国、北美、澳大利亚和意大利的机构进行讨论。

此外，调解研究所隶属于香港中文大学法学院。该研究所专注于教学和资源。调解研究所的目标是提供有关调解的学术课程和专业培训计划，并提供书籍和多媒体形式的资源访问。

四、香港国际高层次法治人才培养的特色

香港三大学法学院由过去的法律转变为繁荣的司法管辖权，香港作为中华人民共和国的特别行政区维持其普通法制度。

（一）树立全球视野，创新办学理念

学院在培养一个扎根于香港的法律职业中发挥了重要作用，在中国和英国都发挥了作用。它的早期教师开创了香港法律的奖学金。它的毕业生现在占了香港司法和法律职业的一半以上。多年来，该学院作为从人权到金融监管等多个学科的研究中心，赢得了全世界的认可。香港三大高校一直提倡国际化，无论是提升学生的专业素养还是开拓环球法律视野都是大有裨益的。

香港城市大学的办学政策总体可以概括为"立足香港，依托内地，放眼全球，服务世界"。法律学院的使命是为学生提供优质的法律教育。面对全球化的挑战，香港城市大学法律学院以普通法教育为本，着重拓展学生的国际视野，掌握全球化所需要的法律知识和技能。香港中文大学法律学院提供了一个真正敏捷的全球学习和研究环境。法律市场目前正面临快速变化，要求立法者、法律专业人士以及最后但并非最不重要的法律教育提供者做出迅速和适当的回应。世界经济的全球化、法律服务的持续数字化以及香港作为"一国两制"概念下属于中国的普通法司法管辖区的特殊情况，是三个非常突出的例子，需要引起注意。

（二）厘清国际法治人才培养目标，完善课程体系

普通法系的法律教育重视案例教学、实践等。因此，在设置课程时，基本上按照英国的体系，也有参照美国的要素，香港的法学学士课程规定，学生必须在核心科目、法律职业资格副修科目、精进教育科目及自由选修科目修满指定的学分。[1]香港中文大学法学院成立时，法律哲学、法理学为必修课。学生除专业课学习之外，还要学习很多通识课程。同时，还开设有各种语言项目，如法语、德语、日语等，以此来弥补法律学习的乏味、枯燥。香港中文大学法学院的教学方法，基本上采用讲授加分组讨论的形式，一门课老师大概讲两个小时，然后把同学们分成几个组，由老师分别辅导，每组一个小时。[2]

（三）魅力四射的法学双学位项目

一个高质量的学位不仅仅是提供对一门学科的良好的技术理解，它还应该让学生为他们未来所选择的职业和公共生活中的领导职位做好准备。香港大学的法律学位（LLB）正是要做到这一点。自1969年创办律师公会以来，许多学生已成为法律界的资深人士，并在杰出的公职部门为社会服务。法学双学位项目的兴起源于《雷德蒙-罗帕报告》。《雷德蒙-罗帕报告》建议香港的大学应大力发展与其他学科的双学位项目，为未来法律工作者从事法律业务奠定宽广而坚实的知识基础。香港三大法律学院先后开设了法律与其他学

---

〔1〕 於兴中："香港的法律教育——以香港中文大学为例"，载王瀚主编：《法学教育研究》（第2卷），法律出版社2010年版，第252页。

〔2〕 於兴中："香港的法律教育——以香港中文大学为例"，载王瀚主编：《法学教育研究》（第2卷），法律出版社2010年版，第252页。

科组合的双学位项目，受到学生和法律界的普遍欢迎。[1]文学和法律有着相互交织的制度历史：修辞学的研究最初是为了培养法院从业人员的演讲技巧；法律主题和问题长期以来吸引了威廉·莎士比亚、查尔斯·狄更斯和 E. M. 福斯特等作家以及威廉·萨克雷和弗兰兹·卡夫卡从法律系学生开始了他们的职业生涯。鉴于这两个学科之间的许多共同点，法律系和艺术系联合提供法律和文学研究的综合双学位。这项为期五年的计划，首次在 2012 年 9 月推出，每年约有 20 名学生参加。文学士和法律学士课程旨在培养法律论证和文学分析的技能。这一双学位将使学生为各种职业做好准备，包括法律、学术、艺术和文化、新闻、政治等。[2]香港中文大学在 2008 年新增双学位模式课程，学生将接受法律与社会学两方面专业课程学习，毕业后将获得法学学士与社会科学学士两个学位。此外，香港中文大学法律学院与英国伦敦大学国王学院潘迪生法律学院将于 2018 至 2019 年度合办法学士及法律博士（LLB-JD）双学位课程，为香港首创。修读此课程的学生可于四年内兼得国王学院法学士及香港中文大学法律博士，相比分别修读两校的课程节省一年。毕业生有机会获得英格兰、威尔斯及香港的执业律师资格。借此课程，两校希望培育具备中西视野的优秀法律专才，以满足业界的迫切需求。[3]

（四）跨学科交叉培养法科生的创新能力和跨界能力

自 1969 年以来，香港三大法律学院一直在培养能应对社会挑战和对各种各样复杂的全球性法律问题应付自如的毕业生，法学院非常重视研究生研究教育的质量，重视学科内和跨学科的创新性、高影响力和前沿研究。如香港大学法学院大力鼓励和支持国际和跨学科的研究合作，并定期参与促进社会文化、社会和经济福利的研究；法学院还致力于成为本地区研究生教育的学术卓越中心，并将为学生提供智力激励环境，培养他们的智力、创造力和创新能力作为首要任务。香港大学法学院拥有一个充满活力的研究环境，提供了极好的研究机会和设施，各类研究包括传统的理论分析、跨学科工作以及

---

〔1〕 凌兵："回归十年来的香港法学教育：发展、变革与创新"，载《中国法律》2007 年第 3 期，第 59 页。

〔2〕 根据香港大学法学院的资料整理而成，资料来源：https://llm.law.hku.hk/，最后访问日期：2019 年 10 月 11 日

〔3〕 "中大与伦敦大学国王学院合办法律双学位课程"，载香港中文大学官网 http://www.cuhk.edu.hk/chinese/whats-on/focus/nsl502-dual-degree.html，最后访问日期：2019 年 10 月 13 日。

理论和应用研究，其研究质量得到国际认可。香港大学法律学院的研究经常被权威的、声誉良好的期刊所接受；并且通过大学资助委员会、研究资助委员会、信托基金、捐赠基金等颁发数量可观的研究资助。香港大学法律学院——香港最古老的法学院——一直名列世界上最好的法律系（例如法律第25号，QS世界大学排名第20位）。

（五）全球化背景的海外交流机会与国际视野的拓展

香港是一个地区和全球经济的一部分，正经历着日益迅速的技术和社会变革。虽然大多数法学学士毕业生可能会寻求进入法律行业，无论是作为律师或大律师，法学学士学位的设计也考虑到了更广泛的目标。香港大学以学生为中心的理念体现在充分考虑学生在校的生活、学习和能力的提升以及未来的职业发展，在香港大学学习法律既有收获又有刺激。获得香港大学法学学士学位的学生都有机会申请在美国、加拿大、澳大利亚或英国的顶尖法学院学习一到两个学期。法律学院特别鼓励学生加入赴海外交流计划，除大学范围的计划外，法律学院还与几所主要海外大学签订了协议。

（六）以学生为中心的教学方法

香港三所高校法律学院的办学水准和法科毕业生在香港这个全球金融中心和航运中心的生存竞争中能够胜出，其中一个重要的因素或许与法学教学方法不无关系。香港高校法学教育很少采用以理论教条为主的授课方式，而是兼采多元化的教学方法，如学生以小组讨论形式学习，从而掌握研究与沟通技巧，培养批判性思维及跨学科学习的能力。课堂外，香港大学强调学科知识与应用实践并重，鼓励学生走出校园，走入社会，积极参加海外交流、暑期实习、科研考察、社区服务等体验式学习项目。不少学院已经将各种形式的体验式学习嵌入课程，有的甚至以此为毕业要求。香港大学为所有在校本科生构建了广阔的交流平台，目前已与全球逾365所知名大学缔结学生交换协议，合作院校遍布五大洲的44个国家和地区。香港大学另有海外暑期科研交流项目，为立志科研的学生提供了实践机会。

第二节　澳门国际高层次法治人才培养模式

一、澳门国际高层次法治人才培养演进轨迹

中国南海之滨的澳门虽是弹丸之地，却成为中国最早对外开放的商贸港

口，也是中国最早全方位接触西方文明的城市。在 400 多年 "递进重构" 的
过程中，澳门文化就既有拼图，又有熔炉，还包括了两者之间的不同组合。
自 1846 年起，当时的总督阿玛留利用 1842 年英国占据了香港的时机，公然
推行对抗中华帝国及澳门自治机关的政策，将澳门实际上完全纳入了葡国的
主权管辖之下。[1]清朝与葡萄牙于 1887 年正式签署《中葡友好通商条约》，
该条约第 2 款记载："清廷同意大西洋国（即葡萄牙）永居管理澳门，但是第
三款规定葡萄牙不得将澳门转让给其他国家。" 从此，《中葡友好通商条约》
成为葡萄牙 "永驻管理澳门" 的法律依据。《中葡会议草约》和后来签订的
《中葡友好通商条约》，最终使澳门成为葡萄牙在东方的一个 "海外省"。[2]
这标志着澳门被割让给葡萄牙人。澳门虽不是近代国际公法意义上的殖民地，
但在治理层面上已被正式纳入葡萄牙的殖民地管制体系。[3]作为葡萄牙殖民
体系下的一部分，澳门所需的法律职业由葡萄牙人占据，培养法律人才的法
律教育也在葡萄牙而不在澳门。澳门法律职业被葡萄牙人及澳门土生葡人所
垄断，这种状况一直延续至 1996 年才被打破，此前澳门各级法院的法官全部
来自葡萄牙。延至 20 世纪 90 年代澳门回归前夕，澳门司法界尤其是律师界
的教育背景，同样几乎都有葡萄牙知名高等学府的法学学位或学习经历。[4]
由此可见，澳门法学教育在 1988 年以前是空白。

　　1987 年《中葡联合声明》的签署，在推动澳葡政府开展法律本地化运动
之际，同时也为澳门法律人才的养成渠道提供了制度保障。[5]进入过渡期后，
澳门面临着需要懂中文、葡文双语的高层次法治人才来接班的问题。澳门本
地的法学教育才真正启动。为确保澳门法律 "基本不变"，保证法律领域的顺
利过渡，澳门政府意识到培养当地法律人才的重要性和迫切性。法律本地化
的关键性环节就是法律人才培养的本地化，肩负这一时代历史使命而产生的
澳门大学法律学院，率先并主要承担本地高层次法治人才的培养重任。1981

---

〔1〕　叶士朋：《澳门法制史概论》，澳门基金会出版 1996 年版，第 49~50 页。

〔2〕　刘然玲：《文明的博弈——16 至 19 世纪澳门文化长波段的历史考察》，广东人民出版社
2008 年版，第 351~352 页。

〔3〕　何志辉：《从殖民宪制到高度自治——澳门两百年来宪制演进述评》，澳门理工学院一国两
制研究中心出版 2009 年版，第 33 页。

〔4〕　何志辉："从文化殖民到本地化发展：澳门法律教育之变迁"，载《外国法制史研究》2013
年第 16 期，第 339~346 页。

〔5〕　梁静姬："澳门法律教育发展历程及前瞻"，载《人民法治》2018 年第 18 期。

年，东亚大学的成立标志着澳门现代高等教育的发轫。随着 1987 年《中葡联合声明》的签署，澳门进入到 1999 年回归前的过渡期。而为了确保澳门政权顺利交接，过渡期内澳葡政府在中方的督促下采取了三项具有重要意义的措施：公务员本地化、中文官方化、法律本地化，即合称"三化"，"三化需求使得高等教育发展成为这个时期的一个关键问题"。[1]法律本地化是促进平稳过渡，维持社会稳定繁荣的条件，重点培育和造就"澳人治澳"的法治人才是澳门权力交接的重要保障。1987 年，澳门政府成立了公共暨法律课程办公室，筹划创办澳门高等法学教育。同年 10 月，澳门大学在葡萄牙里斯本大学的协助下创办了法律文凭课程培养法律本科生。[2]1988 年，澳门基金会代表澳葡政府收购了原属私立的东亚大学并进行了改制；当年 9 月，澳门东亚大学开设的法律及公共行政课程开始招生。澳葡政府决定，东亚大学（1991 年改名为澳门大学）于 1988 年 11 月正式开办法学院的法律学士本科课程，该课程为期 5 年，学生必须全部完成课程设置的 28 门学科且成绩合格后，方可毕业。正如本地法制所具有的特色，该课程亦有浓厚的欧洲大陆法系色彩，这是因为该 28 门学科几乎涵盖现行法律制度的一切实体及程序法律部门，以及公法和私法的相关理论。[3]澳门大学培养人才以精英化和本地化为导向，其养成的法律人才及时填补着澳门回归前夕法政事业的空缺。[4]澳门大学最早的法律学士学位课程的授课语言是葡文，即葡萄牙法律学士学位。然而，当时超过 90% 的澳门居民不懂葡萄牙语，这意味着大多数澳门居民在澳门法律教育开始时就与澳门的法律教育隔绝了。由于存在语言障碍，多数澳门居民无法学习和理解澳门法律，法律知识难以积累，权利难以保障，纠纷难以解决。因此，在澳门法律教育的初始阶段，虽然课程适用于普通澳门居民，但法律研究是建立在葡萄牙的法律基础上的，这使得澳门法律蒙上了一层神秘的面纱。1991 年，葡萄牙议会制定了《澳门司法组织纲要法》赋予澳门本地司法自治能力，在该法实施以前，澳门司法机关完全纳入葡萄牙司法体制，

---

〔1〕 王银花：《澳门高等教育扩张的逻辑——基于高校与城市互动关系的视角》，中国书籍出版社 2017 年版，第 1 页。

〔2〕 邹亚莎、张生："澳门法学教育的历史与发展方向"，载米健主编：《澳门法律改革与法制建设》，社会科学文献出版社 2011 年版，第 48 页。

〔3〕 赵秉志主编：《澳门法律问题》，中国人民公安大学出版社 1997 年版，第 85 页。

〔4〕 何志辉："从文化殖民到本地化发展：澳门法律教育之变迁"，载《外国法制史研究》2013 年第 16 期，第 351 页。

属于葡萄牙地方法院的地位；1991 年该法实施之后，为了配合 1987 年《中葡联合声明》关于回归后澳门司法制度的规定，葡萄牙逐步放开了对澳门的司法控制，开始推进澳门的司法自治工作。葡萄牙人长期将澳门视为其海外属地，法政人员全部由葡萄牙几所知名大学法学院提供法学教育，无疑将西方法律文化为背景的葡萄牙司法制度与理念迁移到澳门司法体制之中。[1]

1991 年随着东亚大学正式更名为澳门大学，澳门大学法学院也自然而然应运而生。这门法律课程与当时澳门大学的其他二级学院有很大的不同，教育制度和课程设置基本上都与葡萄牙大学的法学院模式有关，法律教学人员是葡萄牙法学学者，因此教学语言仍然是葡萄牙语，教科书是葡萄牙法律教科书，学生主要包括：在澳门生活或工作的葡萄牙居民，一些懂葡萄牙语的中国居民（特别是翻译）以及一些来自非洲葡萄牙语国家或东帝汶的学生。1992 年，澳门总督先后颁布了《澳门司法组织通则》（第 17/92/M 号法令）、《澳门审计法院通则》（第 18/92/M 号法令）等，决定设立澳门高等法院、重组澳门审计法院及行政法院并于 1999 年投入运作。自 1993 年以来，澳门大学法学院开设了葡萄牙语法律硕士课程，分为法律和政治两大类，法律集中在私法领域，而政治法集中在公法领域。然而，在这个过渡阶段，葡萄牙语是澳门法律教育的中心，这门课程的注册学生非常有限。

为了适应回归后澳门司法自治的需要，培养实行"三化"需要的澳门本地的法治人才，澳葡政府于 1995 年 8 月核准澳门大学预科课程的学习计划以与本科课程相匹配。同时，澳门大学法学院开设葡文法学硕士学位课程，开始招生葡文法学硕士，硕士学位课程学制为 1 年，其旨在培养法律科学研究型学术人才。澳门大学法学院除保留原有的葡文法律课程以外，于 1996 年 10 月 28 日首次以中文授课的法学士学位夜校课程授课标志着法律教育具有历史意义的一大步，开启了澳门法学教育的华语大门。该课程学制为期五年改为四年，目的在于贯彻落实《中葡联合声明》关于澳门现行法律制度长期不变之规定，培养澳门本地中葡双语法治人才。在师资建设方面，中文法学学士课程除了法学院原来的教师队伍之外，还有来自内地和葡萄牙的法律学者。澳门于 1999 年 12 月 20 日回到祖国怀抱，澳门特别行政区正式成立并全面实施"一国两制"方针，这是澳门法制发展历程中最值得欣喜的里程碑，也是

---

[1]　李燕萍：《澳门的法院和审判制度》，中国民主法制出版社 2011 年版，第 7 页。

澳门司法进入高度自治时期和澳门法律教育迈向多元化的新起点。2000 年开始开办中文法学学士日间课程。次年开始设立中文法学硕士课程。

由于澳门大部分居民是华人，华语法学教育很快成为澳门法学教育的主流，对大部分澳门居民而言，学习法律成了可能，这使得澳门大部分居民有机会学习法律和掌握法律科学。特区政府基于各级法政部门仍然缺少法律精英人才立足本地而面向世界，竭力扶植私立大学开办法律教育。精英教育发展股份有限公司于 2000 年 3 月成立了澳门科技大学并得到政府的认可，该校法学院是澳门科技大学建校时的四所创始学院之一。虽然这个时期澳门法律界依然以葡萄牙人主导，但华人法律工作者逐渐增多，也为华人在澳门法律界争得一席之地，华人律师也在澳门获得了一席之地。除了法学学士课程，澳门大学法学院还开设了两年制的学位课程——澳门法律导论课程，招收在内地、台湾或其他地方获得法学学士学位的居民，进行为期两年密集式的澳门法律的学习。一直到回归以前，澳门大学法学院都是澳门唯一开始法学专业的高等教育机构，而当时这一专业招收的学生，若非澳门本地学生，则是葡语系国家的学生。[1] 由此可见，回归后的澳门进入高度自治时期，法学教育新模式迈入多元化的发展阶段，私立大学与公立大学教育并行，葡文、中文和英文教学并行，学士、硕士与博士同时并举。

在法学硕士研究生的培养方面，澳门大学法学院在 1995 年开始招收葡文硕士课程，中文硕士课程开设始于 2001 年，并且同时开始尝试在法律本科课程也招收中国内地的学生，2003 年澳门大学法学院开设用英语教学的欧盟法、国际法和比较法硕士课程，2006 年澳门大学法学院开设了英语教学的商法硕士课程，在 2007 年开始开设博士学位课程。从 2001 年招收研究生开始，澳门大学法学院便进一步培养研究型人才，并且教学语言包括葡文、中文和英文，法学教员与学生来自世界各地，达到一种法律文化的共融。澳门回归以及澳门大学法学院的发展，也伴随着将中文带入澳门法制，并且将法律教育推广到每一位市民的生活中。澳门大学法学院自 1988 年成立以来，为澳门培育大批优秀的本地高层次法治人才，现在澳门司法官员中绝大多数是从澳门大学法律学院毕业或曾在法律学院进修和修读过课程，大部分的华人法官、检察官和律师都是澳门大学法学院的毕业生。

---

〔1〕 梁静姮："澳门法律教育发展历程及前瞻"，载《人民法治》2018 年第 18 期，第 20 页。

除了澳门大学法学院以外，澳门科技大学和澳门城市大学也分别在2000年和2015年相继成立了法学院，以不同的教学方向与理念，为澳门法学教育的多元发展起着非常重要的促进作用。依据《第38/2000号行政命令》和《第42/2000号行政命令》，成立于2000年的澳门科技大学法学院，同时开办法学学士、硕士、博士学位课程。法学学士课程为4年制，硕士课程目前为2年制，博士生课程为3年制。硕士课程主要包括：法学硕士、法律硕士、刑事司法硕士、国际经济与商法硕士、国际仲裁硕士等5个硕士学位课程，以及法学博士学位课程（含法学理论、法律史、宪法与行政法、民商法、刑法、经济法、国际法、诉讼法学、环境与资源保护法学共9个专业）。澳门城市大学法学院于2015年9月开始设立法学硕士课程，并正式向社会招生。法学院研究生课程主要包括：宪法、基本法与行政法学，比较刑事法，比较民事法以及国际商法四个专业方向。除了高等教育机构的法学院以外，在澳门司法培训中心、律师公会以及澳门法务局等都对澳门的法学教育起着重要的作用。法律及司法培训中心是一所公共专业教学机构，享有法律学术及法学教学自主，提供司法及法律领域的专业培训。在培训中心的职责中，除负责法院和检察院司法官的入职培训工作外，还负责司法官的持续和进修培训。根据法律的规定，要成为法院或检察院的司法官，必须首先完成由培训中心开办的、为期两年的培训课程及实习，且成绩合格。澳门特区政府成立后，已完成举办五届司法官培训课程，第五届司法官培训课程在2015年9月开课，至2017年9月结束。在司法官持续和进修培训方面，培训中心与中国外交部条约法律司、中国国家法官学院、中国国家检察官学院、葡萄牙司法研究中心以及法国国家司法官学院合作举办活动，也举办由澳门的法律专家或其他专业人士主讲的培训活动。与此同时，澳门法务局也依法向法律改革咨询委员会、法律及司法培训中心、司法援助委员会、法务公库、登记暨公证委员会、保障暴力罪行受害人委员会及其他机关提供技术、后勤及行政辅助。此外，还负责监察自愿仲裁机构的设立及存续的合法性、管理法律人员数据库和履行法律赋予的其他职责。

表6-4　澳门开设法学相关专业的院校

高校	学院	项目层次（本科、硕士、博士学位）		
澳门大学	法学院	环球法律系	法学硕士学位（中文）课程	
			法学硕士学位-欧盟法、国际法及比较法（英文）课程	
			法学硕士学位-国际商法（英文）课程	
			博士学位课程（含宪法、基本法与行政法学，民商法学，比较法学，刑事法学，欧盟法学，国际商法与争议解决，国际法学，法哲学与法制史，科技法与医疗法共9个专业）	
		澳门法学系	葡文法学士学位课程	
			中文法学士学位课程（日间和夜间）	
			法学士学位课程（中葡双语授课）	
澳门大学	法学院	澳门法学系	澳门法律导论课程	
			葡文法硕士学位课程	
			法学硕士学位（法律翻译）课程	
			法学硕士学位（澳门法实务）课程	
澳门科科技大学	法学院	法学系	法学士学位课程	
			法学硕士学位课程	
			法律硕士学位课程	
			刑事司法硕士学位课程	
			国际经济与商法硕士学位课程	
			国际仲裁硕士学位课程	
			法学博士学位（含法学理论、法律史、宪法与行政法、民商法、刑法、经济法、国际法、诉讼法学、环境与资源保护法学共9个专业）	
澳门城市大学	法学院		法学硕士学位课程（中文学制）	

二、澳门国际高层次法治人才培养体系

(一) 人才培养目标

为回应澳门社会日益增长的要求，澳门大学法学院应服务本地有关法律事务的需要，法律系设立"澳门法律研究系"，培养更多精通法律知识和技能的学生，并作为政府和公共实体的智囊团。该署亦努力整合不同课程及不同语言背景的工作人员对澳门法律的研究力量。澳门法律研究系主要提供以下课程：葡萄牙语法律学士；法律学士（白天和晚上）；法学士（中文和葡萄牙语）；葡萄牙语法律硕士；法律翻译硕士；澳门法律及实务硕士。全球法律研究系（GLS）特别关注并致力于实现澳门大学制定的目标，以将其确立为杰出的、国际认可的高等教育机构，并提供优质的教育和世界一流的研究。这需要努力提高学术水平，特别是通过课程教学，鼓励进行研究，以期培训未来的律师，这些律师可以通过对一般法律和全球法律的深刻理解来应对其职业当前和未来的挑战。在这一方面，应从广义和包容性的角度来理解新闻部作为"全球法律研究"之一的含义，即通过侧重于比较和跨学科方法，解决两个法律之间的相互联系，从而构成一个全球范围。从表6-5澳门三大高校法学院法治人才培养目标的对比中，澳门一直以来处于中西文化交汇之地，对全球商贸往来非常敏感，法学院法学教育无不既反映澳门特色和葡语国家的密切联系，又要灵活处理区域之间乃至全球法律之间的复杂的全球经贸往来关系。

表6-5 澳门三大高校法学院法治人才培养目标对比

院校	人才培养目标	人才培养特色
澳门大学	环球法律学系为澳门本地社会提供优质的教学服务和世界顶尖水准研究成果的同时应特别注意并服务于实现澳门大学致力成为一个杰出的、受国际认可的学术机构的总体目标。	除了对追求学术卓越的不懈努力，尤其还需要通过课程教学和鼓励开展研究等方式以培养能够通过对法治精神和当地需求的充分理解来处理其职业当前和未来挑战的未来律师们以广泛和包容的方式来理解，强调通过比较和跨学科研究方法，以便能够处理不同法律学科之间以及国内、区域和全球法律之间的相互联系。

院校	人才培养目标	人才培养特色
	培养更多具有法律知识和技能的学生和专业人士，聚合不同学术项目和不同语言背景的教研人员，为澳门当地各类法律事务出谋献策。	澳门独特的历史背景令澳门社会及其法律制度呈现国际都市所具有的开放性特点。
澳门科技大学	立足本澳，面向国际，借由多元文化，培育本地及跨域法律人才。	澳门法与中国法双轨教学特色和跨域比较研究特色——法学士学位课程，贯彻一国两制的精神，实行澳门法和中国法双轨同步教学。5个硕士学位课程，致力于打通专业界限，培养跨专业综合法律人才。9个专业的法学博士学位课程，致力于在多元文化背景中，进行跨域比较法研习。
澳门城市大学	澳门本地的法官、检察官、律师、公证员、法务顾问等理想职业将为之青睐，而且葡语平台之国际贸易专业法律服务等对语言要求较高之法律职业。	立足于研习与实践澳门法律体系，辅以中葡双语法律之巩固为特色，立足于研习与实践澳门法律体系，辅以中葡双语法律之巩固为特色。

(二) 法治人才培养过程

1. 入学要求与生源遴选

澳门大学法学院按具有的学历资格，申请人可通过以下两种途径报读本校学士学位课程：其一是入学考试。符合以下其中一项资格者，可报考入学考试：①完成中六年级或相等程度，并取得毕业资格。②现正就读中六年级或相等程度。③年满 23 岁或以上者。其二是直接入学。符合以下其中一项资格者，可申请直接入学。详细要求可参阅本规条第 4 项：①普通教育文凭高级程度考试（GCE A Level）；②大学预科国际会考证书（International Baccalaureate Diploma）；③马来西亚华文独中统考（UEC）；④马来西亚高级教育文凭（STPM）；⑤我国台湾地区学科能力测验（GSAT）；⑥我国台湾地区指定科目考试（AST）；⑦葡萄牙 Exames Nacionais do Ensino Secundário（ENES）；⑧香港特区中学文凭考试（HKDSE）；⑨学术能力评估测试（SAT）／美国大学测验（ACT）；⑩副学士学位、高级文凭或学士学位持有人；⑪在澳门以外地区获得入读高等院校学士学位课程之入学资格；⑫就读其他高等院校学士学位课程。

2. 人才培养层次和课程体系设置

依据我国宪法和澳门基本法关于"一国两制"的制度设计,香港和澳门回归后,在法律制度上基本不变,这就使中国具有了三个不同法域。在这种格局的影响下,澳门法学教育体现出开阔的国际视野和开放的胸怀。澳门三大法学院在课程设置上,既重视澳门本地的法律制度,又重视中国内地和世界主要法治国家的法律;在利益导向上,既维护澳门,又走向中国和世界。[1] 澳门三所高校法学院在国际法治人才培养方面各具特色,澳门大学法学院在国际法治人才培养层次方面可谓相当齐全,参见表6-6 澳门大学法学院葡文法学士学位课程(五年制),表6-7 澳门大学法学院欧盟法、国际法和比较法硕士学位课程(英语)和表6-8 澳门大学法学院国际商法法律硕士(英语)。

表6-6　澳门大学法学院葡文法学士学位课程(五年制)[2]

种类	2018/2019 学年葡萄牙语课程法律学士课程名单
必修课	法学绪论,法学绪论(法律实践),法制史,宪法,宪法(法律实践),澳门基本法,澳门基本法(法律实践),国际公法,国际公法(法律实践),经济学Ⅰ,经济学Ⅱ,中国语言Ⅰ,中国语言Ⅱ,中葡翻译技巧Ⅰ,中葡翻译技巧Ⅱ,强化学习活动,税法,法医学,民法总论Ⅰ,民法总论Ⅰ(法律实践),民法总论Ⅱ,民法总论Ⅱ(法律实践),行政法Ⅰ,行政法Ⅰ(法律实践),行政法Ⅱ,行政法Ⅱ(法律实践),中国语言Ⅲ,中国语言Ⅳ,中葡法律翻译Ⅰ,中葡法律翻译Ⅱ,公共经济,债法Ⅰ,债法Ⅰ(法律实践),债法Ⅱ,债法Ⅱ(法律实践),劳动法,劳动法(法律实践),商法Ⅰ,商法Ⅰ(法律实践),商法Ⅱ,商法Ⅱ(法律实践),刑法Ⅰ,刑法Ⅰ(法律实践),刑法Ⅱ,刑法Ⅱ(法律实践),物权法,物权法(法律实践),行政法Ⅲ,行政法Ⅲ(法律实践),民事诉讼法Ⅰ,民事诉讼法Ⅰ(法律实践),中国语言Ⅴ,中国语言Ⅵ,英文法律术语Ⅰ,英文法律术语Ⅱ,亲属法,亲属法(法律实践),家庭财产制度及继承法,家庭财产制度及继承法(法律实践),商法Ⅲ,商法Ⅲ(法律实践),国际私法,国际私法(法律实践),刑事诉讼法,刑事诉讼法(法律实践),民事诉讼法Ⅱ,民事诉讼法Ⅱ(法律实践),民事诉讼法Ⅲ,民事诉讼法Ⅲ(法律实践),中国法概论,法律总论,比较法,研究论文,研究与沟通技巧

---

[1] 邹亚莎、张生:"澳门法学教育的历史与发展方向",载米健主编:《澳门法律改革与法制建设》,社会科学文献出版社2011年版,第49页。

[2] 参见澳门大学法学院官方网 https://fll.um.edu.mo/bachelor-of-law-in-portuguese-language-course-outline-bibliography/? lang=zh,最后访问日期:2019年10月18日。

续表

种类	2018/2019 学年葡萄牙语课程法律学士课程名单
选修课	公共经济学，税法，比较法律制度，环境法，注册和公证法，法医学，法律哲学，司法实践，中国法律通论，葡萄牙法律通论，葡萄牙法律语言，争议解决方案介绍，澳门法律史

表 6-7 澳门大学法学院欧盟法、国际法和比较法硕士学位课程（英语）[1]

研究方向	必修课程	选修课程
欧盟法	欧盟条约改革，当代国际法问题，比较法律制度，研究方法与法律写作，欧洲联盟机构法，欧盟经济法，项目报告	欧盟的外部法律和政策，欧盟竞争法，欧盟环境法，欧盟自然资源和能源法，外国投资法，国际刑法和人道主义法，人权和难民法，法律文化和法律多元化，海事和航运法，电子商务和信息技术法，澳门法律简介，澳门和比较游戏法，国际贸易法前沿问题，亚洲商业法，公司法，法律和社会，知识产权法，创意经济，洗钱和反腐败法，国际私法，消费者保护法，商业合同法，讨论系列研讨会
国际法	欧盟条约改革，法律国际法的当代问题，比较法律体系，研究方法和法律写作，国际经济法，国际组织法，项目报告	
比较法	欧盟条约改革，法律国际法的当代问题，比较法律体系，研究方法和法律写作普通法，比较合同法，项目报告	

表 6-8 澳门大学法学院国际商法法律硕士（英语）

种类	澳门大学法学院国际商法法律硕士（英语）学位课程	
必修课	跨国法，世贸组织和区域贸易法，争议解决，创意经济中的知识产权法，研究方法和法律写作，项目报告	
选修课	欧盟法系列课程模块	欧盟竞争法，欧盟环境法，欧盟自然资源和能源法，欧盟条约改革
	外国法和国际法课程模块	外国投资法，国际刑事和人道主义法，国际组织法，普通法，国际贸易法高级问题，亚洲法公司法法律，国际私法

---

[1] 参见澳门大学法学院官方网，https://fll.um.edu.mo/bachelor-of-law-in-portuguese-language-course-outline-bibliography/?lang=zh，最后访问日期：2019年10月18日。

续表

种类		澳门大学法学院国际商法法律硕士（英语）学位课程
选修课	商事法课程模块	海事和航运法，电子商务和信息技术法，消费者保护法，商业合同提议
	本地特色法课程模块	洗钱和反腐败法，澳门法介绍，澳门和比较博彩法，系列研讨会，法律系提供的任何一门课程
	其他	人权和难民法，法律和文化多元主义

澳门大学法学院环球法律系下的课程主要有：法学硕士（中文）；欧盟法，国际法和比较法（英语）法学硕士；国际商法（英语）法学硕士；博士课程。[1]

三、澳门国际高层次法治人才培养模式的特色

澳门三所高校法学院在培养国际高层次法治人才的模式方面具有比较鲜明的特色，具体表现在法学教育的办学思路和发展方向、法治人才的培养目标、澳门法域特色的专业课程、师资团队国际化和国际交流合作等方面。

（一）办学思路和发展方向

澳门大学法学院一直大力发展科研，近年更明确了向研究型大学转型的思路，取得了良好的学术成果。为配合澳门高等教育的发展及其对高素质人才的需要，推行新的核心通识课程，提升学生的跨学科知识视野，使学生毕业时成为具有竞争力的国际化复合型法治人才。澳门科技大学法学院经过多年发展，已于多元文化的历史语境和跨域法律发展的时代潮流中，逐步形成"以多元文化为背景"及"以跨域法律为内容"的教学和研究特色。澳门城市大学法学院的办学思路和发展方向是致力于为内地与葡语国家的交流合作搭建平台与桥梁，致力于为中国与非洲莫桑比克等葡语国家的经贸合作培养高端复合型人才。

（二）国际高层次法治人才培养目标和特色

澳门大学法学院法律本科教学的目的是培养熟悉澳门重点法律体系的法学人才，硕士和博士课程的目旨在培养未来的法学家，使他们有能力开展

---

〔1〕　根据澳门大学法学院的资料整理而成，资料来源：https://www.must.edu.mo/cn/fl/programme/bachelors-degree-programme/study-plan，最后访问日期：2019 年 11 月 6 日。

理论研究和教学澳门法、比较法、欧洲法律和国际法，让他们成为知识渊博的和合格的法律专业人士。澳门大学法学院在澳门法律的本地化和培养法学家中扮演了非常重要的作用。绝大多数的中葡、中英和葡英双语法官、检察官和公务员以及本地法学家，都是澳门大学法学院的毕业生。澳门科技大学法学院的使命与目标是立足本澳，面向国际，借由多元文化，培育本地及跨域高层次法治人才。法学院自建院以来坚持基本素质培养、科学研究能力和实践参与能力齐举并重，以培养能够服务澳门，走向世界，既有理论素养，又有实践技能的法学专门人才为目标。澳门大学已经建立了亚洲较具规模和完整的住宿式书院系统，与法律学院制度相辅相成，以体验式教学方法，培养学生认识自我。

（三）跨法域特色的法学专业课程

澳门大学法学院可供学生们就读的多层次学位课程体系包括：法律学士学位、研究生法律专业证书、中文法律硕士学位和葡文法律硕士学位、中文博士学位、葡文博士学位和英文博士学位。同时，澳门大学法学院也向学生提供欧盟法、国际法、比较法、国际商法等英语教学的研究生证书课程和硕士学位课程。澳门科技大学法学院拥有三级不同层次的学位授予课程，开设有法学士学位课程，法学硕士、法律硕士、刑事司法硕士、国际经济与商法硕士、国际仲裁硕士等5个硕士学位课程，以及法学博士学位课程（含法学理论、法律史、宪法与行政法、民商法、刑法、经济法、国际法、诉讼法学、环境与资源保护法学共9个专业）。尤其值得关注的是，澳门科技大学法学院建立了澳门法与中国法双轨教学特色和跨域比较研究特色——法学学士学位课程，贯彻"一国两制"的精神，实行澳门法和中国法双轨同步教学；5个硕士学位课程，致力于打通专业界限，培养跨专业综合高层次法治人才；9个专业的法学博士学位课程，致力于在多元文化背景中，进行跨域比较法研习。相对于澳门大学法学院，澳门城市大学法学院之本科课程设计，立足于研习与实践澳门法律体系，辅以中葡双语法律之巩固为特色，并且结合澳门社会经济发展现状设立短期或长期受认证之教学课程；法学院之硕士课程体系，则面向于开拓国际化视野，但又不脱离本地之现实。其法律课程的特点是优良的法律师资、明确的法治人才目标定位（民商、本地法律及拉丁法律研究），严格的法律教学内容，长短结合之培育体系将助力法学院学员在各方面获得良好发展与进步。

（四）融复合化与国际化于一体的法学师资团队

在培养国际高层次法治人才过程中，教学师资水平的高低、视野的开阔等占有非常重要的地位。澳门大学法学院的40多位全职教员当中，有华人25位，以澳门本地教员和一部分接受过中国内地法学教育的教员为主，还有一位来自中国台湾地区的教员；非华人15位，在非华人教员中有10位来自葡萄牙，5位分别来自奥地利、比利时、巴西、印度、摩尔多瓦。与此同时，还聘请了来自澳门法律实务界的一些资深司法官和卓越的律师，以及来自世界各地的优秀法律学者作为兼职教员，这样的教师团队结构，能够有效地满足多元化的学生群体和拓展学生的国际视野，有利于法科学生在未来的职业竞技场大显身手。澳门科技大学法学院教师队伍同样充满朝气和富有活力，现有全职教师均毕业于国内外知名大学，并取得了法律博士学位，具备良好的教育背景和较强的科研能力与教学能力。澳门科技大学法学院长期聘请一批国内知名学者、司法界人士为学院兼职教授、客座教授。现今澳门科技大学法学院共有全职教师25人，本澳和内地兼职教师16人。此外，目前澳门城市大学法学院的管理层来自广东等省、香港、台湾、澳门等地区，以及美国等国家，法学教授亦来自中国、英国、葡萄牙、新加坡等世界各地，为提升澳门城市大学的多元文化、国际视野和注入新动力。法学院由著名学者Dr. Jorge Barcelar Gouveia 担任院长，并邀请了一批在本澳法律理论与实践理论领域具有权威性及其多年教学经验的专家学者。法学学院的开拓与发展，由关冠雄先生担任顾问，协助领导推动本澳法律界不同资深及著名的专家及团队组成，除资深的行政官及法律专家外，也有司法官及大学教员。

（五）重视与内地、国际合作交流

由于历史原因，澳门的司法传统一直面临着多种法律观念与多元文化互相交融的情况，构成了独特的以大陆法系为主，兼采中华法系的澳门法律体系和司法格局。[1]澳门对于葡萄牙的法律属于一种被动的继受，而澳门又作为葡语系国家与中国内地紧密联系的一部分，作为一处文化共融的独特地区，在法学教育和法学研究上存在一些与各个国家、地区法制的交汇点，澳门独特的国际地位，也为澳门法学教育提供了非常优越的国际交流平台。澳门大学法学院的学士学位学生以澳门本地生为主，但研究生和法学教师背景均比

---

〔1〕　李燕萍：《澳门的法院和审判制度》，中国民主法制出版社2011年版，第9页。

较国际化。研究生包括来自本地、中国内地以及一些葡语系国家的学生。

澳门科技大学法学院重视对外交流，积极发展对外合作，已与多个国内外大学法学院、法学研究机构建立了良好的学术交流与合作关系，并正在发展与更多国家和地区的学术交流和文化对话。2016年6月30日，澳门科技大学法学院正式加入亚洲法律学会（Asian Law Institute，ASLI），与新加坡国立大学法学院、澳大利亚国立大学法学院、北京大学法学院、台湾大学法学院、香港大学法学院以及来自亚洲、美国、英国、加拿大、澳大利亚、意大利、俄罗斯等国家和地区的71个著名法学院一起成为 ASLI 的成员。加入亚洲法律学会为澳门科技大学法学院提供了国际交流平台，法学院师生将具有资格参加亚洲顶尖的综合性法律会议（ASLI 年会）及申请 ASLI 研究奖金。法学院更将以此为契机，扩大与国际伙伴之学术和教育合作，共同致力于促进亚洲法律事业之发展。每年也会派学生到外参加各种比赛，如 Jessup 国际法模拟法庭辩论赛、荷兰海牙国际刑事法院审判竞赛等。在葡萄牙法学教育传统的基础上，澳门法学教育的发展也越来越受到中国内地法学研究显著进步的积极影响。该法学教育和研究的大环境为澳门提供了一定的助力。每年中国法学会、澳门法务局都会组织澳门各大法学院的优秀同学在暑假到中国内地法学院进行交流学习，了解内地法制的发展，对澳门法律界的新人能更好地了解祖国并且进一步交流发展打好基础。但法律是一个充满本地化特征的学科，而不像自然科学那样很多内容可以得到一个共识。对于未来的澳门法律教育应该如何适应澳门社会的独特发展，如何将澳门的法律翻译工作进一步完善、法学院对于学生的培训与实务工作中对于司法官、律师、法律范畴的公务员、司法辅助员以及法律翻译人员的培训如何衔接，面对国家顶层设计"一带一路"倡议、"粤港澳大湾区"建设等的促进下，澳门法学教育如何走出自己的路，仍然是一个值得深思的问题。此外，鉴于大陆法系国家同属"成文法"序列，澳门法学教育与德国、日本等国的主要教学方法也十分相似。例如，法律教育教学方法主要有以下四种：讲授法、练习法、专题讨论法、自由讨论法。客观上讲，这些方法有利于巩固法律基础知识，培养学生独立思考的能力。[1]

---

〔1〕 杜志淳、丁笑梅："国外法律人才培养模式述评"，载《华东政法大学学报》2011 年第 3 期，第 157~160 页。

第三节　港澳国际高层次法治人才培养模式之比较与借鉴

香港、澳门与广东虽然都是粤港澳大湾区中的一员，但是香港、澳门与广东在立法、行政与司法均有重大差异。港澳高校的国际化程度远高于内地。由于特殊的历史原因，香港和澳门的法学教育实际上与西方法治国家的法学教育非常相似。澳门的法学教育沿袭大陆法系的葡萄牙语国家的特色。香港的法学教育基本上追随英美法系的传统。广东从国际化的背景出发，立足粤港澳大湾区的实际情况和未来发展愿景，有必要对国际高端法治人才培养模式进行比较研究，或许可以获得不少有益之借鉴和启示。港澳高校的国际高层次人才培养模式非常接近西方国家的法律人才培养模式，不少地方值得广东高校学习与借鉴。

一、港澳国际高层次法治人才培养模式之比较

从香港大学在全球的排名来看，香港大学培养的毕业生非常优秀，香港大学法学院也不例外。香港的三大法学院今天已发展成顶级法学院；虽然澳门的法学教育起步较晚，但是发展也非常迅速。香港和澳门的法学院有各自的优势和特色。

（一）人才培养目标定位清晰而准确

为了追求卓越的法学专业教育，香港和澳门的大学包含了全方位的创造性努力，为学生提供了探索、发现和实现他们所选择的职业的全部潜力的机会。香港大学的本科教育以"全人教育"为理念，以培养"未来领袖"为目标，希望学生成为"世界公民"，对社会有所承担。从课堂到舍堂，从学校到社区，从香港到世界的每个角落……"全人教育"体现在香港大学生生活的方方面面。在课堂内，多元化的学习模式锻炼学生的批判思维和训练整合信息的能力，在激发学术潜能的同时，提升了学生终身学习的能力。全英语的教学环境，吸引着来自上百个国家的精英学子汇聚于此，逾半数大学教师来自海外。香港大学在校非本地生人数为全港受教资会资助院校之冠。香港大学亦鼓励学生走出课堂、校园，参与海外交流、服务社群。通过专题研究、实习计划、海外交流等丰富的体验学习机会，成为真正的"世界

公民"。[1]香港中文大学作为香港及亚洲的顶尖大学，致力培育具有国际视野，肩负传统与现代相结合的使命，凝聚中西文化的人才。香港城市大学的人才培养目标是追求卓越水平，促进创新和培养创造力，以改善人们的生活。在一个东西方相遇的城市，香港和澳门两地法学院的愿景是成为全球公认的法律职业教育，培养强调不同文化和知识传统相互丰富以及真正产生影响的法治人才。

（二）侧重普通法、国际法与比较法和跨域法研究

对香港和澳门两地法学院的法治人才培养理念和培养目标进行考察，可以发现两个特别行政区的法学院侧重比较法和跨域法律领域的学术研究，广邀广东等省与港澳台乃至世界各地学者，搭建跨域法律研究平台。广东各法学院定期举办各种学术活动，邀请香港、澳门内外知名法学家和业界人士，就重大法学学术和法律实践问题发表演讲，推动法律基础理论研究及跨学科研究，为法学院凝聚良好的地区学术影响力。400 多年东西方文化的交汇在澳门留下很多烙印或痕迹，中外法律制度在此转换承接，多元法律文化于斯交融成长。回归以来，澳门的法律改革和法制建设任重道远；中国内地也正进入国家治理体系现代化和法治建设新阶段，两地均需法律栋梁之材。与此同时，澳门与内地之间乃至全球范围内的联系更显密切，跨域高层次法治人才已不可或缺。

（三）注重对法科生进行跨学科培养

在"一带一路"倡议和大湾区建设背景下，国际法律服务市场将会越来越大，而对涉外法律服务人员的素质要求只会越来越高。国际高层次法治人才不仅应当具备法学专业知识，还应当广泛涉猎政治、经济、社会、文化等多个领域。选修课程的覆盖面很广，除了内地法学院常见的一些课程外，还有法律与性别、信息技术法、远程通信及空间法等学科交叉或前沿领域课程，以便满足不同学生的不同兴趣，培养宽知识面的法学人才。香港大学全人教育理念要求对法科生进行全方位、高标准的培养，如香港大学法律与政治科学双学位课程，目标在于尽可能拓展学生的知识结构，这样有助于学生创新能力的开发和创新思维的形成。

（四）港澳法学师资构成国际化程度相当高

由于身处中西文化交汇融通之地，香港与澳门都属于国际化程度很高的

---

〔1〕 根据香港大学及其法学院资料整理而成，资料来源：https://aal.hku.hk/admissions/mainland/node/150，最后访问日期：2019 年 11 月 18 日。

城市。作为法治人才培养高地的香港、澳门高校法学院必须培养国际高素质的法治人才，这样才有机会在国际法律服务市场生存下去，低端法律人才容易被淘汰出局。因此，港澳法学院要在国际法律服务市场生存，必须拥有一支国际化的高端师资团队。如香港城市大学法律学院不仅拥有一流的国际师资队伍，而且还经常邀请国际知名法律学者来港授课，或以视像会议的形式，让学生接受海外著名大学的教授即时授课，拓展和开阔学生的国际法律视野，让学生在港亦可接受世界顶尖法学家的指导。此外，澳门大学法学院的教职人员，均面向澳门、中国内地、葡萄牙和其他国家和地区招募而来，目的是实现法律文化的多元化。其他港澳所有的法律学院基本上师资引进与建设都比内地更胜一筹。

（五）港澳法学教育国际交流与合作制度化

全球化是不可逆转的发展趋势，法学教育必须着重拓展学生的国际视野和加入国际化元素。如香港城市大学法律学院与英国牛津大学和澳洲莫纳什大学分别签订了合作协定，开设"环球法律教育及认知课程"，让学生有机会前往两地修读短期课程，亲身感受当地的法学教育和法律文化，以增进他们对外国司法制度的认识。该学院亦积极推动学生交流活动，让学生有机会到美国、加拿大、澳洲、欧洲及中国内地等地的大学，作交流学习。如香港城市大学于 2013 年 9 月成立司法教育与研究中心，目的为拓展香港城市大学法学院所创办的中国法官课程，加强与最高人民法院及其管辖下国家法官学院的协作与交流。"中国高级法官法学博士"课程设置以全球化为背景，以提高学员分析问题、解决问题的能力为方向，以比较分析的方法为手段，帮助学员了解不同法域和不同国家及地区的法律，拓阔学员的国际视野，提升学员的知识水平并完善他们的知识结构。在校学习期间，司法教育与研究中心还组织学员到韩国、欧洲和美国等地访问交流，了解当地的法律和司法制度，特别是法院的运作。[1]此外，澳门大学法学院与国内外多家大学及学术机构成立学术网络。学生可通过法学院申请参与交流计划及其他跨校活动，他们有机会到世界各地的院校修读不同的课程，提升学术能力。

（六）香港中文大学和澳门大学具有书院制

香港中文大学是香港所有大学中独一无二的书院系统，是唯一一所提供

---

〔1〕 根据香港城大学法学院资料整理而成，资料来源：https://www.cityu.edu.hk/cjer/sc/program_jsdcj.html，最后访问日期：2019 年 11 月 16 日。

大学经验的大学。大学课程和活动是对正规课程的补充，提供全人教育和关怀。大学系统也鼓励教师、学生和校友之间的亲密互动。书院制生活不仅能让学生学会独立、多元包容，更能锻炼学生的社交能力、丰富学习生活；而且为学生提供丰富多彩的文娱、体育活动，宿舍间不定期开展各类竞赛，丰富学生生活的同时培养宿舍团队精神。各书院拥有不同的文化特色及要求，学生可以按照自己的兴趣爱好选择不同的书院。

二、港澳高校国际高层次法治人才培养模式借鉴与启示

对港澳法学教育国际高层次法治人才培养模式进行详细而深入的介绍和分析，从而带给广东法学教育一些有价值的启示。

（一）全球法律职业胜任力的培养目标

早在 1999 年 7 月，香港特别行政区政府就成立了法律教育及培训检讨委员会，负责检讨香港法律教育存在的问题和未来改革方向。在委员会所作的《有关香港法律教育及培训的初步检讨（英文版）》中，针对香港一些新入行的律师从业人员暴露出的问题，委员会提出本科法学教育阶段应对学生重点培养以下五类能力：①基本的智力技能和对于人文社科教育而言常见的基本行为准则；②法律职业所特别需要的某些智力技能；③对于法学教育阶段和职业阶段而言所必需的职业技巧；④胜任一名法律实践人员所需的实践能力；⑤法律教育及培训所培养的个人品性和道德、价值观。同时，香港律师会也发表了《对于香港教育和培训的意见》，其中对于法学本科教育的培养目标提出了自己的意见。该意见认为，法学本科教育的毕业生所应当具备的基本能力包括：①基本的智力和沟通技能；②对法律基本原则、本质和发展以及对普通法和立法创制和解释过程的掌握；③对法律价值的尊重，包括对法治、正义、公平和崇高的道德准则的遵守；④了解并掌握法律运作的相关背景；⑤了解并掌握内地的司法体系。在这些基本能力中，排在第一位的是基本智力和沟通技能，而不是对于法学知识的掌握。对于一些新入行的律师所存在的问题，检讨委员会更多地将其看作是基本技能的不足而不是法学知识的缺失。香港律师会的报告在谈到香港本科法学教育由三年转为四年的问题时指出，律师会希望法学院利用这一年时间使学生的一些诸如批判式地思考与分析问题的能力、辩论和写作的能力等基本的智力技巧得到发展，而不是单纯地进行进一步的法学知识教授。四年的本科法学教育加上一年的法学专

业证书课程也不过五年时间，这在一名律师的从业生涯中是短暂的，一个法学毕业生入行后要面临许多学院里从没有教授过的问题。对于从业人员的职业品德，司法界与实务界都有严格的要求，因此，香港法学教育阶段也强调对于学生职业道德的灌输和培养，如果学生在校期间出现严重学术违规行为或违反学校某些规定，将会受到非常严厉的处罚。

（二）以提升原始发现和创新思维为中心的课程与实践活动

港澳高校拥有文化多样性和全面包容性，为应对瞬息万变的世界提供 50 多个不同和广泛学科领域的研究生课程，帮助学生追求个人兴趣、专业卓越和职业发展。提供跨学科本科教育，着重培养学生的国际视野。学习主体的文化多样性使校园成为一个充满活力的学习和生活场所。大量的选修课极大地便利学生根据个人兴趣和实际情况去选择对自己将来生活和职业关联度较高的课程，有助于提高学生学习的主动性和积极性。国际法、外国法与比较法课程旨在通过整合各个层次的教学和研究来促进知识创造、原始发现和创新思维。通过在香港、澳门以外地区提供许多学生交流计划和短期经验学习活动，丰富了学生的学习经验。这些机会培养学生欣赏新文化，磨炼语言技能，增长信心，并为在一个全球连接的世界中的职业生涯做准备，有利于提升原始发现和创新思维。

（三）强调跨文化学习和国际视野的拓展

国际高端法治人才必须有全球视野和眼光。港澳高校尽可能提供学生在学校读书期间与海外高校跨文化交流的机会。如香港大学法学院与国外大学合办有多项交流计划，每年都为学生创造众多机会到英国、美国交流，参加实践实习和培训，为培养学生在法律学习中的国际视野提供了更多的空间。无论是提升学生的专业素养还是开拓环球法律视野都大有裨益。又如作为一所国际大学，香港城市大学强调多样性、跨文化学习和全球视野，香港城市大学法律学院的使命是为学生提供优质的法律教育。面对全球化的挑战，香港城市大学法律学院以普通法教育为本，着重拓展学生的国际视野，掌握全球化所需要的法律知识和技能。香港城市大学法律学院自 2009 年起开办的，以英文授课的中国法官法学硕士目的就是为让学员了解并掌握普通法和国际法的基本知识。为此，学员的学习以学习课程为主。在校期间，学员有机会到美国的著名大学修读一门课程，历时一个月。在美国学习期间，他（她）们有机会与美国的法官和律师交流，并参访美国国会、美国最高法院等机构。此外，参加硕士班的学员还有机会访问韩国和欧洲，与当地的立法机构、法院、学校、国际组织等进行学术交流。除拓展国际视野及提高洞察能力，还能提升中国内地法官的普通法知识和审判水平。此外，作为香港中文大学致力于世界一流教育的一部分，香港中文大学与全球多所高等教育机构建立了不同的教学合作模式。这种伙伴关系为学生提供了有趣的、创新的和国际化的课程，使他们能够很好地适应充满活力和全球化的职业生涯。

（四）国际化而杰出的法律师资队伍

世界经济的全球化、法律服务的跨国化、数字化和香港作为共同法律管辖权的特殊情况，是"一国两制"概念下中国的一部分，是三个非常突出且需要高度关注的问题。香港大学法学院的组成和前景一向国际化，现有超过60名来自世界各地的全职教学人员。澳门大学法学院的教职人员，均面向澳门、中国内地、葡萄牙和其他国家或地区招募而来，目的在于实现法律文化的多元化。如香港大学法学院创建全球学术研究员计划的目的是为杰出的和有抱负的法律学者提供时间和资源，以过渡到全球教学市场。研究员将获得与相关研究中心的指导和隶属关系的国际领先教师的支持，并获得参加学术会议介绍其工作的支持。其他机会包括选择共同教学课程和组织资助的学术会议。[1] 杰出的师资来自世界各地对于学生的学习与将来的发展有不可或缺的影响。

（五）问题导向的互动式课堂教学方式

香港高校法学院普遍采用以问题为导向的课堂互动方式。一般来说，学生要想取得好的成绩，一小时的授课时间需要对应课下两到三小时的预习复习时间。在讲座式授课过程中，教师一般按照自己准备的内容和思路进行授课，中间不会有太多的停顿，因此学生没有太多时间在课堂上查阅资料或思考。教师所注重的是将散落的案例和立法条文按照一定思路组织起来，并教授给学生对问题的推理和分析方法。至于授课过程中涉及的相关案例和立法，在第一节课发放的课程手册中大多会提及，因此学生课前必须进行查找并有所了解，如果不预习恐怕很难跟上教师的节奏，也不可能把握教师分析问题的思路。在有了讲座式授课打下的理论基础后，研讨式授课则将

---

〔1〕 香港大学法律系 2020-2021 年度全球学术研究员招聘，根据香港大学法学院的资料整理而成，资料来源：http://researchblog.law.hku.hk/，最后访问日期：2019 年 11 月 13 日。

授课的重点放在对学生解决实际问题能力的培养上。案例会涉及若干主题和法律原则，学生需要将其一一指出并进行分析，有时材料中并没有给出进行推理所需的足够材料，这时学生需要分析若干种情况以及每种情况下得出的结论。是否充分理解并运用了材料，找出材料中涉及的所有法律问题将是教师评分的一个方面。学生需事先查找大量的案例和资料，才能完成一份书面的讨论提纲，并在课堂上进行演讲或组织讨论。香港法学教育的主要目标是训练学生成为法律职业者，因此教学的重点不是透过具体的例子使学生理解法律规则形成的原因，而是培养学生在实际中应用法律规则的能力。

（六）提高学生竞争力的理念与课程设计

香港大学法律学院法律学士课程旨在满足法律专业毕业生不断变化的需求。它是以世界上最好的法学院提供的法律课程为基准设计的，具有许多特点，以确保毕业生的竞争力。成功的法学教育经验主要有弹性学分制、大学制、双语制和多元文化政策制。开设通识教育课程，以扩展学生的视野，培养他们面对当代社会挑战的能力。

粤港澳大湾区国际高层次法治人才
协同培养模式创新

第一节　服务大湾区建设的国际高层次法治人才培养模式

全面依法治国无不需要高素质的法治人才，推进人类命运共同体更需国际高端复合型法治人才。高等法学教育的根本目标就是造就为实现国际法治亟须的法律人才队伍，服务"一带一路"和粤港澳大湾区建设，着力培养熟悉"一带一路"沿线国家法制的涉外高素质专门法治人才，因此，有必要深入探讨粤港澳大湾区国际高层次法治人才协同培养模式。

一、国际高层次法治人才培养的指导理念

任何时候，科学的进步和实践的发展总是惠顾那些懂得以适宜的模式进行科学教育的大学。[1]身处粤港澳大湾区背景下的广东法学教育应以 OBE（成果导向教育）为理念，即以全球法律职业胜任力为导向的法治人才培养目标。

（一）OBE 理念下国际高层次法治人才培养的目标定位

OBE 法治人才教育理念，在法治人才培养方案的设计思路上，就是从人才培养最终达成的成果出发进行反向设计，而这其中最为重要的就是法治人才培养的目标定位。从比较法的视角冲破地域性法律的优越感，以便揭示出符合职业需要的新的政治与经济制度的客观事实与问题，这是改变病态的法

---

〔1〕 Outcome-based Education"（简称 OBE）中文译为"以成果为导向的教育"或是"以产出为本的教育"。该教育模式于 20 世纪 80 年代在美国兴起。1994 年，美国学者斯佩蒂（Spady W. D）撰写的《基于产出的教育模式：争议与答案》一书中对此模式进行了深入研究。该书把 OBE 定义为"清晰地聚焦和组织教育系统，使之围绕确保学生获得在未来生活中获得实质性成功的经验"。

律教育的有效补救方法。[1]一百年前，东吴法学院秉承了东吴大学的校训"养天地正气、法古今完人"，寓意学校教育与报效国家之间的逻辑关系。以法律教育之目的，不再培植专为个人求功利之普通人才，当为国家社会培植知行合一、品学兼优之法律人才。[2]从东吴法学院当时的法学课程表可知，法学院的目标就是要使学生充分掌握世界主要法律体系的基本原理，以培养可以为中国法学的创新和进步做出贡献的学生为宗旨。[3]

今天，涉外高层次法治服务，必须要跨文化交流能力与法律综合素质。要精通多国语言和熟悉各国法律环境是开拓海外业务过程中遇到的两个突出问题。国际高层次法治人才是用法律与外语知识和技能从事涉外法治服务的专门人才，不但要有系统的中外法律知识、非诉、诉讼、仲裁经验和技能，更要具备坚实的法律外语运用能力。在人才培养方面，法学院应该具备适应全球化发展的新理念，使学生具有全球化视野和跨学科意识，法律的学习应当变为比较性的、共同体性的以及跨越国家性的学习。在科学研究方面，法学院存在的意义在于捍卫学术自由、创造思想和维护批判精神。在社会服务方面，法学院应当创造更多的机会让学生参与到公益活动和保护弱势群体的活动中，使学生养成健全的思想追求。因此，根据"一带一路"倡议和大湾区建设特别是全球化时代国际法律服务的需求实际，结合学校办学定位，法学教育的人才培养目标是国际高端法治人才。

（二）国际高层次法治人才的培养标准

国际高层次法治人才是指在世界多极化和经济全球化的语境下，具有全球思维和视野、精通国际法律规则、能够妥善处理国际法律业务、能够参与国际合作与国际竞争的高端复合型法律人才。国际高层次法治人才最低程度应达到如下标准：①开放的心态与国际视野。国际视野的取得以具备国际知识为前提，以国际经验为保障。同时，国际高层次法治人才也应当有复合型知识结构。②娴熟的中英交流和沟通能力。不同国家的两个法典在不同意义上使用同一个词语。同一个国家的不同法典也会在不同意义上使用一些词语。

---

〔1〕　［意］罗道尔夫·萨科：《比较法导论》，费安玲等译，商务印书馆2014年版，第227页。

〔2〕　"'东吴法学'一百年：中国法学教育的光荣与梦想"，载 http://www.chinalegaleducation.com/article/? id=296，最后访问日期：2019年11月16日。

〔3〕　［美］康雅信："中国比较法学院"，张岚译，载高道蕴等编：《美国学者论中国法律传统》，清华大学出版社2004年版，第586页。

法律语言是一门科学语言，它建立在一个特定的词汇对应一个范畴的基础之上，而这一范畴又是以它的字面意义为基础的，也就是说，是以其建构性的特征整体为基础的。〔1〕在全球化（包括犯罪全球化）的影响下，法律语言学家必定要进行更多的合作以及对等的交流。学习其他国家或文化下的法律语言学知识和实践经验，不仅仅被视为一种"课余的兴趣研究"，而应看作一种学习的必要。这种学习为我们省去了去掌握一门外语以及其他国家法律体系的种种麻烦，收获的是可以直接应用自己国家的法律及语言工作中的实战经验、知识与方法。〔2〕从事国际法律服务业，善于使用两种以上法律语言的思维，能熟练运用中文和英语两种法律语言，即可以灵活切换两种法律语言，能在国际事务中发出自己的声音，并进行有效的交流与谈判，即精通法律外语（尤其是法律英语），在全球化时代，法律英语已经成为国际社会通用语言。处理各种各样的国际法律争端，均离不开法律外语，即使"一带一路"的特定国家或许使用小语种进行沟通，但是法律英语依然是十分有益的补充。③精通各种国际和国际条约规则，谙熟国际谈判规则，能够参与国际法律事务，维护国家利益。简言之，国际高层次法治人才即精通外语（尤其是英语）、明晰国际法律的"精英明法"国际高端复合型法治人才。因此，树立人才培养的全球化观念，即以全球性眼光审视跨文化法治人才培养的标准、内容、层次、机制，加强顶层设计和体系性变革，最终使我们培养的跨文化法治人才具有全球性竞争力。〔3〕此外，增强学生的创新精神与批判性思维也是不可缺少的一部分。

二、广东高校国际高层次法治人才培养思路

（一）借鉴上海市成熟做法，打造广东省涉外法律人才培养基地

基于"一带一路"和粤港澳大湾区建设的国际法治服务的迫切需要，鉴于广东独特的区位优势的高校，非常有必要借鉴上海市教委的做法，而中国在世界的崛起首先出现在粤港澳大湾区，粤港澳大湾区法治建设存在着国际高端法治人才的刚性需求。因此，利用国家大力建设大湾区的契机，广东省

〔1〕［意］罗道尔夫·萨科：《比较法导论》，费安玲等译，商务印书馆 2014 年版，第 40~47 页。
〔2〕［德］汉尼斯·柯尼夫卡：《法律语言的运作——德国视角》，程乐、吕加译，中国政法大学出版社 2012 年版，第 2 页。
〔3〕罗旭等："文明对话需要更多跨文化人才"，载《光明日报》2019 年 6 月 2 日。

应积极建立一批地方版国际高层次法治人才培养基地，如中山大学、暨南大学、深圳大学、广东财经大学、广东外语外贸大学、华南理工大学、汕头大学等原来在国际高层次法治人才培养方面有相当实力的高校均有可有资格申报建设地方版的国际高层次法治人才培养基地，为国际高层次法治人才培养和队伍建设提供政策保障和经费支持，打造广东地方版国际高层次法治人才教育培养基地，用法律制度、公共政策和资金等全力支持和鼓励广东省高校积极参加国内外的法律专业培训和海外交流合作。

（二）实力较强的法学院校试点开设涉外律师学院或涉外律师专业

除了出台广东地方版国际高层次法治人才教育培养基地之外，可以在广东法学学科实力较强的高校开设涉外律师学院或涉外律师专业。广东涉外律师学院由广东外语外贸大学、广州市司法局、广州市律师协会三方合作共建，着重服务国家大力培养国际高层次法治人才的战略需求，切实提升广东省及广州市涉外律师法治服务专业水平，打造国际高层次法治人才培养高地。成立广东涉外律师学院是广外法学学科建设中的一件大事，是广东乃至全国涉外法治专业人才培养中的一件大事，具有重大而深远的意义。广东涉外律师学院成立揭牌，标志着全国首家涉外律师学院的正式诞生，必将对深化粤港澳大湾区改革开放和推动大湾区法治建设产生重大而深远的影响。广东涉外律师学院将承担涉外律师服务专业人才的培养、培训、课题项目研究、对外交流实践等相关职能，旨在促进广东省及广州市涉外法治服务队伍的成长和发展，满足我国"一带一路"建设和粤港澳大湾区建设对涉外律师人才和涉外法治服务的需求。[1]同时，其他原来一直依靠本校的力量默默从事培养国际法治人才的高校试点开设涉外律师学院或涉外律师专业。此外，鼓励内地和香港、澳门或海外的律师事务所联合成立法治服务机构，华侨华人可以是合作的力量之一。

（三）粤港澳高校法学院联合培养国际高层次法治人才

从经济结构来说，香港一直以来都是全球国际金融中心，又是国际贸易中心，融会了多法域并存的全球顶级律师事务所以及其他高端法律人才，基于全球性的金融业需要对美国法的精准理解和熟练运用，因此美式法律教育

---

〔1〕 "广东涉外律师学院成立　培养涉外法治人才"，载 http://law.southcn.com/c/2019-11/07/content_ 189417067. htm，最后访问日期：2019 年 11 月 9 日。

模式对香港法学教育国际化转型和国际高层次法治人才培养的影响尤为深远。香港的三大法学院在培养国际法治人才方面做得极为出色。澳门三大法学院国际化程度较高，致力于培养出更能适用于广东等省与港澳台社会与经济发展的国际法律人才。粤港澳高校法学院合作以及加强建立与海外法律教育机构的合作机制，培养更多涉外法治服务人才。在建设粤港澳大湾区的新时代背景下，粤港澳高等法学教育的未来发展趋势以各自本法域个性和特色为基础，各自的特色就是各自的优势，以各法域共性为引导，即以各地区法治的共同点为指引，相应地安排本地的法学教育，以促进和支持三大法域之间的法律职业交流和国际法律业务的竞争，进而促进粤港澳三地的共同发展与繁荣，在法律上为三地的共同发展与繁荣提供良好的法治环境和法律保障；以参与区域和世界竞争为取向，以要有国际法治治理舞台和全球法律职业胜任力为导向，三地法学教育应以培养国际高端法治人才为突破口，培养的法治人才有资格和能力制定国际规则和参与全球法律业务。[1]

二、广东高校国际高层次法治人才培养主要任务与具体举措

当前世界正处于百年未有之大变局，我国日益走近世界舞台中央，我国企业和公民也越来越多地走向世界。在应对大变局、参与全球治理、走向世界的过程中，我国亟须加强国际法治建设，亟待需求一大批通晓国际法律规则和善于处理国际法律事务的国际法治专业人才，以保障和服务高水平的对外开放。国际高层次法治人才培养在涉外法治建设中具有基础性、战略性、先导性的地位和作用。[2]习近平总书记指出，全面依法治国是一个系统工程，法治人才培养是其重要组成部分，高校作为法治人才培养的第一阵地，要加强涉外法治专业人才培养。习总书记的讲话为广东法学教育培养国际高端法治人才奠定了基础。

（一）统一的国际高层次法治人才培养目标

习近平总书记于 2017 年在中国政法大学座谈时说，全面实施法治是坚持和发展中国特色社会主义的关键和重要措施。没有一支高素质的法律队伍，

---

〔1〕 米健："现今台港澳法学教育的若干问题"，载米健主编：《澳门法律改革与法制建设》，社会科学文献出版社 2011 年版，第 31 页。

〔2〕 黄进："加强涉外法治专业人才培养"，载《人民日报》2019 年 10 月 24 日。

就不可能实现法治。呼吁中国法学院加强对法治及相关领域基本问题的研究，为中国特色社会主义法治提供理论支持。我们应该对发展自己的法律学科充满信心，并以中国的智慧和实践为全球法治做出贡献。[1]中国应该借鉴世界范围内成功的法律实践，而不是简单地复制它们。针对传统法学教育供给端的缺陷和不足，粤港澳大湾区法治建设亟须国际型、复合型高层次法治人才，广东高校应形成系统的国际高层次法治人才培养理念。国际高层次法治人才培养的目标是国际法治人才能胜任国际法律服务职业，国际高层次法治人才必须具有世界性眼光和历史性眼光，具有历史使命感和责任担当。唯如此，才能在全球层面看待审视形势和问题，才能具有在国际社会自主设置议题、主动发声的胆识和魄力，才能够担当起构建人类命运共同体的时代重任。正如上海交通大学杨力教授所言，宜定位于高起点优化国际化办学资源的合理配置，培养出具有国际竞争力的高端法科人才，以及致力于为本国的最高利益服务。面向国内生源的国际法科人才培养设计理念应该坚守和植根本国法律文化，不要在法科教育领域继续蔓延已有泛化之势的中心边缘"阿尔特巴赫现象"。因此，不仅要借助于开设"博雅教育"的跨文化课程群，把中国的法科学生们培养成专业过硬、视野开阔、思维敏锐的世界公民；同样，要让法科学生们熟知中华文化尤其是举世公认的许多中国历史经典。毕竟，缺乏文化自信的法科毕业生很难有独特的创新力，也很难引领世界法律发展的潮流。[2]对于以培养涉外法律人才为己任的法学院而言，人才培养的专门化定位，是法学院的整体追求。从学院的领导层到教师、管理人员和学生，都受到这种人才培养理念的强烈影响。高度的观念认同感使整个学院的教学研究与管理活动全部围绕涉外法律人才培养这一核心目标展开。[3]

（二）多层次、特色化培养国际高层次法治人才

东吴法学院的成功提醒我们法律教育应是多样化的。我们在国际贸易、国际关系的处理上，针对的是一个多样的世界，哪怕是在国家内部，也有秉承英美法的香港，而台湾又是大陆法区域，情况不一。而我们的法学教育应

〔1〕"习近平在中国政法大学考察的重要讲话"，载 http://www.xinhuanet.com/politics/2017-05/03/c_1120913310.htm，最后访问日期：2019年8月22日。

〔2〕杨力：《中国法学教育的"系统集成"改革》，上海人民出版社2016年版，第188~189页。

〔3〕万猛、李晓辉："卓越涉外法律人才专门化培养模式探析"，载《中国大学教学》2013年第2期，第24~27页。

该有多样化的选择，而不是铁板一块，整齐划一。跨文化能力是多层次的，不只是认知方面的语言交流，还包括跨国交流的适应性和宽容开放的心态，最重要的是要落实在行动中。随着我国高等法学教育的高速发展，高等教育进入普及化阶段，有些地方普通本科院校，缺乏办学特色。在经济全球化的背景下，法学教育面临前所未有的机遇和挑战。潘懋元先生曾指出，每所大学能够生存，能够发展，能够出名，依靠的主要是特色。高校特色是指根据自己地理区位、历史背景以及国家政策等在长期办学过程中积淀形成的、独享的地方，优于其他学校的独特优质风貌。特色就是优势，办学特色是高校的核心竞争力，是高校办学理念、培养模式、办学风格和社会声誉的集中体现。一直以来，高等法学教育是制约广东省创新发展的突出短板，由于广东每所高校有不同的历史背景和区域，每个学校应结合自身的优势和地区涉外法律实务的普遍需求、生源及师资状况，进一步明确学校改革发展的思路和主要任务，积极探索"素质教育""特色化办学"发展之路。面对日益扩大的来自世界不同地区的国际实践需求和经济改革的深化，国际高层次法治人才合作的领域也不应仅限于部分西方国家，而应是从全球市场普遍需求的角度（如中东、非洲和东南亚地区的国际高层次法治人才的专门化培养）来扩大国际合作与交流的覆盖面。[1]因此，广东高校各政法院校根据自身学科专业实力、办学特色和区位优势，各有侧重地确定不同的国际高层次法治人才培养功能定位，走差异化、特色化发展道路。

（三）优化国际高层次法治人才培养方案

国际高层次法治人才是各国提高综合国力和国际竞争力的重要战略资源。在全球化竞争中，我国国际高层次法治人才培养和开发要适应新时代国家经济社会对外开放的新形势、新需求，符合我国在全球化进程中的新角色、新定位，符合"一带一路"建设对人才的新挑战、新要求。以学生为中心，围绕全球胜任力为导向，贯彻"国际型、复合型与应用型卓越法治人才培养"的目标和要求，即培养的法科学生有能力成为国际组织的外交人员和公务人员、熟悉国际法律问题的高端律师或国际高端仲裁人员，或者国际商业、贸易、破产问题的法学专家，或者他们考虑通过比较方法来深入研究法学知识

---

〔1〕 杜承铭、柯静嘉："论涉外法治人才国际化培养模式之创新"，载《现代大学教育》2017年第1期，第85页。

的评判。以打造国内领先、国际一流的"复合型"和"涉外型"国际高层次法治人才培养基地为突破口，主动担当起国家与社会对法学教育的希冀和要求，调整、优化国际高层次法治人才培养方案。设计专业课程和语言能力深度融合式的国际法科人才培养课程体系。类同于应用型、复合型卓越法律人才培养的"本硕贯通培养"模式，其次，比较法理论教学与多层次分类型建制化国际化实践教学融合。但两大法系中的法科院校都基于国际化办学的压力，已普遍认识到整合两大法系课程的思维训练的独特性和必要性。因此，汇融性的教学手法被普遍采用且更加多元化。[1] 比较法理论课程的设计应容纳两大法系的差异性。[2] 在国际法治人才培养方案中，务必应该让普通法教育纳入法学教育内容中去，或有机会通过与香港三大法学院联合学位的方式让学生熟练掌握普通法的精髓。

（四）建立跨学科国际高层次法治人才培养模式

随着"一带一路"倡议的有序推进，中国和世界许多国家在各领域的全方位的交流融合无疑会更加深入和广泛，国际高层次法治人才要一手托两边——中国和世界，才能真正把握国际发展之规律，对接二者之需求，寻找最大公约数。推进交流合作共赢，使世界各国同向而行，而不是背道而驰。培养国际法治人才应建立相应的人才培养模式，要打破传统学校的教学方式，探索使用项目式培养，如一些海外名校如耶鲁大学文科和法律双学位课程帮助毕业生获得更广阔的视野。宽厚的文科知识（哲学、经济学、金融学、心理学等）教育将会大大拓宽学生的视野，使他们能够更好地理解法律研究以及对社会的影响。首批22个涉外卓越法律人才培养基地有许多不同国际高层次法治人才培养模式，其中985综合性大学中的佼佼者北京大学于2008年在深圳第一次创办了美式国际法学院，提供美国JD和JM双学位，拥有强大国际法师资队伍的武汉大学开拓了中法法律班和中德德语班等。而五大政法院校以小规模国际高层次法治人才实验班培养模式，如中国政法大学开设的涉外法律人才培养模式实验班、华东政法大学开设的涉外卓越国际金融法律人才实验班。此外，外语外贸等高校以法律+外语等复合型国际高层次法治人才培养模式，如北京外国语大学、外交学院、对外经济贸易大学等。当然，每个学

---

〔1〕　杨力：《中国法学教育的"系统集成"改革》，上海人民出版社2016年版，第190页。

〔2〕　何美欢：《论当代中国的普通法教育》，中国政法大学出版社2005年版，第23页。

校名称有所差异，如全英法律人才国际班、全球通用法科人才实验班、法学（涉外卓越法律人才）实验班等。广东高校在夯实法科学生法学知识理论基础上，打破高校封闭式教育，整合优化教育资源配置，建立跨学科人才培养模式，加强法律、外语、经贸复合型国际高层次法治人才培养。此外，在课堂上鼓励学生培养创造性态度。创造力不仅与能力有关，而且在先提及的各种能力和开放思维也很重要。因此，创造力和开放思维贯穿于法学本科课程和JM课程。[1]

（五）基于国际高层次法治人才培养的法学跨学科课程体系重构

国际形势在深刻变化，中国在不断创新变革。随着中国改革开放深化，中国全球化融入越深越广，中国要参与全球治理，全面对接国际规则，必然需要大量内知国情、外知世界的国际高层次法治人才。造就国际法治人才应落实到课程之中才能实施。法学课程学习的广度和深度既是法律技能发展的体现，也是求知欲的一种生动展示。前已述及，哈佛法学院法律博士JD项目的课程设置内容非常丰富，不仅有法学基础课、法学交叉课，还有更高级的跨学科、外国法与比较法课程，为法科生依据自己的兴趣与爱好进行选择提供了极大的自主选择空间。从教学形式与法学教育方法来看，不仅有课程讲授的理论课程，还有法律诊所课程以及培养法律人才必备的阅读与写作能力的课程。这些课程可以全方位覆盖一个未来职业法律人所必需的各方面的知识和能力训练。这些法学教育教学模式非常值得我们学习与借鉴。[2]与此同时，法学院不仅应增设国际法课程，而且应强化法律外语、国际政治、国际经贸、跨文化交流等课程，跨学科的课程如法律与经济学、法律与科技等也不可缺少。法学教育"国际化"下的涉外人才培养的具体表现为，在国内法的课程中加入国际元素，增设外国法和比较法课程。一个完全在某一法系受训练而不知其他法系的法学家，不可能从他那个法系后退一步，正确地看待它，因为他没有可资比较的标准，借以判断该法系的优缺点。其他法系的知识提供着新见识，借助于这些新见识就可以更好地了解本国所属的法系，弄

---

[1] 蒙启红、龙迎湘：《中国国际商务法律人才培养研究》，中国商业出版社2018年版，第170页。

[2] 石佑启、武林："论法律硕士教育之'复合型'培养目标"，载石佑启、朱最新主编：《社会转型与法学教育变革》，广东教育出版社2013年版，第18页。

清它的弱点，增强他的力量。[1]此外，通过对世界贸易组织（WTO）以往发生过的典型案例进行国际经贸法教学的方式来培养高精尖的国际高层次法治人才，这种将各种各样的国际法律纠纷案例纳入学校高端法治人才培养教学课程中，或许是未来法学教育内涵式发展的一个重点。

（六）基于国际高层次法治人才培养的国际法、外国法与比较法课程体系重构

外国法学泛指以外国法律制度为研究和考察对象的法学。比较法学可以涵盖外国法学，外国法学是比较法学一个必然的组成部分。将一个法律规则与其他国家相对应的法律规则进行对比，并对它们之间的共性和差异进行经验主义的观察分析，这是一种古老的实践。比较法知识的发展是以澄清属于不同法律体系的各个规则间的共同点、共同的因素以及共同的功能为目的的。法律比较以了解外国法律的规则为前提，法律比较存在着潜在可能性，而且它也有权保持中立。作为一门科学的比较法的目标是考察多元法律体系之间所存在的差异，从而增进人们对纳入比较的法律体系的了解。[2]比较法学的确可能带来多样化和突出的社会利益。比较法的知识是独立于一般文化和法律训练的一种方法，它使学生得以准确地了解其国内法。但是，没有接受对外国法律知识进行分析训练的情况下，无法通过比较分析来获得他们所要获取的全部信息。因此，掌握着不同语言、学习过比较法课程的法学毕业生成了许多跨国组织（联合国、国际货币基金组织等）的官员、从事跨国业务的律师或者作为重要的国际经济组织的法务人才。[3]

（七）探索"国内—海外合作培养"机制

从1966年开始，美国国会通过《国际教育法》，鼓励高校通过国际联盟、国际合作研究、师生交换机会等加强校际跨国交流，并培养和引进国际高层次人才。如1995年美国法律教育部和国际法与实践部提出"美国法学院全球化"项目，并建议律师在国际法律实践中必须流利掌握第二语言。[4]如耶鲁大学和新加坡国立大学提供的五年期并行学位课程是为那些希望在公共政策

---

〔1〕［澳］维拉曼特：《法律导引》，张智仁、周伟文译，上海人民出版社2003年版，第90页。

〔2〕［意］罗道尔夫·萨科：《比较法导论》，费安玲等译，商务印书馆2014年版，第5~14页。

〔3〕［意］罗道尔夫·萨科：《比较法导论》，费安玲等译，商务印书馆2014年版，第236~239页。

〔4〕唐波等：《自贸区建设背景下的法学教育改革》，上海人民出版社2015年版，第69页。

领域获得广泛的文科教育和职业生涯的学生而设计的。这种并行学位课程的主要特点如下：耶鲁大学文学学士（荣誉）或科学学士（荣誉）学位和新加坡国立大学公共政策硕士学位将在耶鲁大学院完成至少 140 个模块学分和新加坡国立大学完成 56 个模块学分后授予。预计学生将在五个学年内完成这些要求。该课程是为有兴趣应用其广泛的学术和知识背景（从文理课程到公共事务和国际政策的全球层面的思考和行动）的学生而设计的。学生的甄选不仅基于学术和专业成就，也基于他们的领导能力和团队合作能力，以及诸如创建或参与民间社会组织、非营利组织和智囊团等公益活动。入围的申请人将被邀请参加由新加坡国立大学教师和耶鲁大学教师组成的小组进行的面试。鼓励所有感兴趣的学生尽早与 CDP 协调员交谈。[1]对于广东而言，培养国际高端法律人才，不仅应当加强学生的法学思维训练，而且应积极创造条件送学生去国外学习，增加海外交流的机会，扩宽国际视野，并分享其为学生搭建留学深造平台的经验，即广东高校应积极探索"国内—海外合作培养"机制，拓宽与世界上高水平大学合作的交流渠道，在国内法学院校与海外高水平法学院校之间实现或加强中外联合办学，积极实现或推进"五互"：教师互派、学生互换、课程互通、学分互认和学位互授联授等实质性合作，积极利用海外优质法学教育资源，探索形成灵活多样、优势互补的国际高层次法治人才培养机制。当然，建立适合培养国际高端法治人才需要的生源选拔机制，重视对语言能力的要求，实行分阶段的培养也是必不可少的工作。广东高校法学院应与世界各地的更多法学院建立更多、更密切的中外法学院之间的合作伙伴关系，为法科学生提供在外国管辖区学习和了解不同法律体系如何运作的令人兴奋的机会。

（八）构建高校与国际机构国际法治人才协同培养机制

培养中国特色、世界水准的跨文化法治人才，需进一步贯彻落实党的教育方针，立德树人，弘扬中华优秀传统文化，持续更新教育教学理念，建立健全世界文化融会贯通的开放式人才培养体系，将跨文化教学内容融入育人环节，建立与国际组织协同育人的长效机制。其一是建立法学院与涉外政府部门、涉外司法机关、涉外企业、涉外律师事务所等实务部门联合培养国际

---

〔1〕 耶鲁大学与李光耀公共政策学院合办学位课程，载 https://www.yale-nus.edu.sg/curriculum/concurrent-degree-with-lkyspp/.

高层次法治人才的协同工作机制，将涉外工作部门的优质实践教学资源引进政法院校，强化国际法律实践教学。其二是建立切实有效的激励机制，安排从事法学教育和法学研究的专家学者到涉外法治实际工作部门挂职或者研修，从事涉外法治实际工作的专家到政法院校实质性参与国际高层次法治人才培养。法学院应积极鼓励学生充分利用国际机构或其他国际法律服务部门的资源，培养具有国际视野和跨文化素养的卓越涉外法律人才。其三是建立涉外实践教学实习基地，有计划地持续支持我国大学生和研究生到国际组织实习实践。鼓励、支持学生参与国内外实践活动。其四是加大针对外国的留学生、青年法学法律工作者、企业法务人员、立法执法司法官员的中国法和国际法教育与培训力度，培养知华、亲华、友华的法学法律界友人，不断扩大我国在世界法学法律界的朋友圈。其五是参与域外实习项目，获得国际法律服务的经验。总之，到国际性机构和组织进行参访以及交流，实际接触更多元化的工作，帮助他们汲取实际经验，提升他们的竞争力。

（九）国际化法科师资团队的引智和建设

一流的法学院需要一流的国际化教师队伍。目前，我国国际法科人才培养的关键，首先在于提高师资队伍的国际化比例和水准。毫无疑问，国际法科人才培养的首要前提是拥有一批国际性法科师资。不过，即使海归法学博士的力量正在部分国内一流法学院崛起，但整体上全国法科院校的海归比例依然极低，相对于大中华区境外名校的占比形成强烈反差。吸引优秀海归博士，定向邀请海外终身教职获得者、海外顶尖法律实务机构的教师、外籍专家申请进入国内博士后流动站，以及更大力度地派遣国内师资赴国外从事博士后研究或进行研修访问，便成为快速接近和超越同一水平世界一流法学院，以及国内法科院校短期内提高国际化法科办学水平的重要渠道。[1]身处大湾区腹地的广东由于先天不足之短板，国际化法科师资团队远不如北京、上海，更应大力强化国际化师资团队建设，参考哈佛大学、耶鲁大学等一流法学院，招揽相关业界的翘楚作为全职及兼职教授，以自身经验为基础传授学生；增加兼具实战经验及理论基础的教授，培养出更多更高质的国际高层次法治人才，应对预防粤港澳大湾区建设潜在的法律风险。

---

[1] 杨力："职业主义导向的国际法科人才培养改革"，载《交大法学》2016年第3期。

（十）参与国际法模拟法庭辩论赛和国际交流

为了造就国际高端法治人才，法学院应建立切实有效的机制，引导、鼓励与促进学生参与国内外的法律竞赛活动。例如，模拟联合国大会、国际空间法模拟法庭竞赛、国际人道法模拟法庭竞赛等活动，激励法科生更好地学习法律，提高学生综合素质，尤其是国际法律纠纷所需要的涉外法律实务技能的提高。经常参加 Jessup 国际法模拟法庭选拔赛、"北中杯""广仲杯"国际商事仲裁模拟仲裁庭辩论赛、维斯国际商事仲裁模拟仲裁庭辩论赛等，不仅可能提升法科生法律语言的口头表达能力、法律检索能力和法律文书的撰写能力等必备技能，而且让法科生学会与他人协作，培养其团队精神；不仅会提升法科生参加国际法律辩论赛的法律辩护技巧和法律专业英语表达能力，而且会使他们能够将国际法尤其是国际贸易法、国际商事仲裁法、外国法以及中外案件结合运用，强化其运用英语研究国际性法律问题的思维意识。在多文化交流背景下，培养法科生跨文化意识和增长见识，拓宽他们的国际视野和思维，对于培养高素质的国际法治人才是极为关键的一环。与此同时，法科生参与国际交流可以通过三种途径来进行：一是短期出国；二是参加国际性培训；三是申请国外硕士、博士（以目前情况来看，最优选择为美、澳、加三个国家）。法科生参与国际交流，在开阔眼界、更新思维的同时，还能与世界各地的优秀学子及老师结下深厚的友谊。因此，作为有国际化素养的法科学子，更应该提高自身的跨文化意识，以应对未来在全球化语境下粤港澳大湾区的快速发展。

第二节　法域融合：创新培养国际高层次法治人才新机制

一、融合法系协同培养国际高层次法治人才模式探讨

（一）"融合法系"理论的概念和实际运用

所谓融合法系是指历史上曾具有自身法律传统，但在发展过程中不同程度上就接受了其他法律文化，对自身法律文化与法律秩序自主、自觉地改造和发展，从而形成了既非完全自身传统，又非全部其他传统，实际融合了自

身传统与其他传统，自成一体的法律传统或体系。[1]由于迄今为止，整个学界并没有对融合法系与混合法系有清晰而完整的概念辨析，本书对融合法系和混合法系不做严格区分。所谓"混合法系"，亦被称之为"杂混制"或者"混成制"，不应该被狭义地理解为将一类归入另一类。被纳入此类的政治实体具有两种或多种并合的或互相影响的不同法律体系，有的因为运用区域并列的不同法律体系。"混合法系"理论研究在国外已有较长的历史。在西方学者的研究中，常常混为一谈，用来指一种法律体制中包含两种或两种以上法律传统的混合制度。史密斯等人即认为：混合法律体系或混合法域用来指那些民法法系和普通法法系相混合的法律体系。普通法法系与民法法系是我们法律世界中的主角。两者之间存在的反差，以及不同寻常但饶有意思的结合，造就了一般被称为混合体系的法律体系。其体系被称为"混合"，是因为其法律建立在普通法与民法的双重基础上。它们是私法体系，普通法与民法构成了其基本的柱石。罗宾·伊文思-琼斯提出的"混合法律体系"概念与百年前沃尔顿提出的概念如出一辙。罗宾·伊文思-琼斯说："我使用的这一与当代苏格兰有关的术语是指一种在广泛程度上展示了民法与普通法两种法律传统的法律体系。"德国比较法学家海因·克茨认为，混合法律体系的实践将对形成欧洲普通法甚至是形成欧洲统一民法做出重大贡献。[2]从既有关于混合法系的理论学说来看，融合法系和混合法系非常近似，但却有重要的不同，其中关键的是两者所依赖的思想基础完全不一样。融合法系体现了世界各个民族国家法律文化和法律制度发展的一般规律，凸显了人类社会法律文化发展进步的共同性和普遍性。融合法系的思想背景是以多元法律文化和多元法律秩序的同等和平等为前提来说明不同法律秩序和法律体系之间的相互结合。

（二）融合法系理论的由来和构成要素

融合法系现象的性质由杜兰大学（Tulane University）的佛农·帕尔默（Vernon Palmer）教授在《世界范围内的融合法域：第三种法系》（Mixed Jurisdictions Worldwide：The Third Legal Family）一书中提到的。在其导论"扩展

---

〔1〕　米健：《比较法学导论》，商务印书馆 2013 年版，第 280 页。

〔2〕　张怀印、董蕊："'混合法系'理论研究的兴起及其原因探析"，载《江西社会科学》2009年第 7 期，第 161 页。

的法系一瞥"中，佛农·帕尔默教授写道："融合法域已经存在于物理和智性的孤立之中，从世界法系家族中被切断。在某种意义上，每一个融合法域生来都是一个注定内向发展、意识到'他者'和杂交性的独子，不是这种，就是那种。位于地球四角的融合法域现在似乎是被文化海湾和大洋隔离开的大独居者。地理学家可能会很好地注意到，他们展现出与远方岛屿、贸易前哨和船运航线的亲和性。"〔1〕融合法系的发展可以说是历史与地理的联合产物。K. 茨威格特和 H. 克茨，以"法律样式"为出发点，提出了划分法系的五个具有决定意义的样式构成要素，即：①法律秩序在历史上的来源与发展；②在法律秩序中占统治地位的特殊的法学思想方法；③特别具有特征性的法律制度；④法源的性质及其解释；⑤意识形态的各种因素。以此为依据，他们将世界法律体系划分为罗马法系、德意志法系、英美法系、北欧法系、社会主义法系和其他法系（含远东法系、伊斯兰法和印度教法三个子法系）。〔2〕

在当代，没有任何一个法律体系，无论其起源和特色，可以保持孤立而不受损失，如果它想承担起在其所属国的功能的话。在这个高要求的环境中，我们彼此都有可资借鉴的地方。从《德国民法典》发展出来的民法法系，由于日本的继受的协助，已经为除香港之外的中国私法提供了基石。香港仍然在使用早期从英格兰引入的普通法。香港的法律体系不能被描述为混合形态。但中国其他地区的法律体系并非如此。中国的法律体系当然不是普通法体系，但也并不仅是民法法系。它混合了其他元素，其中一些或许可以追溯到存在于普通法中的理念。因此，虽然中国与苏格兰之间无疑有重大不同，但与苏格兰一样，中国有充足的理由主张自己是混合法系大家庭中的一员。〔3〕近代以来，由于西法东渐，中国法律的演进走的就是一条"混合"发展之路。大陆法系的重心在立法，强调制定清楚的规则，法官的任务是严格落实规则，这是一个"从一般到个别"的思路。英美法系正好相反，重心在司法，认为法官更接近一线和实践，因而可以面对现实情况做出调整、制定新规则，立法往往只是把法官制定的规则加以总结和深化，这是一个"从个别到一般"的

---

〔1〕 An Introduction to Comparative Law. Konrad Zweigert, Hein K tz, Trans. By Tony Weir. 1998

〔2〕 [德] K·茨威格特、H·克茨：《比较法总论》，潘汉典等译，法律出版社 2003 年版，第89 页。

〔3〕 霍普勋爵、刘晗："普通法世界中的混合法系"，载《清华法学》2012 年第 6 期，第 161～173 页。

思路。因为思维方式不同，在法律教学的方式、法治人才培养目标上，两大法系有着显著的差异。事实上，无论在哪个法系，法律都是立法和执法、司法的博弈，是裁判者和当事人之间的博弈，也是不同当事人、不同利益主体之间的博弈。法律是充满了对抗和矛盾的，而两大法系各有理解和解决这些矛盾的高招。聚焦于不同的法律体系；在法学教育中积极吸收其他学科的知识；通过超越教学大纲式的目的导向项目来推进社会变革和国际觉醒。[1]

（三）融合法系协同培养国际高层次法治人才的必然性

1. 融合法系协同培养国际高层次法治人才有利于提升全球法律职业竞争力

有学者早就大声疾呼，事实上，随着经济的全球化，法律也全球化了。这种法律全球化等于美国化，欧洲大陆法也不能幸免，因为，美国律师事务所已经遍布全球，美国法学教育已经传播到世界各重要地点，美国式法律文件以及做法已经世界通行，以及最后，美国法律内容已经传播至世界各地。这个现实是人的主观愿望所不能改变的。法律全球化要求中国发展本土的精英律师业。中国需要采取一个积极进取的态度去学习普通法。[2]"一国两制"让我们拥有当今两个最重要法系的实际运作经验，香港三大法学院的学习强调与国际接轨。如香港大学法学院的全球教席计划让学生时刻能与国际最顶尖的法学学者对话，在了解世界法律制度的全球视野下思考时代问题。各种特色的交换与游学项目，随时为法科学生提供开启世界的机会。香港独特的商业地位决定了培养的学生必须具有国际视野，而普通法背景对学生的英文水平提出了很高的要求，使得他们易于接触国际法学领域的最新研究成果。因此，有条件的广东的大学法学院和港澳两地大学法学院在一国两制框架中实行粤港澳大学法学院之间的紧密交流与合作，便是充分利用一国两制三法域的优点，透过对国际杰出法治人才的栽培，推动国家的法治发展和国际高层次法治人才培训，进而服务于粤港澳大湾区建设。

---

[1] Grossman, G., "Building the World Community Through Legal Education", in Klabbers, J. &Sellers, M. eds, *The Internationalization of Law and Legal Education*, Finland: Springer, 2008.

[2] 何美欢："颠覆与移植：法律全球化的中国回应"，载《21世纪商业评论》2005年第11期，第136页。

2. 融合法系协同培养国际高层次法治人才有利于极大提高法科生的智能技能

国际学术发展的重大趋势是交叉融合，但是我国，文科各学科专业孤立办学、相互之间壁垒森严，缺少交流，更少融合。与世界三大湾区的重大区别，就是粤港澳大湾区三法系四法域之间融通最大的问题，粤港澳大湾区建设涉及一国、两制、三个关税区和三种货币，无论是国际、国内都没有可资借鉴的经验。如何在"一国两制"方针和基本法框架内，发挥粤港澳综合优势，创新体制机制，促进要素流通，成为大湾区面临的最重要、最紧迫的课题之一。香港属于普通法系地区，奉行对抗制的司法制度，非常注重学生从不同角度和立场讨论问题的思维方式。作为普通法系的一员，香港高校法学教育对有争议性的问题，老师一般不会以权威姿态提供标准答案，法学院鼓励学生有不同见解和创新，通过这种苏格拉底式的案例教学方法，让法科生学习和研究具有一定难度和冲突的法律观点，无疑将会使学生逐渐养成一种全方位的思辨能力。涉及跨境交易，没有单一权力机构规范国际商务活动，因此涉外律师需要从现有的法律制度框架中选择，如使用法律选择条款通过国际私法中的国际合同条款规则创造一个新的法律机制，确定准据法，以完成国际法律服务。由于在当今金融领域主要由英美主导，多数国际商事业务也由英美大型律师事务所占据。此外，创制法方面的创造力无论如何都是倾向于普通法模式，因为它天然就比中国法律人所熟悉的大陆法要灵活。[1]连通、贯通、融通，一项项实践创新和制度创新，推动规则相互衔接。跨法域融合协同培养国际法治人才势在必行。广东与香港、澳门法学院协同开展法学双学位本科、硕士甚至博士项目课程，学生既可接受大陆法系相关知识的培养，又可接受英美法系知识的培养，以培养精通两大法律体系、适应未来国际法律事务的优秀法律人才，毕业生能够胜任全球法律职业。

3. 融合法系协同培养国际高层次法治人才有利于快速提升广东高校法学教育的国际化办学水平

香港特别行政区是中国境内唯一适用普通法的地区。香港的普通法法律制度承袭英美法教育之精髓，充分彰显了法治精神与人权理念，香港以区区弹丸之地，发展成一颗璀璨的东方明珠，其高质量的法律制度功不可没，这

---

〔1〕 蒙启红、龙迎湘：《中国国际商务法律人才培养研究》，中国商业出版社 2018 年版，第 131 页。

其中就与香港本地三所法学院培养大量优秀法律人才的功劳密不可分。英语是国际商务通用语言，绝大多数国际商务合同使用英文书写，甚至基本使用英美标准合同条款。因此，香港法律学院培养的律师天然享有语言和法律教育背景的双重优势。如广东有实力的法学院应与香港法学院联合，同时拥有英美法教育和本土法律教育的法治人才更有胜出的机会。粤港澳大湾区法治建设必将推动广东高校法学教育供给侧改革，不同法律体系之间仍然可以相互借鉴和学习。从外面看自己，可以帮助我们打破思维的窠臼，展开创新的尝试，摸索自己的道路。在粤港澳大湾区的发展机遇中，广东高校首先要当好"人才库"。要以提高人才培养与粤港澳大湾区建设需求的适配性为目标，主动开展高素质人才供给侧结构性改革，不断创新国际化法治人才育人新模式，加大力度培养我国参与全球治理所亟需的人才，为粤港澳大湾区建设提供坚实的国际高层次法治人才保障。

二、法域融合：培养国际高层次法治人才创新机制

与其他三大世界湾区相比，粤港澳大湾区在法治体系方面颇为不同。它涉及对外开放环境下三个独立的法律体系，多元化特色明显。在长期的变迁转型过程中，在传统中国法的基础上，中国法律又融入了大陆法系、英美法系以及社会主义法系等因素。多种法源相融共存，展示出一幅法律发展的多彩画卷。中国法在很大程度上说就是一种融合法。[1] 在国家"一带一路"倡议和建设粤港澳大湾区的国际化背景下，为了应对涉国外、涉港澳国际法律纠纷问题，无不需要国际高层次法治人才，跨法域融合协同培养或许是培养国际高层次法治人才的绝佳选择，法律全球化呼唤更为紧密的跨法域交流，也呼唤具备全球化视野和不同法系知识结构的国际高端法治人才。

在国家建设粤港澳大湾区的新时代，广东与港澳地区合作日益密切，涉外、涉港澳法律事务越来越多，然而拥有跨界能力的国际高层次法治人才却极其匮乏。以卓越法律人才教育培养基地和法学教育实践基地建设过程中的积累为基础，确立起"中国法、普通法和大陆法为蓝本，跨法域融合"的跨境国际型、复合型和应用型、创新型高层次法治人才培养新理念，坚持厚基

---

〔1〕 夏新华："混合法系发展的前沿——兼论中国法学家的理论贡献"，载《湘潭大学学报（哲学社会科学版）》2008 年第 3 期，第 26 页。

础、宽口径，全程融入社会主义法治理念教育，强化学生法律实务技能培养，提升学生的多元智能，促进法律教育与接轨于港澳地区的高端法律职业的深度衔接，从而突破现行"一元化"的人才培养模式，实现对精通内地和港澳法律，能力突出，能够适应"一国两制"需要的涉外型、复合型和应用型高端国际高层次法治人才的培养，为国际法治服务提供有国际竞争力的国际高层次法治人才保障。考虑到广东与港澳地区经贸合作过程所面临的大量的跨境法律问题，应积极探索广东高校与港澳高校携手合作培养国际高层次法治人才新模式。首先是"走出去"，将本科和硕士教学均延伸到港澳地区。此外，通过"请进来"，让内地法学教育融入"港澳元素"。加强区域融合，与港澳地区相关法律教育机构建立起良好的跨境沟通机制和多种合作机制，促进人才培养。[1]由此可见，对这种与港澳高校法学院跨境法律人才培养模式创新应鼓励和支持，尤其应进一步迭代更新，如实行广东某一法学院与香港某一法学院联合法学本科双学位项目课程，旨在培养国际高层次法治人才。

三、民国时期东吴法学院的成功经验之回眸及其借鉴

(一) 东吴法学院的成功经验之回眸

近代中国法学院面临的首要的也是最基本的问题就是如何为学生提供适应这个国家需要的法学教育。东吴法学院的对策是讲授比较法。只有在对中国本土法律与那些现代国家法律的比较研究基础上建立起一个法律制度，中国才能够在更好地管理自己的同时，使其法律制度与现代工商业世界相协调。20世纪初，中国政府已经着手法律改革和现代化的重要规划，致力于建立一个既能与中国社会相契合，又可为西方所接受的现代法律体系，以取代其传统的司法制度。在中国建立现代法律制度和颁布新法典无疑需要对法官和律师的培训，然而中国从未有过正规法律教育的传统。[2]美国当时在华法律家群体，包括在沪执业的罗炳吉、费信惇、佑尼干、刘伯穆等皆为有培养法律人才兴趣的美国职业法律人，不仅为"东吴法科"注入了英美法教学模式的先天基因，同时又为适应在华办学的实际条件，发展了比较法教学这个重要

---

〔1〕 朱义坤等："CEPA条件下跨境法律人才培养模式的创新与实践"，载《法学教育研究》2015年第1期。

〔2〕 康雅信："中国比较法学院"，张岚译，载高道蕴等编：《美国学者论中国法律传统》（增订版），清华大学出版社2004年版。

的办学特色。美国化的办学背景这个因素随着美国在二战后取得世界法律智识的领导地位而被放大，进而促进了东吴法学的地位和影响。[1]在东京审判的时候，东吴法学教育之所以能涌现出杰出的法律人才，不外乎学生的全球视野、比较法学的知识储备两个原因。这正是东吴法学院的两大"招牌"——英美法和比较法学教学，赋予其学生的特色。"原以英美法与中国法为依据，而旁参以大陆法，继应时势之需求，改以中国法为主体，以英美与大陆法为比较之研究。俾学生对于世界各大法系之要理，皆有相当认识。"由此可见，比较法的研究并不仅仅意味着比较和对照不同法系里的特殊规则。比较法学家有能力自由进出于不同法系之门，不在任何一个法系的错综复杂的情况中迷路。比较法还有许多实际用处，特别是在跨国获得国外投资日益增加的时代，如联合国的专门机构和非政府组织这样一些国际组织，一直需要比较法的专门知识。[2]在当今世界三大湾区高校驰名于世的法学院都开设了很多比较法与外国法课程。相比之下，我们今天的法学教育却很少有高校开设比较法课程，这种不正常的现象应该引起我们的反思和检视。要培养出类拔萃的国际复合型法治人才，应该多开设国际法、外国法以及比较法课程，因为，比较法学对于"打破那种不参加反省的民族偏见；帮助我们认识我们世界不同的社会、文化制度和改善国家间的相互理解；对于发展中国家的法律改革"是很有意义的。[3]

（二）东吴法学院的成功经验之借鉴

美国法学院日益重视国际法和比较法的学习，很多法学院都开了国际课程，以培养学生适应全球共同体的工作。穿越历史时空的隧道，自1915年在上海诞生，至1952年被关闭，东吴法学院一直以"中国比较法学院"而闻名于世，它提供了独特的职业训练和比较法教育，使得其毕业生可以对于差异巨大的不同法律体系应付自如。美国哈佛大学法学院的德哈德森教授称"东吴法学院是我所知道的唯一一所真正堪称比较法法学院的学校"。[4]可以说，

---

〔1〕"'东吴法学'一百年：中国法学教育的光荣与梦想"，载 http://www.chinalegaleducation.com/article/? id=296，最后访问日期：2019年11月25日。

〔2〕［澳］维拉曼特：《法律导引》，张智仁、周伟文译，上海人民出版社2003年版，第90~91页。

〔3〕［德］K.茨威格特、H.克茨：《比较法总论》，潘汉典等译，法律出版社2003年版，第4页。

〔4〕Manley O. Hudson, "Address at the Inaugural Exercises," *China Law Review*, 148（1927）.

对于法学教学与研究者而言，如今不做好外国法比较研究是很难做好教学研究工作的，不仅很难教好书，甚至写不出高质量的学术文章；对于法科学生来说，比较法教学会让他们体会到法治社会的多样化与差异，同时也能看到很多共同性。对于曾经在东吴法学院的法科生来说，当年的比较法教学可以让他们清楚地看到法治国家是如何运转的，这会让他们对未来法治中国抱有很高的期望和理想，也因此催生了他们追求法治和献身法治发展的动力。[1] 东吴法学院过去的辉煌和成功的经验至今还值得我们去借鉴。回顾民国时期东吴法学院的演进轨迹和成功之道，大致可以总结如下：除了比较法和英美法教学之外，还有一点很重要，那就是东吴法学院从开始就在法学教育中使用英语为法科生授课，语言是法律的载体和表达方式。正如智者所言："语言是一种创造性力量，而法律就是语言的一种创造物。因为法律和语言的紧密联系，使得语言成为法律中具有决定性的智能力量。"[2] 因此，能否掌握一种或多种法律语言，往往就意味着你能否获得某种或多种法律利益。在全球化时代，如何借鉴东吴法学院那样很好的随时代发展去把握法学和法律人才培养的发展脉络，与国际接轨等，意义重大。东吴法学院办学之初的教育目标定位是"以英美法与中国法为依据，而旁参以大陆法"，后"改以中国法为主体，以英美与大陆法为比较之研究"，旨在"学生对于世界各大法系之要理，皆有相当认识"，这些都是对办学理念的原创性的表述，包含着东吴人对法学教育的深入观察、体验和充满智慧的把握。我们今天有许多法学院大都缺乏特色，缺乏具有独立个性化的创造，思想也不深刻。[3] 同时，广东地区法学院也应借鉴世界三大湾区法学院培养国际高层次法治人才的经验，倡导"以学生为中心"的教育理念，将全球胜任力体现在院系的法学本科生和研究生培养目标中，具体落实在法治人才培养过程。

四、实践示例：北京大学和香港大学法学硕士和本科双学位项目合作

为响应"一带一路"倡议，贯彻落实《粤港澳大湾区发展规划纲要》提出的"打造教育和人才高地"战略要求，北京大学与香港大学本着"优势互

---

〔1〕 刘力源："中国近现代法学教育的比较法天性"，载《文汇报》2015年9月18日。

〔2〕 ［德］伯恩哈德·格罗斯菲尔德：《比较法的力量与弱点》，孙世彦、姚建宗译，清华大学出版社2002年版，第140~158页。

〔3〕 刘力源："中国近现代法学教育的比较法天性"，载《文汇报》2015年9月18日。

补、共同发展、平等互惠"的原则，在法学领域开展新型本科双学位项目合作。在发展双硕士学位的基础上，2019 年 2 月 20 日，北京大学与香港大学正式签署法学本科双学位项目合作协议书，香港大学-北京大学 5 年制联合双学位（法学学士）课程。香港大学法学院还与北京大学法学院推出法学双学位项目，该项目结合香港和内地两所顶尖法学院的优势，在内地和香港同时招生，被两校法学院录取的新生可在校内参与二次选拔，学生分别在北京大学和香港大学接受两年半的专业法学训练，达到两校毕业要求后将同时获得由北京大学和香港大学颁发的法学学士学位证书。该项目旨在探索法学教育海外合作新模式，为推进一国两制作为当代中国重大宪制实践，助力中国在国际政治经济新秩序中发挥更加积极作用，培养和输送通晓内地与海外法律的国际一流法治人才。

该项目由北京大学法学院与香港大学法学院共同发起，是北京大学与香港高校合办的首个本科双学位联合培养项目。两校将成立联合招生委员会，共同制定招生标准及课程培养管理方案。项目结合香港和内地两所顶尖法学院的优势，在内地和香港同时招生，首批项目学生于 2019 年秋季学期正式入学。北京大学法学院与香港大学法学院有着长期紧密的伙伴合作关系，两校法学院早于 1999 年起轮流举办"北京大学-香港大学"学术年会，于 2010 年起合作开办法学硕士双学位项目。现今双方首次在本科双学位项目上合作，是顺应国家需要、培育法律专才所做出的全新尝试，对于促进内地与香港法学高等教育的交流合作具有重要意义。[1]内地属于成文法传统的社会主义法系，香港属于判例法传统的英美法系。两地法律制度迥异，法学教育模式各有所长。该项目能够让学生同时接受内地和香港最顶尖的法学教育，深入了解两地的法律制度和不同法系的法治理念，在比较融会中拓展全球化视野，形成跨法系的知识背景，具备能够因应不同文化、政治和社会背景，解决中外法律问题的专业能力。2019 年 8 月，"北京大学-香港大学法学本科双学士学位合作项目"正式启动招生，两所百年名校强强联合、优势互补，让大陆法教育和英美法教育擦出法学教育的火花。

法学士与双学位的招生成绩在香港大学的本科课程都位列前排。在 2009

---

〔1〕　根据北京大学法学院的资料整理而成，资料来源：http://www.oir.pku.edu.cn/info/1035/4297.htm，最后访问日期：2019 年 9 月 16 日。

年推出的法学硕士（JD）也吸纳不少精英报读。法学硕士（LLM）课程自 1989 年推出以来提供多项专业、领先的法律课程，以满足迅速变化的全球环境的需求。1997 年学院提供普通法硕士（MCL）课程，时至今日已培训了约 350 位内地法官。近年，香港大学法学院与世界各地一些最卓越的法学院合作提供双学位课程，如 UBC、UPenn、PKU，并且与 UCL、Cambridge、UNSW、NUS 等举办多个研究项目和联合会议香港大学–伦敦大学 4 年制联合双学位（法学士）课程。北京大学与香港大学签署了法学硕士和本科联合培养项目，不仅意味着可以同时拿到两名校的学位，更是在深度复合模式下打就"通才"。

第三节　粤港澳融合协同培养国际高层次法治人才新模式

一、粤港澳混合法系培养法科生的前提与基础

（一）前提：三地法学教育和法律人才培养模式各有特色

粤港澳三地高等法学教育处于不同法域，法律教育教学培养目标、理念、师资、生源等各有特色，又互相融通，这是交流互通的前提和基础；在发挥特色的同时，可以通过联盟这个平台为其他两地贡献知识智慧与实践经验。香港与内地法律体系不同，但恰恰是在这种法系不同的限制中，让内地法科生看到了面临的挑战和机遇，凭借对两地法律知识的熟悉，学生可以在应聘面试及实习中表现出色，因而有机会获得国际律师行青睐，收获高薪职业，另外两地又能相互填补兼备两地法律知识的人才空缺。全球化是不可逆转的发展趋势，法学教育必须着重拓展学生的国际视野和加入国际化元素。香港作为国际化大都市，其培养的人才具有显著的国际性，为我国内地法学教育改革中研究如何培养国际性高端法律人才提供了极好的样本。香港大学是中国仅有的几所开办普通法课程的大学。学术严谨，在香港读书，有不少机会碰到很多有实战经验的律师，理论学习和现实执业世界，融合得天衣无缝。香港中文大学法律学院与国际专业组织联系紧密。学院把普通法和中国法制与其他法律传统结合，以促进正义，并维护法治。学院的创新课程参考了杰出学者和法律界资深人士的意见而设计。法律学院也与其他学院合办双学位课程，并鼓励学生对法学实务和理论透彻理解。毕业生亦学以致用，并恪守

专业道德。香港城市大学法律学院培育既熟悉内地、香港两地法律、又具备全球化视野和实务经验的人才。粤港澳三地的法学教育协同联合培养将在"一带一路"和建设大湾区的背景下大显身手，为我国培养全球化亟须的大批有国际视野的高层次法治人才。

（二）基础：粤港澳三地法学高校交流合作频繁

内地与港澳法学教育联盟成立大会于 2017 年 6 月 1 日至 2 日在北京召开。联盟的成立旨在促进三地法学教育领军院校间的交流与合作。2018 年 12 月 14 日至 15 日，"内地与港澳法学教育联盟"首届理事会暨粤港澳大湾区法律人才培养研讨会在深圳召开。联盟秉承"立德树人、德法兼修"的育人理念，以创新法治人才培养模式为目标，通过知识教育与实践教育的有机融合，致力于为国家培养德才兼备、全面发展且具有国际视野的高层次法治人才。联盟成立以来，从初创到正式的运转，从搭建新平台到创建新机制，成员间交流合作日益频繁和深入。理事会各成员院校在大战略、高平台、厚基础的背景下，能够积极主动对接国家战略需求，通过项目合作、校际合作、区域合作，充分发挥法律专业的优势和地缘优势，在互联互通、整合联合深化提升上下功夫，在互建互补、良性互动过程中打造粤港澳三地法学高校交流合作升级版，为大湾区法治人才培养、中国法学教育创新做出新的贡献。广东省将落实《粤港澳大湾区发展规划纲要》的要求，用好中央赋予的对港澳法治服务业开放政策，在加强与港澳法律领域规则衔接上下功夫，在更高水平、更高层次上，探索广东同港澳法治服务业紧密合作的发展模式。集合了广东、香港和澳门三地法律专业人士的广东省粤港澳合作促进会法律专业委员会于 2019 年 10 月 25 日在广州成立。专业委员会致力于积极增进三地法律事务合作，共同推动建立大湾区共商、共建、共享的多元化纠纷解决机制，为构建大湾区法治化营商环境提供法律专业服务，着力为建设法治湾区献计献策。[1] 该机构的成立必将为三地法律界人士搭建起共商共建、互补共赢的桥梁纽带，也为粤港澳大湾区法学院的进一步协同培育高端法治人才奠定了基础。

---

〔1〕 "广东粤港澳合作促进会成立法律专业委员会"，载《法制日报》2019 年 10 月 28 日。

二、粤港澳融合法系协同培养法科生的优势和特色

民国时期担任过东吴法学院院长的吴经熊是非常出色的法律家。除了美国，他还曾留学巴黎和柏林，因而可以在这些不同的法律体系之间转换自如，如同他在上海法律界的各种不同角色之间一样转换（他是法官、教师、法律学者和法律起草人）。[1]在今天，培养吴经熊之类的法律高端跨界法治人才应该是广东高校法学教育追求的法治人才培养使命和目标。广东高校和香港高校"法学双学士项目"旨在通过共享两地法学优质资源、丰富教学经验及先进教育理念，实现强强联合、优势互补，为学生搭建跨地域、跨法系的人才培养及职业发展平台。我国实施"一国两制"的基本国策，从法系上看，内陆总体来说是欧洲大陆法律传统下的大陆法系，香港地区则是英美传统下的海洋法系，或者叫英美法系。由于在法律渊源、司法制度、思维模式等方面存在明显区别，两大法系的法学教育风格也各有所长。该双学位项目能够让学生在5年的学习中高效率、高质量地接受内地及香港最顶尖的法学教育，深入了解两地的法律制度并建立扎实的专业基础，在两大法系的理论与实践、价值和经验的互动中，培养全球化视野与比较法思维。这不仅有助于提高学生的法学研究素养，也将极大增强学生在内地、香港乃至全球就业市场的竞争力。此外，广东知名法学院与香港特区的法学院也会在选课、培养、实习、就业等方面为学生提供特殊关照，确保学生充分享受两校资源联合优势。[2]因此，融合法系协同培养有可能极大地激发学生的创新意识，让法科学生完美地获得多学科、跨学科、外国法、港澳法律以及比较法，形成国际高端法治人才才能拥有的多元思维模型，在未来激烈竞争的全球法律职业中如鱼得水。

对于绝大多数国家来说，这种两个法系并存的情况是不可思议的。从今天的国际法律服务市场来看，大陆法系和英美法系平分秋色，一个重要的趋势是两个法系越来越融合。如果想成为国际法治服务市场上的法务工作者，就必须要对两大法系都有足够的了解。而香港具有国际文化和跨国经济背景

---

〔1〕［美］康雅信："中国比较法学院"，张岚译，载高道蕴等编：《美国学者论中国法律传统》（增订版），清华大学出版社2004年版，第594~595页。

〔2〕北京大学—香港大学法学双学士项目情况简介，资料来源参见香港大学法学院 ttps://www. law.hku.hk/，最后访问日期：2019年11月21日。

的独特语境，香港大学法学院作为世界上最主要的法学院之一，已经建立了一套先进的高层次法治人才培养制度来造就学生灵活处理国际法律事务的能力。如香港大学已在不同层次项目课程（包括法学士 LLB、法学硕士 LLM 和法学博士 JD 等）与各个不同法域（英国、美国、加拿大、瑞士等）建立了一些联合计划。这可能被视为是培养国际高端法治人才的全球化方法的典范。香港作为英美法教育的重镇，学生可以不出国门，就受到最好的英美法教育，这当然是一个很大的优势。从培养只了解一种法律体制的法律人，转变为培养对两大主要法系都有深入了解的全面法律人才。作为中葡文化的重要交汇之地，澳门近年来着力打造中葡双语人才培养基地，这既是国家支持澳门特区的重要发展目标，也是澳门发挥自身文化优势、推动粤港澳大湾区完善对外开放平台的重要举措。澳门大学成立中葡双语教学暨培训中心，推动葡语教学改革，协助培养高水准中葡双语人才，以及重点培训葡语专业教师和高级葡语翻译人才，协助本地人才发挥澳门作为中国与葡语国家商贸合作服务平台的定位，促进大湾区在国家高水平参与国际合作中发挥示范带头作用。广东高校不断扩展法学教育的深度和广度，澳门大学与大湾区内地高校协同起来，并能抢先在粤港澳大湾区获得发展先机，培养具竞争力的高端法治人才。

三、粤港澳融合协同培养国际高层次法治人才新模式探索

（一）广东高校国际高层次法治人才培养目标的新定位

粤港澳三地在"一国两制"下分别实行三种不同的法律体系，如何消除制度障碍，实现人流、物流、资金流的高速流通，这是我们面临的新课题。因此，广东需要大批既精通外语又掌握经济+懂管理，熟悉一国三地法律规则的高水平复合型法治人才。而这些国际法治人才的培养，正是广东法科院校应运而生的重要使命。借鉴世界三大湾区国际法治人才培养的成功经验，广东法科院校的新定位是培养既熟悉一国三地不同法律体系，精于国家管理和社会治理，又能胜任国际法律职业的法治人才，即以国际法律职业市场的需求为导向，以"4C+4L"能力为导向来设计国际高端法治人才协同培养模式。在学科建设上要突出粤港澳经济社会管理的需求，在如何构建三种不同法系边界衔接机制上作深度研究。特别是突破传统法学教育理念，突出以社会治理相关的复合型法治人才的培养目标，与其他大学错位发展。加强大湾区法学教育交流合作和提高法学专业人才的培养质量，一直是区内高校服务大湾

区发展的职责所在。长期以来，广东省和港澳法律界开展了大量有特色有实效的交流活动，在新时期，将法学领域创新创业教育的改革以及深化三地法学教育交流合作一起，需要法律界专家学者研究探讨和共同推动，在法治人才培养、在职法律培训和海外（港澳等）实习等方面展开全方位多层次的交流合作，形成长效合作机制，不断提高法学教育交流合作的层次和广度，开拓共同发展的空间。

广东省高校在与港澳特区法学院协同培养国际高层次法治人才的同时，亦可以与国外知名的法学院，建立中外合作办学项目，致力于培养大批具有国际视野、通晓国际规则、能够参与国际事务与国际竞争的高素质法治人才。有一点应注意的是，必须对法科生采取全英文授课，使用全英文语言授课，不但可以准确理解国际法律规则，而且有助于法科生英语思维模型的形成。法学教育与科研的氛围，与国际接轨的教学模式都会有利于跨文化交流能力的提高，全球胜任力就是在国际与多元文化环境中有效学习、工作和与人相处的能力。

（二）协同培养国际高层次法治人才的过程

1. 法科生入学要求与遴选标准

参与粤港澳本科或硕士研究生联合双学位合作培养项目的学子的语言水平应至少是熟练运用中文、英文、葡文的其中两种，外语参照国际上通行的标准或美国大湾区高校法学院准入门槛，要求达到通行的雅思或托福考试合格成绩。粤港澳法学院合作培养的项目方案中亦应加强学子的法律英语、法律葡语的研习工作，同时可设置粤语作为选修课程。大湾区跨境法律人才培养并非要求对粤港澳三地的法律制度都要研习得很透彻，但作为服务于大湾区法治建设的重要力量，法律人才至少应对其中两种法律制度（普通法和中国法、澳门法和中国法等）有深入了解。此外，粤港澳大湾区内高校可建立粤港澳学术交流信息平台，完善科研资源共享、协作机制，打造法律人才培养教学科研团队。

2. 法学课程体系设置

广东毗邻港澳，一直在积极鼓励和支持省内高校开展与港澳高校之间的法学教育交流合作，期待内地与港澳法学教育联盟能够成为广东法学院校以及港澳、各省市兄弟院校在法学教育领域的良好的交流合作平台，切实强化内地与港澳法律研究和教学工作。建设粤港澳大湾区为三地法律教育合作提供了难得的机遇，而广东高校应以此为契机，强化涉外法律人才培养特色。囿于广东省跨境法律人才中的研究生数量过少，广东除了加强高校法学一级学科硕士点、博士点的建设工作外，还可增强广东高校与港澳高校联合培养本科、硕士或者博士多层次人才的工作力度，提升法治人才的国际高端程度。综观当前的法律人才培养模式，粤港澳大湾区内高校联合培养法律人才的主要类型有应用型、研究型和复合型。应用型旨在培养完全致力于法律实务的跨境法治服务人员；研究型旨在培养长期从事大湾区国际法治理论教学研究工作的专家学者，而这些专家学者亦可从事一定的法律实务工作；而复合型较为特殊，其并非与应用型、研究型相斥，而是一种具备法律知识与其他非法律学科知识的混合类型，实际上应用型与研究型均可有此特征。有人认为，由于国际法本身有语言要求，加之法律制度的不同，从培养的难度而言，前两者或许能在短时间内培养出一名合格的单一类型法律人才，而培养一名合格的复合型国际法律人才却是难度最高的。为避免弄巧成拙，大湾区高校不应盲目地设置复合型跨境法律人才培养项目。笔者认为，难度最大未必不能通过协同培养高端法治人才，先行先试，才是粤港澳大湾区的创新之处。

要想培养国际化高层次法治人才，关键在于法学教育模式的改革，关键在于坚定不移地推进教育对外开放。广东省高校应致力于探索一条富有特色的国际化法治人才培养道路，大力开展高层次法治人才培养的改革，加强高层次法治人才的培养力度，除了"双校园"模式，目前学校应创新课程教学体系，重点引进国外优秀课程资源，与国（境）外高校合作开发国际法、外国法与比较法学课程，加大比较法和国际法教学，民国时代最杰出的法学家王宠惠强调比较法的"科学价值"。[1]一定要清晰认识到，法科生必须高度重视学习国际法、外国法与比较法课程；编写教材、开发与国际接轨的项目课程、开展联合教学等。全球法律职业胜任力和法学专业学习并不矛盾，在法律专业学习中通过全球视角了解学科前沿，其实也是全球胜任力的体现。为广东法科生走向国际法律职业舞台做好准备，使他们既能立足中国看世界，也能在全球背景下看中国，带着广泛的全球视野、开放包容的心态、中华文

---

〔1〕　康雅信："中国比较法学院"，张岚译，载高道蕴等编：《美国学者论中国法律传统》，清华大学出版社 2004 年版，第 587 页。

明的自觉自信和良好的跨文化能力，走向世界，为人类文明进步和全球可持续发展做出贡献。

3. 打造和扩充跨境国际化师资队伍

作为高校法学院国际法治人才培养、法律科学研究和社会服务的原动力，教师的国际化程度对高校国际化战略的实施，具有重要意义。大量研究表明，世界一流大学的师资力量往往国际化程度很高。例如，耶鲁大学 3000 多名专职教师来自于 110 个不同的国家和地区，斯坦福大学 48% 的专职教师来自其他国家和地区，哈佛大学 30% 的专职教师来自其他国家和地区。师资的国际化水平很大程度影响着课程的国际化程度和学生的国际化视野。国际化的法学师资队伍让学生受益匪浅。因此，高校的国际化建设也离不开师资的国际化。加强教师队伍国际化一直是广东省高校具备相当实力的法学院人才强校战略的重要内容。实施法学师资队伍"走出去"战略，每年选派青年法学教师到国外知名法学院开展一年以上的学习科研。当然，派遣教师去海外参加周期较短的学术或教学交流，是高校最常用的"走出去"策略。近年来，广东省高校，尤其是具备相当实力的法学院积极实施"引进来"战略，吸纳和引进海外高端领军人才和其他高端法律人才，通过借势各类人才计划，招聘海外国际性、高层次人才回国参与高校科研和教学的做法，已经受到诸多高校的青睐，也取得了不错的效果。

将教师国际化水平纳入教师评审、考核。在目前的教师职位晋升和终身教授评审制度中，很少有高校将"教师提高国际化水平"作为考核标准。为加快师资队伍国际化进程，广东省高校明确提出将教师的国际学术工作经历作为聘任和职称晋升的必要条件，计划到"十三五"末，40 岁以下青年教师中具有海内外名师名校背景教师达 70%。大湾区建设绝非一蹴而就之工程，需要耗费几代大湾区法律工作者的辛勤汗水方能实现保驾护航之愿景。在大湾区建设的背景下，广东高校应大力扩充跨境法教学与研究的师资队伍。以中山大学粤港澳发展研究院为例，中山大学在近年来大量招聘以跨境法为研究方向的中青年教师、博士后，有港澳地区或者普通法地区留学经历的优先考虑。这一人才引进方式值得其他广东高校借鉴。同时，加强跨境法师资队伍的教学培训工作亦是保障跨境法教学质量的重要措施，广东省教育厅可借助"香江学者计划""澳门大学濠江学者计划"等境外人才培养计划，大力鼓励广东法学教师到港澳访学、进修和交流。为更好地营造大湾区的法治建设氛围，在充分协调后，这些境外交流计划可适当为广东高校设置多一些专项名额。此外，有条件的高校可借鉴暨南大学在法律硕士层面由港澳法律界人士担任双导师之一的经验，逐步推行港澳法律界人士担任法学硕士、法律硕士的双导师之一的模式，从而充实跨境法师资队伍。[1] 法学师资建设对高校法学院整体国际化战略实施的现实意义重大，高校可以通过引进海外高层次人才、委派教师赴海外学习交流、改革教师考核标准等策略，提高师资团队的国际化水平。与此同时，高校还需注重教师国际化意识的培养，让教师从根本上认可学校的国际化战略，意识到自身国际化水平对学校整体的重要作用，从而提高他们参与国际化建设的热情。

4. 粤港澳大湾区协同培养高层次法治人才模式之构想

随着中国加入 WTO，国家对外开放程度的不断提升，在国际市场的贸易、投资活动越来越频繁，需要有自己的国际法专家保驾护航。虽然近年来中国法律人才储备持续增强，但目前还不能满足实际需要，随着"一带一路"的推行，在未来的法律纠纷中，国家对强大涉外法律人才团队及储备的需求也将越来越大。这方面正是香港所长。香港拥有"一国两制"的优势，而且法律制度成熟完善，加上香港拥有来自世界各地的法律专才任教，可以提供充足的国际法律理论知识及实践经验的资源。可在大湾区建立一个国际法律团队，帮助中国企业走向世界，也希望国家充分利用香港的资源增强法律软实力，争取更多国际法规制定的话语权。借鉴北京大学和香港大学联合培养法学硕士和法学本科生的成功经验，中山大学、华南理工大学、深圳大学等与香港大学、香港城市大学、香港中文大学、澳门大学等协同培养涉外法律人才，暨南大学本来就有许多港澳台、海外的资源，可以充分利用诸多港澳台和海外教育资源，联合培养高端涉外法律人才。汕头大学法学院坚持国际化办学思路，借助粤港澳大学湾区建设的春风，进一步与香港、澳门与域外发达国家的大学法学院合作，采用 2+2 或 3+1 双学位联合培养国际高层次法治人才培养新模式，完善与国外院校交流、国际组织实习等项目。

强化粤港澳高层次法治人才的协同培养，香港三大法学院教授均"全英文授课的普通法"，香港是广东高校法科生理想的学习之地之一。有学者认

---

[1] 龚来良、冯泽华："粤港澳大湾区跨境法律人才培养模式研究"，载《岭南学刊》2019 年第 4 期，第 55 页。

为，由于粤港澳大湾区存在三大法系，法学本科重在培养学子的法律通识思维，法科学子需要接受系统的研习过程方能领略某一法系的具体制度，各高校不应在法学本科阶段贸然设立 2+2 的合作培养模式。大湾区内各高校合作培养可设计为本硕连读或者硕博、本硕连读合作模式。本硕连读宜以"三型"法治人才，即应用型、国际型、复合型为目标，硕博连读宜以研究型法律学术人才为目标。特别提倡建立"本硕连读"模式，亦即本科、第一硕士学位、第二硕士学位分别在粤港澳三所不同高校攻读，旨在培养能从事国际法律实务工作的法治人才。[1] 这种观点有些道理，粤港澳法学院通过硕博连读协同培养法科理论研究性人才有可取之处。不过，针对"各高校不应在法学本科阶段贸然设立 2+2 的合作培养模式"这种观点，笔者认为，这种说法有些牵强附会，理由是法科生毕业后进入实务部门的占绝大多数，尤其是从事涉外律师业务，在粤港澳大湾区三地法学院接受两种法律制度的严格训练，不仅有利于大幅提高学生的法律外语水平，作为从事国际法律职业的工作语言，在英语为非母语的国家高校课堂不是用英语教学，毕业后能否胜任国际法律服务业存在不少困难，而且融合学习两种不同法律制度，应该比仅仅在本土学习法律的学生有极大的优势，如国际视野的开阔、跨文化因素的摄入，尤其是在两个不同的法域执业差异可能迥异。

与此同时，除了粤港澳大湾区协同培养国际高层次法治人才之外，广东省高校尤其是具备相当实力的法学院经过中外合作办学项目多年的探索之后，可开创出独具特色的"双校园"模式，主要以"短期留学获学分"的方式积极鼓励学生到境外研学，并与世界知名律所、国际法院、国际仲裁机构、跨国公司、大型国企、国际组织等合作共建跨国实习基地，选派学生到国外法学院做交换生。此外，广东高校目前先后与境外高校建立过校际合作关系，建议多开设跨国（境）短期留学项目，设立本科生、研究生培养国际化专项经费，主动为学生国（境）外留学和交流提供经费支持，资助涵盖广东省政府奖学金留学项目、校际交流课程学习项目、暑期交流项目、国（境）外实习项目等。进一步推进相关学科与著名海外高校合作，开展法科研究生联合、交换培养。深圳大学李清泉校长提出建立"湾区联合大学"，作为贯通大湾区

---

〔1〕 龚来良、冯泽华："粤港澳大湾区跨境法律人才培养模式研究"，载《岭南学刊》2019 年第 4 期，第 60 页。

各高校科研资源的良径，该提案对国际高层次法治人才的培养具有一定的参考意义。[1]如何探讨粤港澳大湾区协同培养国际高层次法治人才以及加强广东法学教育国际化转型或许是我们一项长期的历史使命。

---

[1] 李清泉：“建湾区联合大学是多赢之举”，载 http://sz.people.com.cn/n2/2018/0307/c20284 6-31316121-5.html，最后访问日期：2019 年 11 月 26 日。

主要参考文献

一、著作（按出版时间顺序排列）

1. ［德］黑格尔：《哲学史讲演录》（第 1 卷），贺麟等译，商务印书馆 1981 年版。

2. 蔡枢衡：《中国刑法史》，广西人民出版社 1983 年版。

3. ［美］伯纳德·施瓦茨：《美国法律史》，王军译，中国政法大学出版社 1990 年版。

4. 梁治平：《法律的文化解释》，生活·读书·新知三联书店 1994 年版。

5. 汤能松等：《探索的轨迹——中国法学教育发展史略》，法律出版社 1995 年版。

6. 朱景文：《对西方法律传统的挑战》，中国检察出版社 1996 年版。

7. ［美］罗纳德·德沃金：《法律帝国》，李常青译，中国大百科全书出版社 1996 年版。

8. 叶士朋：《澳门法制史概论》，澳门基金会出版社 1996 年版。

9. 赵秉志主编：《澳门法律问题》，中国人民公安大学出版社 1997 版。

10. 贺卫方编：《中国法律教育之路》，中国政法大学出版社 1997 年版。

11. ［美］本杰明·卡多佐：《司法过程的性质》，苏力译，商务印书馆 1998 年版。

12. 沈宗灵：《比较法研究》，北京大学出版社 1998 年版。

13. 何勤华主编：《美国法律发达史》，上海人民出版社 1998 年版。

14. 瞿同祖：《瞿同祖法学论著集》，中国政法大学出版社 1998 年版。

15. ［美］E. 博登海默：《法理学：法律哲学与法律方法》，邓正来译，中国政法大学出版社 1999 年版。

16. ［日］大木雅夫：《比较法》，范愉译，法律出版社 1999 年版。

17. 郭成伟主编：《法学教育的现状与未来》，中国法制出版社 2000 年版。

18. ［美］马丁·梅耶：《美国律师》，胡显耀译，江苏人民出版社 2001 年版。

19. ［美］理查德·A. 波斯纳：《道德和法律理论的疑问》，苏力译，中国政法大学出版社 2001 年版。

20. ［美］理查德·A. 波斯纳：《超越法律》，苏力译，中国政法大学出版社 2001 年版。

21. 王健：《中国近代的法律教育》，中国政法大学出版社 2001 年版。

22. ［美］本杰明·N. 卡多佐：《法律的成长 法律科学的悖论》，董炯、彭冰译，中国法制出版社 2002 年版。

23. ［法］勒内·达维：《英国法与法国法：一种实质性的比较》，潘华仿等译，清华大学出版社 2002 年版。

24. ［德］K. 茨威格特、H. 克茨：《比较法总论》，潘汉典等译，法律出版社 2003 年版。

25. ［美］罗伯特·斯蒂文斯：《法学院：19 世纪 50 年代到 20 世纪 80 年代的美国法学教育》，阎亚林等译，中国政法大学出版社 2003 年版。

26. ［美］约翰·亨利·梅里曼：《大律法系》，顾培东、禄正平译，法律出版社 2004 年版。

27. 李贵连：《百年法学：北京大学法学院院史》，北京大学出版社 2004 年版。

28. 孙晓楼：《法律教育》，中国政法大学出版社 2004 年版。

29. 霍宪丹：《中国法学教育的发展与转型》，法律出版社 2004 年版。

30. 何美欢：《论当代中国的普通法教育》，中国政法大学出版社 2005 年版。

31. 何美欢：《理想的专业法学教育》，中国政法大学出版社 2005 年版。

32. 房文翠：《法学教育价值研究——兼论我国法学教育改革的走向》，北京大学出版社 2005 年版。

33. ［美］小奥利弗·温德尔·霍姆斯：《普通法》，姚中秋、冉昊译，中国政法大学出版社 2006 年版。

34. ［美］劳伦斯·M. 弗里德曼：《美国法律史》，苏彦新等译，中国社会科学出版社 2007 年版。

35. 刘然玲：《文明的博弈——16 至 19 世纪澳门文化长波段的历史考察》，广东人民出版社 2008 年版。

36. ［美］德博拉·L. 罗德：《为了司法/正义：法律职业改革》，张群等译，中国政法大学出版社 2009 年版。

37. 刘坤轮：《法律教育与法律职业衔接问题研究》，中国人民大学出版社 2009 年版。

38. 朱立恒：《法治进程中的高等法学教育改革》，法律出版社 2009 年版。

39. 韩慧：《英国近代法律教育转型研究》，山东大学出版社 2010 年版。

40. 霍宪丹：《法律教育：从社会人到法律人的中国实践》，中国政法大学出版社 2010 年版。

41. ［美］罗伊·斯塔基等：《完善法学教育——发展方向与实现途径》，许身健等译，知识产出版社 2010 年版。

42. 李承亮编译：《德国法学教育与司法考试法》，人民出版社 2011 年版。

43. 李燕萍：《澳门的法院和审判制度》，中国民主法制出版社 2011 年版。

44. 王晨光：《法学教育的宗旨》，北京大学出版社 2011 年版。

45. 沈四宝、王军：《国际化法律人才培养探索》，对外经济贸易出版社 2011 年版。

46. ［美］德雷克·博克：《回归大学之道——对美国大学本科教育的反思与展望》，侯定凯译，华东师范大学出版社 2012 年版。

47. 陈儒丹、黄韬：《经济全球化的法律博弈》，上海人出版社 2012 年版。

48. 冀祥德等：《法律教育学的新发展》，中国社会科学出版社 2013 年版。

49. ［美］迪特里希·鲁施迈耶：《律师与社会——美德两国法律职业比较研究》，于霄译，上海三联书店 2014 年版。

50. 王健：《高级法律职业人才培养之路》，法律出版社 2015 年版。

51. 米健主编：《澳门发展中的法治利益》，社会科学文献出版社 2015 年版。

52. 高鸿钧等编：《法律全球化：中国与世界》，中国政法大学出版社 2015 年版。

53. 唐波等：《自贸区建设背景下的法学教育改革》，上海人民出版社 2015 年版。

54. ［英］梅特兰：《欧陆法律史概览：事件，渊源，人物及运动》（第 2 版），屈文生等译，上海人民出版社 2015 年版。

55. ［英］约翰·亨利·纽曼：《大学的理念》，高师宁等译，北京大学出版社 2016 年版。

56. ［德］乌维·维瑟尔：《欧洲法律史 从古希腊到里斯本条约》，刘国良译，中央编译出版社 2016 年版。

57. 杨力：《中国法学教育的"系统集成"改革》，上海人民出版社 2016 年版。

58. 费安玲等：《中国法学专业本科课程体系设计改革研究》，中国政法大学出版社 2016 年版。

59. ［意］卡尔卡诺：《商法史》，贾婉婷译，商务印书馆 2017 年版。

60. ［法］让-贝而纳·奥比：《全球化、法与国家》，张莉译，中国政法大学出版社 2017 年版。

61. ［美］罗伯特·史蒂文斯：《法学院——美国法学教育百年史：19 世纪 50 年代至 20 世纪 80 年代》，李立丰译，北京大学出版社 2017 年版。

62. 韩大元：《法学教育的人文精神》，知识产权出版社 2018 年版。

63. 马化腾等：《粤港澳大湾区——数字化革命开启中国湾区时代》，中信出版集团 2018 年版。

64. 国世平主编：《粤港澳门大学湾区规划和全球定位》，广东人民出版社 2018 年版。

65. 蒙启红、龙迎湘：《中国国际商务法律人才培养研究》，中国商业出版社 2018 年版。

66. 谢伟：《论我国卓越法律人才的培养》，中国政法大学出版社 2019 年版。

二、论文（按发表时间顺序排列）

1. 朱奇武："美国的法律教育"，载《法学杂志》1981 年第 2 期。

2. 郝铁川："中国近代法学留学生与法制近代化"，载《法学研究》1997 年第 6 期。

3. 夏新华："中国法的'混合'性与未来世界三大混合法系"，载《混合的法律文化》2000 年第 7 期。

4. 杨莉、王晓阳："美国法学教育特征分析"，载《清华大学教育研究》2001 年第 2 期。

5. 奥田隆、丁相顺："司法研修所教育及对法学教育的期望"，载《法律适用（国家法官学院学报）》2002 年第 6 期。

6. 欧阳芬："德国法学教育改革最新动向"，载《德国研究》2003 年第 3 期。

7. 韩赤风："当代德国法学教育及其启示"，载《比较法研究》2004 年第 1 期。

8. 邵建东："德国法学教育最新改革的核心：强化素质和技能"，载《比较法研究》2004 年第 1 期。

9. 吴访非："美国法律教育的特色及对我们的启示"，载《中国冶金教育》2004 年第 5 期。

10. 满颖、侯正良："法律英语教学与国际型法律人才的培养"，载《北京第二外国语学院学报》2004 年第 2 期。

11. 王淑霞、梁小尹："我国法学教育应对国际化挑战的思考"，载《对外经济贸易大学报》2004 年第 6 期。

12. 何美欢："颠覆与移植：法律全球化的中国回应"，载《21 世纪商业评论》2005 年第 11 期。

13. 何长松、李法兵："WTO 与国际法律人才的培养"，载《湖南医科大学报（社会科学版）》2005 年第 7 期。

14. 苏力："当代中国法学教育的挑战与机遇"，载《法学》2006 年第 2 期。

15. 符启林、宋敏："广东法学教育的回顾与前瞻"，载《太平洋学报》2006 年第 7 期。

16. 史广龙、张文婷、邵长茂："当代中国德国法学教育的现状、反思与展望"，载《德国研究》2006 年第 3 期。

17. 徐胜萍："西方五国的法学位与法学教育"，载《学位与研究生教育》2007 年第 11 期。

18. 符启林、宋敏："广东高校法学教育存在的问题与对策"，载《法治论坛》2007 年第 2 期。

19. 杜钢建："国际化法学人才培养模式的 ISO 认证"，载《中国法学教育研究》2008 年第 1 期。

20. 杜钢建："国际化法学人才培养模式的探索"，载《中国大学教学》2008 年第 3 期。

21. 徐清宇："法学教育供给与司法职业需求的不对称及其校正——中国大学法学本科教育改革的基本出发点"，载《政法论坛》2008 年第 2 期。

22. 朱景文："中国法律工作者的职业化分析"，载《法学研究》2008 年第 5 期。

23. 夏新华："混合法系发展的前沿——兼论中国法学家的理论贡献"，载《湘潭大学报（哲学社会科学版）》2008 年第 3 期。

24. ［美］Judith A. McMorrow："美国法学教育和法律职业养成"，刘春喜等译，载《法学家》2009 年第 6 期。

25. 铃木贤："走到十字路口的日本法科大学院制度"，载《法学家》2009 年第 6 期。

26. 王贵国："全球化背景下之香港法学教育"，载《中国大学教学》2009年第12期。

27. 张怀印、董蕊：""混合法系"理论研究的兴起及其原因探析"，载《江西社会科学》2009年第7期。

28. 朱立恒："西方国家法学教育比较分析及其启示"，载《比较法研究》2009年第3期。

29. 江国青："全球化背景下国际型法律人才的培养——以外交学院法学专业的教学为例"，载《外交评论（外交学院学报）》2010年第27期。

30. 郑成良、李学尧："论法学教育与司法考试的衔接——法律职业准入控制的一种视角"，载《法制与社会发展》2010年第1期。

31. 汪习根："美国法学教育的最新改革及其启示——以哈佛大学法学院为样本"，载《法学杂志》2010年第1期。

32. 王安异："法学教育模式及其选择——世界名校本科法学教育比较研究"，载《法学教育研究》2010年第2期。

33. ［日］高见泽磨："社会转型中的法律变革——以日本为例"，载《政法论坛》2010年第1期。

34. 杨春福："国际化研究型法学人才培养模式的探索与实践——以南京大学法学院为样本"，载《法学教育研究》2010年第2期。

35. 陈雪萍、沈四宝："国际化法学人才培养要过"两关""，载《中国大学教学》2010年第3期。

36. 万猛、李晓辉："全球化背景下中国法律人才培养模式转"，载《中国大学教学》2010第11期。

37. 王健："构建以法律职业为目标导向的法律人才培养模式——中国法律教育改革与发展研究报告"，载《法学家》2010年第5期。

38. ［日］高见泽磨、张丹："日本法学教育概观"，载《法学教育研究》2011年第1期。

39. 刘思达："如何成为国际法律人才"，载《中国法律》2011年第5期。

40. 刘亚军、师怡："论涉外法律人才的知识结构与能力"，载《法学教育研究》2011年第1期。

41. 韩大元："全球化背景下中国法学教育面临的挑战"，载《法学杂志》2011年第3期。

42. 谢海霞："论国际化法学人才的培养模式"，载《人力资源管理》2011年第7期。

43. 聂鑫："美国法学教育模式利弊检讨"，载《环球法律评论》2011年第3期。

44. 黄进："以提升人才培养质量为核心 悉力培育造就卓越法律人才"，载《中国高等教育》2012年第9期。

45. 霍普勋爵、刘晗："普通法世界中的混合法系"，载《清华法学》2012年第6期。

46. 郭艳利："美国法学教育实践育人培养模式的启示"，载《中国法学教育研究》2012年第4期。

47. 沈四宝、王斐："培养国际化法学人才的若干思考"，载《湖南商学院学报》2012 年第 4 期。

48. 张伯晋："应对 WTO：中国需要更多高端国际法律人才"，载《检察日报》2012 年第 11 期。

49. 石佑启、韩永红："论涉外法律人才培养：目标、路径和教学模式"，载《中国大学生就业》2012 年第 16 期。

50. 周杨："职业化训练：卓越法律人才理念的践行——访清华大学法学院副院长施天涛"，载《中国大学教学》2012 年第 9 期。

51. ［美］杰罗姆·弗兰克、王晨光："如何打造优秀的法学教育"，载《法学杂志》2012 年第 5 期。

52. 杨清望："卓越法律人才的基本类型与培养路径探析"，载《现代大学教育》2012 年第 3 期。

53. 朱景文："中国法律职业：成就、问题和反思——数据分析的视角"，载《中国高校社会科学》2013 年第 7 期。

54. 王晨光："卓越法律人才培养计划的实施——法学教育目标设定、课程设计与教学安排刍议"，载《中国大学教学》2013 年第 3 期。

55. 贾宇："抓住关键环节 培养卓越法律人才"，载《中国高等教育》2013 年第 12 期。

56. 丁相顺："日本法科大学院制度与'临床法学教育'比较研究"，载《比较法研究》2013 年第 3 期。

57. 郑翔："培养国际化的卓越法律人才"，载《光明日报》2013 年 8 月 21 日。

58. 何志辉："从文化殖民到本地化发展：澳门法律教育之变迁"，载《外国法制史研究》2013 年第 1 期。

59. 李华鹏："吹响进军国际法律服务领域的'集结号'——全国律协涉外律师'领军人才'第一期培训班侧记"，载《中国律师》2013 年第 9 期。

60. 郭红岩："论国际卓越法律人才的培养理念和标准"，载《中国法学教育研究》2013 年第 3 期。

61. 邓瑞平、唐海涛："卓越涉外法律人才国际化培养略论"，载《法学教育研究》2013 年第 8 期。

62. 曾令良："卓越涉外法律人才培养的'卓越'要素刍议"，载《中国大学教学》2013 第 1 期。

63. 张晓君、吴曼嘉："论国际型法律人才培养"，载《法学教育研究》2013 年第 8 期。

64. 李素贞、樊丽君："法学人才国际化培养的探索与展望——以北京化工大学法学实验班为例"，载《北京教育（高教）》2013 年第 6 期。

65. 江利红："论新世纪日本的法律教育改革及其问题——以美国式法科大学院制度的导入

为中心"，载《浙江社会科学》2014 年第 1 期。

66. 谢伟："卓越涉外法律人才质量评价指标体系的设计和应用"，载《中国法学教育研究》2014 年第 4 期。

67. 李响："试论日本法学教育改革之得失检讨与经验借鉴"，载《时代法学》2014 年第 6 期。

68. 季卫东："中国法学教育改革与行业需求"，载《学习与探索》2014 年第 9 期。

69. 潘晓宁："全球化背景下中国法学教育面临的挑战"，载《中外企业家》2014 年第 26 期。

70. 石佑启、韩永红："论涉外法治人才的培养——基于广东外语外贸大学办学实践的考察"，载《广东外语外贸大学学报》2015 年第 3 期。

71. 聂资鲁："高校国际化法律人才培养模式比较研究"，载《大学教育科学》2015 年第 2 期。

72. 杨晓楠："国际合作办学模式梳理与探索——以'卓越法律人才培养'为视角"，载《现代教育管理》2015 年第 1 期。

73. 邓旭："论涉外卓越法律人才的知识构成"，载《法学教育研究》2015 年第 2 期。

74. 龚红柳："新时期涉外经贸法律人才培养的若干思考——兼以对外经济贸易大学法学院为例"，载《中国法学教育研究》2015 年第 4 期。

75. 葛洪义："关于中国法学教育改革的几点认识"，载《中国法学教育研究》2015 年第 2 期。

76. 刘晓霞："中国诸法域法学人才培养模式的比较与借鉴"，载《法制与社会》2015 年第 7 期。

77. 朱义坤："CEPA 条件下跨境法律人才培养模式的创新与实践"，载《法学教育研究》2015 年第 1 期。

78. 丁友勤、邓文斌："高层次法学人才与国际法律市场结合的困境与出路——以职业生涯为视角"，载《亚太教育》2015 年第 9 期。

79. 王文华："论涉外法治人才培养机制创新"，载《中国大学教学》2015 年第 11 期。

80. 吴汉东："法学教育发展的历史轨迹与中国道路"，载《中国大学教学》2016 年第 1 期。

81. 杨力："法科院校的'洗牌式改革'何以可能"，载《法学》2016 年第 4 期。

82. 杨力："职业主义导向的国际法科人才培养改革"，载《交大法学》2016 年第 3 期。

83. 许身健："卓越法律人才教育培养计划之反思与重塑"，载《交大法学》2016 年第 3 期。

84. 张靖："卓越法律人才培养目标和培养模式的创新研究"，载《当代教育论坛》2016 年第 3 期。

85. 邹爱华："日本法学教育和司法考试制度改革效果评介及其启示"，载《法学教育研究》2016 年第 2 期。

86. 张莉："第十四届'贸仲杯'国际商事仲裁模拟仲裁庭辩论赛落下帷幕 贸仲委致力培养仲裁法律人才"，载《中国对外贸易》2016 年第 12 期。

87. 王晨光："法学教育改革现状与宏观制度设计——日韩经验教训反思与中国改革刍议"，载《法学》2016 年第 8 期。

88. 张晓京："深化国际法学教学改革 培养卓越涉外法律人才"，载《湖北经济学院学报（人文社会科学版）》2016 年第 4 期。

89. 杜承铭、柯静嘉："论涉外法治人才国际化培养模式之创新"，载《现代大学教育》2017 年第 1 期。

90. 贺赞："涉外法治人才培养机制创新——以课程体系建设为中心"，载《中国法学教育研究》2017 年第 2 期。

91. 拜晋慧："法律英语教学与国际型法律人才的培养"，载《山西省政法管理干部学院学报》2017 年第 4 期。

92. 钱锦宇、薛莹："国际化复合型法律人才的培养：现状分析、路径选择及保障机制——以国际模拟法庭竞赛的培训和参赛为例"，载《山东大学学报（哲学社会科学版）》2017 年第 5 期。

93. 姚骁杰："论国际模拟法庭竞赛的参与与传统法学教育的改革"，载《齐齐哈尔师范高等专科学校学报》2017 年第 3 期。

94. 刘洋、姜义颖："'一带一路'涉海高端法律人才培养研究"，载《合作经济与科技》2017 年第 24 期。

95. 申天恩："卓越法律人才教育培养计划实施中成果导向教育理念的应用"，载《法学教育研究》2017 年第 2 期。

96. 张晶、高维远："论香港法学教育的特色及其启示——以香港大学法学院为样本"，载《法学教育研究》2017 年第 2 期。

97. 袁利平、刘晓艳："全球化背景下法学教育发展的国际趋势与中国选择"，载《法学教育研究》2017 年第 2 期。

98. 陈咏梅："论法学本科教育在涉外法治人才培养中的功能"，载《河北广播电视大学报》2017 年第 5 期。

99. 何佳馨："'一带一路'倡议与法律全球化之谱系分析及路径选择"，载《法学》2017 年第 6 期。

100. 李玉壁、王兰："'一带一路'建设中的法律风险识别及应对策略"，载《国家行政学院学报》2017 年第 2 期。

101. 付子堂："弘扬法学教育优势 培养德法兼修法治人才"，载《法学教育研究》2017 年第 4 期。

102. 廖永安、段明："中国法学教育的供给侧改革"，载《湖南社会科学》2017 年第 4 期。

103. 杨松："深化法学教育改革的关键性措施探讨"，载《中国法学教育研究》2017 年第 3 期。

104. 袁利平、武星棋："英国法学教育改革：一种历史与比较的视角"，载《法学教育研究》2018 年第 2 期。

105. 张光："涉外法律人才培养应重视国际关系理论"，载《中国社会科学报》2018 年 8 月 21 日。

106. 李青："法学专业国际化人才培养模式的探究与实践"，载《人才资源开发》2018 年第 24 期。

107. 畅肇沁："牛津大学导师制下学生学习模式探索及启示"，载《中国高教研究》2018 年第 10 期。

108. 何群："粤港澳大湾区视域下高等法学本科教育思考"，载《黑龙江省政法管理干部学院学报》2018 年第 5 期。

109. 徐显明等："改革开放四十年的中国法学教育"，载《中国法律评论》2018 年第 3 期。

110. 周佑勇："高等法学教育如何实现内涵式发展"，载《北京航空航天大学报（社会科学版）》2018 年第 2 期。

111. 郭天武、严林雅："法学一流学科建设及其人才培养模式探析"，载《高教探索》2018 年第 12 期。

112. 彭海青："全英文法律教学的经验、困难与发展探索——北京理工大学法学院实践的个案分析"，载《法学教育研究》2019 年第 2 期。

113. 丁卫："培养涉外卓越法律人才——西安交通大学'中澳丝路班'的实践与反思"，载《法学教育研究》2019 年第 2 期。

114. 陈晓菲、刘浩然、林杰："牛津大学本科导师制的学生学习体验研究"，载《比较教育研究》2019 年第 3 期。

115. 韩永红、覃伟英："面向'一带一路'需求的涉外法治人才培养——现状与展望"，载《中国法学教育研究》2019 年第 1 期。

后 记

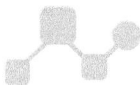

　　本书的写作源于广东省教育厅的教育项目和从事法学本本科教育的长期思考而形成的积淀。本人在写作过程中从书稿设计、撰写到今天的出版，可以说是一个煎熬的历程，长达两年多撰写时间，几乎没有节假日，撰写过程中的苦涩恐怕只有自己能够领会。去年刚开始写作时拟定的是其他题目，后来联想到本人一直在隶属粤港澳大湾区的广东地方高校从事法律本科教学研究工作，认真阅读和梳理 2019 年出台的《粤港澳大湾区发展规划纲要》，遂决定以《国际高层次法治人才协同培养研究——以粤港澳大湾区为例》为题，撰写本专著对世界级三大著名的大湾区，即纽约湾区、旧金山湾区和东京湾区的国际法治人才培养模式进行梳理与分析，由于每个大湾区都有许多非常优秀的法学院，只能选择每个湾区其中的一所至两所顶级法学院如何造就国际高端法治人才进行探讨。由于法学院的课程设置是人才培养的关键和核心，所有其他人才培养环节都要落实到课程体系之中。因此，对斯坦福大学法学院、耶鲁大学法学院、哈佛大学法学院、东京大学法学院和一桥大学法学院的 2019 学年-2020 学年的法学课程菜单模块做全方位的翻译、整合和归纳总结，如 Harvard Law School Course Catalog December 9, 2019 2：07 AM 2019-2020 Academic Year 就有 545 页，可以想见，任何法律学术著作的写作都不太容易。不过，在研究世界知名法学院的课程体系设置的历程中，思维渐渐清晰，突然冒出一种感觉，我们国内（广东）法学院与世界级一流级法学院的国际法治人才培养模式还有很大差距，需要我们不断学习与借鉴斯坦福大学法学院等的人才培养模式。由于才疏学浅，当前呈现出的内容和想表达的思想或许还不太成熟，敬请各位遇见这本书的读者帮我提出宝贵的建议，我将从中汲取前进的力量，继续努力！

　　在整个研究和书写过程中，有太多的曲折、艰辛与痛苦，尤其是由于长期在电脑旁伏案查阅资料和写作，经常深受罹患腰椎间盘突出症的困扰。在本书即将付梓出版之际，要感谢所有帮助我的恩师、同窗好友与亲人。

首先要深深感谢我于 2000 年至 2003 年在西南政法大学读硕士研究生时的导师曾繁跃教授！如果让记忆穿越时空隧道，依稀记得十多年前先生一直给予我无微不至的莫大支持、鼓励与关爱，先生深知在高校从事教书育人，必须拥有一个博士学位才能扬眉吐气，一直希望与鼓励我能够攻读法学博士学位。可是，由于数次外语成绩达不到学校要求，甚至一次博士研究生考试 1 分之差未能有幸进入高一级学术殿堂，真是终身遗憾。在重庆歌乐山下渡过研究生三年的学习生活中，我切身感受到先生渊博的知识、严谨的治学风格与平易近人的人格魅力，不仅给予我学术上的引导，而且就兢兢业业的务实作风给了我终身受益的人生智慧！

本书是 2018 年度广东省高等教育教学改革项目——融合创新创业教育提升法科生实务能力教学改革研究与实践（粤教高函 180 号）的结项成果；也是 2018 年度惠州学院自主创新能力提升计划项目——基于跨学科交叉融合视域下的地方高校创新创业型卓越法治人才培养机制创新研究（项目编号：hzu201823）和惠州学院 2018 年应用型人才培养示范基地——法学全真性交互式人才培养示范基地（RCJD2018001）的研究成果。本书能够出版离不开惠州学院出版基金资助（Supported by Huizhou University Publishing Fund），对惠州学院的领导、政法学院领导和各位同仁的大力支持和指导深表谢意。我要衷心感谢支持和帮助我的各位司法实务专家的指点、帮助与鼓励。

最后，我还要特别感谢中国政法大学出版社的丁春晖编辑，付出了艰辛与努力，他对书稿的严肃认真与苛求让我既紧张又感动。与此同时，也感谢丁春晖编辑身后我所不知的团队所作的许多工作。

作　者

2019 年 12 月 26 日